JN445245

인간이해를 위한 심리학

저자 최정석 · 이선미

의학교육

머리말

시대가 변하면서 세상은 참으로 편하고 풍요로워졌다. 물질적인 풍요로움이 커진 만큼 어린 아이에서부터 노인에 이르기까지 스트레스로 인한 심리적, 신체적 질병이 늘고 우울증으로 인한 자살률 또한 높아졌다. 이러한 환경은 자연스럽게 많은 사람이 심리학에 관심을 두게 하였고 그만큼 일상생활 속 깊숙이 심리학이 파고들었다.

심리학은 사람의 마음이란 무엇인지를 물어 마음의 기능을 밝히는 학문이다. 인간의 심리를 연구하는 학문에는 심리학 외에도 종교학, 문학, 사회학, 교육학 등 많은 분야가 있지만, 대학에서는 심리학을 교양과목으로 많이 채택하고 있고 학생들에게 심리학은 이른바 인기 과목에 속한다. 하지만 많은 학생이 기대를 품고 수강신청을 했다가 강의 내용이 자신의 기대와 달라 실망하는 일도 적지 않다. 아마도 심리학의 목적과 학생들의 기대가 너무 동떨어져 있기 때문일지도 모른다. 심리학이 추구하는 목적은 인간이 외부로부터 받아들인 정보를 이해하고 최종적으로 적절한 행동에 이르는 과정을 현상적, 기능적으로 또 그것을 지원하는 뇌의 기능까지 거슬러 올라가 밝히는 데 있기 때문이다.

이 책은 교양과목으로 심리학을 선택하는 학생들이 인문학적 소양을 기르는 데 도움이 될 수 있도록 심리학의 기초적이고 기본적인 내용으로 구성하였다. 또한, 많은 그림과 표를 활용하여 내용을 이해하기 쉽게 도왔다. 모쪼록 이 책을 통해 많은 학생이 심리학의 즐거움과 중요성을 깨닫기를 바란다.

끝으로 이 책이 출판되기까지 많은 도움을 주신 의학교육 출판사 대표님과 편집부 여러분께 깊이 감사드린다.

저자 일동

목차

Chapter 01

지각

학습목표

우리는 보거나 듣거나 느낌으로써 주변 환경을 파악하고 그에 맞게 행동하거나 행동을 조정한다. 사람의 행동을 이해하려면 사람이 환경을 어떻게 지각하는가에 대해 기초적인 지식을 가지는 것이 중요하다.

이 장의 학습목표는 다음과 같다.

① 지각은 어떻게 성립하는지를 이해한다.
② 지각에는 어떤 특징이 있는지를 학습한다.
③ 지각에 영향을 미치는 요인은 무엇인지를 이해한다.

1 지각성립의 기초

1. 감각기관

사람은 자기 주변의 물리적 · 객관적 환경을 다양한 감각기관을 통해 지각한다(표 1-1). 시각, 청각, 후각, 미각 등은 각각 눈, 귀, 코, 혀를 통해 환경 내 사물의 특징을 파악한다. 또 이러한 외부 환경뿐만 아니라 신체 내부의 자극을 받아들여 자신의 신체 상태를 지각하는데, 여기에는 평형감각, 운동감각, 기관감각 등이 있다.

이들 감각의 성능에는 상당한 차이가 있으나 지각이 성립하는 기본적 특징은 동일하며, 그림 1-1과 같이 지각성립의 경로가 존재한다. 환경 내 빛이나 음파 등의 물리에너지가 감각기관에 작용하여 물리적인 전기신호로 전환되고, 이것이 신경섬유를 통해 대뇌피질의 특정 영역에 도달하면 특정 감각이 발생한다. 이 입력된 감각이 뇌의 중추에 도달하여 그 판단이 내려지는 심리적 과정이 **지각**(perception)이다.

표 1-1 감각의 종류

감각명		부위	감각기관	적합자극	예
시각		눈	망막	빛	명암, 색채
청각		귀	와우	소리	소리의 높낮이, 음색
후각		코	후점막	공기 중의 화학물질	썩은 냄새, 과일 냄새, 꽃향기, 탄 냄새, 약 냄새 등
미각		혀	미뢰	구강 내의 액체 속 화학물질	짜다, 시다, 달다, 쓰다 등
피부감각	온각	피부	온점	온열	뜨겁다(35~70℃)
	냉각	피부	냉점	한랭	차다(10~30℃)
	촉(압)각	피부	압점	신체에 대한 압력과 촉감	
	통각	피부	통점	복사자극, 전기자극, 화학자극, 기계자극이 과도	아프다
평형감각		귀	반규관	신체의 위치변화	
운동감각		근육 관절	근방추 골지건기관 파치니소체	신체 여러 부분의 운동	
기관감각		신체 내부의 여러 기관		신체의 일반적 상태	갈증, 공복, 요의, 변의, 성욕, 복통

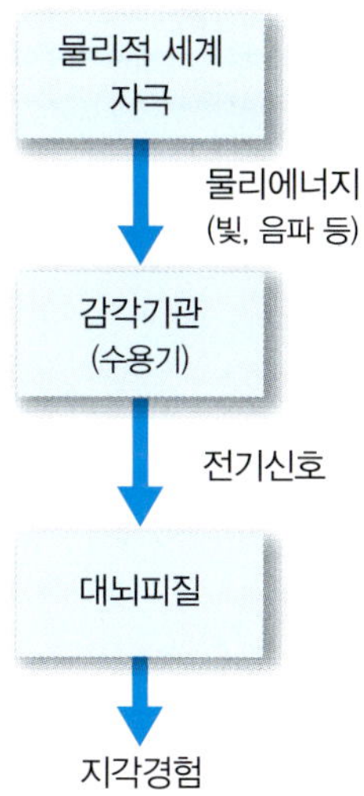

그림 1-1 **지각성립의 경로**

2. 적합자극, 자극역, 자극정

감각기관(수용기)은 각 기관에 적합한 자극의 종류에 따라 흥분하여 특정 감각을 일으킨다. 예를 들어 시각의 경우 눈의 망막 내 시각세포가 빛에 의해 흥분하여 명암이나 색채를 느낀다. 이때 빛을 눈에 대한 **적합자극**(adequate stimulus)이라고 한다. 청각의 경우 귀에 대한 적합자극은 소리이며 소리 이외의 자극, 예를 들어 빛이나 냄새 등에 의해 청각이 발생하는 일은 없다. 이처럼 다양한 자극은 각각의 감각기관을 통해 지각된다.

하지만 아무리 적합자극이라고 해도 너무 약하면 지각은 일어나지 않는다. 감각기관이 자극으로서 받아들이는 최소한의 자극 강도를 **자극역**(stimulus threshold)이라고 한다. 반대로 자극이 너무 강해도 적절한 지각은 일어나지 않으며 오히려 통증을 느끼게 된다. 감각기관이 받아들일 수 있는 최대의 자극 강도를 **자극정**(terminal threshold)이라고 한다.

사람은 물리적 · 객관적 환경에 존재하는 모든 자극을 지각하는 것은 아니며, 예를 들어 사람의 눈이 빛 자극을 받아들일 수 있는 범위는 그림 1-2와 같이 한정된다. 자외선이나 적외선 등은 볼 수 없다. 소리 자극도 15~20,000Hz(헤르츠)의 범위에서 받아들이며 돌고래 등이 내는 130,000Hz의 높은 소리는 들을 수 없다(표 1-2).

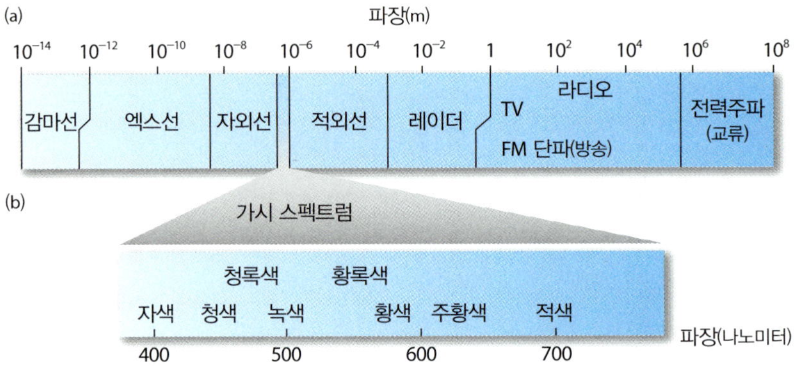

그림 1-2 전자파 스펙트럼과 가시 스펙트럼의 범위

표 1-2 다양한 동물의 가청범위

동물명	가청범위(Hz) 하	가청범위(Hz) 상	동물명	가청범위(Hz) 하	가청범위(Hz) 상
사람	15	20,000	돌고래	100	130,000
박쥐	30	98,000	생쥐	500	95,000
고양이	30	45,000	개구리	50	10,000
비둘기	100	12,000	귀뚜라미	300	8,000

3. 식별역

사람은 지각 대상을 파악하려면 그 대상이 변화했는지, 변화하지 않았는지의 차이를 깨닫는 것이 중요하다. 자극의 변화에 따라 사람은 행동을 바꾸기 때문이다. 이 자극 변화의 차이를 알 수 있는 최소한의 변화량을 **식별역**(difference threshold)이라고 한다.

지각의 변화는 자극의 변화량과 병행해서 일어나지 않는다. 예를 들어 목욕탕의 온도 변화를 지각하는 데 있어 20℃에서 22℃로 변화하면 별로 따뜻해졌다고 느끼지 않지만, 38℃에서 40℃로 변화했을 때 따뜻해졌다고 하는 감각이 생긴다. 이처럼 식별역의 수치는 자극 변화의 절대량뿐만 아니라 원래의 수치에도 관계한다. 식별역은 그 차이를 정확히 알 수 있는 양을 말하며 **최소식별차이**(just noticeable difference, JND)라고도 한다.

또한, 자극 강도가 극단적으로 작거나 큰 경우를 제외하고 감각의 크기 E는 자극 강도 I의 로그 값에 비례하는 관계에 있다.

$$E = k \log I + C$$

(E : 감각량, I : 물리적인 자극량, C : 정수)

이것을 **페히너의 법칙**(Fechner law)이라고 한다.

페히너(Fechner G.T., 1801~1887)

독일 라이프치히대학교 물리학 교수로, 물리적 세계의 자극과 심리적 세계의 감각 간의 관계를 이론화한 정신물리학의 창시자이다.

4. 지각의 순응

일정한 자극이 연속해서 가해지면 그 자극에 대한 감수성이 변화한다. 감수성이 둔해지는 경우는 냄새, 맛, 온도 등에 대해서이다. 어떤 실내에 들어갔을 때 처음에는 그 실내에서 나는 냄새가 신경에 거슬리지만, 잠시 지나면 괜찮아지는 경험이 있을 것이다. 반대로 감수성이 예민해지는 경우는 빛에 대해서이다. 영화관 등의 어두운 곳에 막 들어갔을 때는 주위가 캄캄해서 아무것도 보이지 않지만, 잠시 지나면 주변이 보이게 되는 예가 바로 그것이다(명순응).

이처럼 감각이나 지각에서 감수성이 변화하는 것을 **순응**(adaptation)이라고 한다.

5. 물리적 환경과 심리적 환경

지금까지 설명했듯이 사람이 감각기관을 통해 지각할 수 있는 환경은 매우 한정적이다. 또 지각된 환경은 물리적 · 객관적 환경의 감성적인 복사가 아니다. 사람이 지각하는 심리적 · 주관적 환경과의 사이에 차이가 있다. 심리학이 문제로 삼는 것은 물리적 · 객관적 환경이 아니라 그 사람에게 의미를 가지는 심리적 · 주관적 환경이다.

2 지각 조직화

물리적 환경에는 무수한 자극이 동시에 존재하지만, 사람은 그 자극들을 모두 지각하는 것은 아니다. 많은 자극 중에서 선택적으로 지각하며, 자극 중 특정 부분을 연관시켜서 종합적인 것으로서 지각한다. 이처럼 각 부분의 상호 관계를 통해 전체로서 지각하는 경향을 **지각 조직화**(perceptual organization)라고 한다. 지각의 성립 시 나타나는 기본적인 특성이다.

1. 전경과 배경

그림 1-3을 살펴보면 그림에는 많은 자극이 있는데, 그중에서 반점 무늬의 개가 도드라져 보일 것이다. 일정 부분(이 그림에서는 개)은 전경(figure)이 되고 나머지 부분은 배경(ground)이 되어 지각이 성립한다. 전경이 배경으로부터 구별됨으로써 비로소 전경이 보이며 배경 없이 전경은 성립하지 않는다.

다른 예를 살펴보자. 그림 1-4에는 6개의 검은색 도형이 있다. 하지만 잠시 동안 바라보면 흰색의 'THE'라는 글자가 있음을 알 수 있다. 6개의 검은 도형을 볼 때는 THE라는 글자는 배경이 되어 그 형태를 볼 수 없다. 한편, THE라는 글자를 볼 때는 6개의 검은 도형은 그 모습을 감추고 THE라는 글자 배후에 펼쳐진 배경이 된다.

그림 1-5는 '루빈의 컵'이라는 유명한 전경-배경 반전도형이다. 하얀 컵이 전경이 되기도 하고 검은 사람의 옆모습이 전경이 되기도 한다. 양쪽이 동시에 보이는 경우는 없으며 한쪽이 전경이 되면 다른 한쪽은 그 배경이 되어 볼 수 없다.

그림 1-6 또한 유명한 전경-배경 반전도형이다. 젊은 여자가 보이거나 노파가 보이지만, 동시에 두 사람을 볼 수는 없다. 그림 1-7은 기아학도형의 전경-배경 반전도형이다. 그림 1-8은 요철면의 반전도형이며, 그림을 위아래로 뒤집으면 요철이 반전된다.

그림 1-3 달마티안

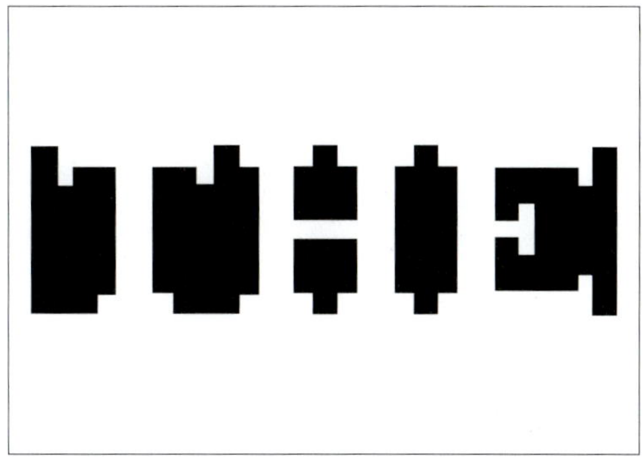

그림 1-4 이것은 무엇인가?

그림 1-5 루빈의 컵

그림 1-6 소녀와 노파

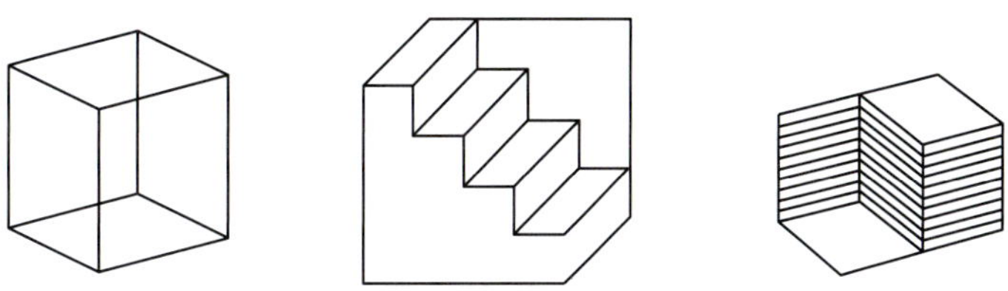

(a) (b) (c)

그림 1-7 네커 입방체(a), 슈뢰더 계단(b), 엠스맨 프리즘(c)

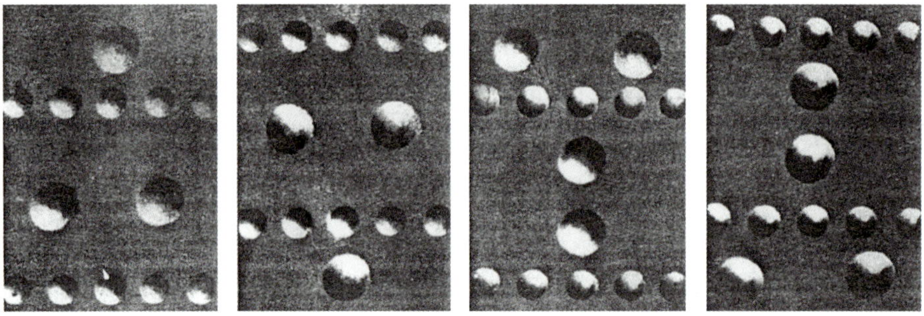

그림 1-8 볼록면과 오목면의 반전

2. 조직화의 법칙

망막 위에는 여러 의미를 지닌 다양한 형태로 비춰지는 자극이 전체로서 지각되는(조직화) 이유는 무엇일까? 이 조직화에 대해 베르트하이머(Wertheimer)는 다음과 같은 법칙을 들었다(그림 1-9).

① **근접의 법칙** : 다른 조건이 일정하면 가까운 거리에 있는 것끼리 묶어서 지각한다.

② **유사의 법칙** : 같은 것 또는 유사한 것끼리 하나로 묶어서 지각한다.

③ **폐쇄의 법칙** : 서로 닫혀 있거나 둘러싸는 것은 묶어서 지각하는 경향이 있다.

④ **좋은 연속의 법칙** : 직선이나 곡선은 자연스럽고 매끄러운 연속으로서 묶어서 지각한다.

이러한 조직화의 법칙에 따라 전체로서 형태적으로 가장 두드러진, 가장 질서 있고 간결한 것을 중심으로 지각이 성립한다. 이 경향을 **간결성의 법칙**(laws of prägnanz)이라고 한다.

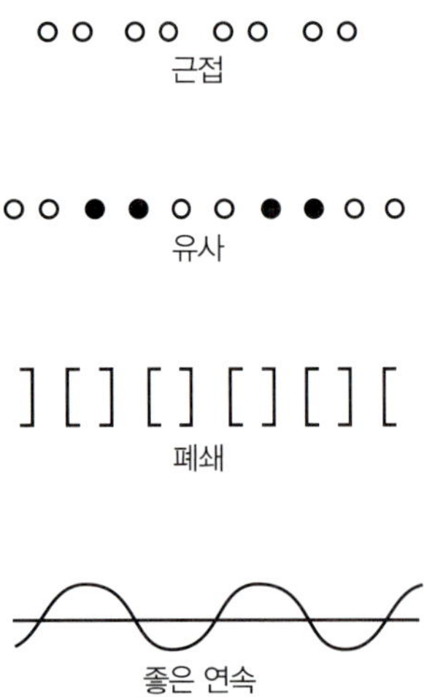

그림 1-9 조직화의 법칙

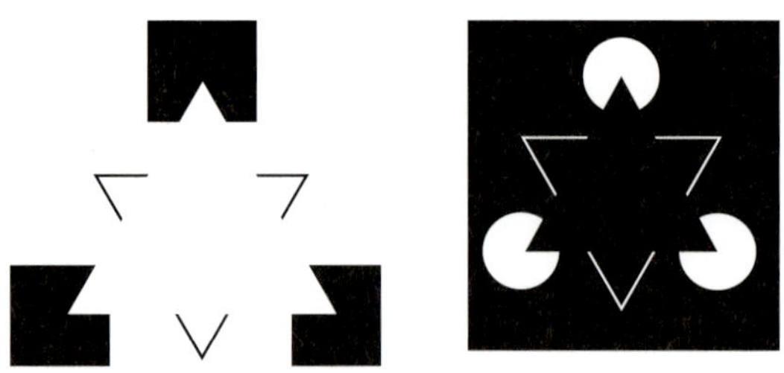

3개의 사각형 위에 흰 삼각형이 올라가 있는 것처럼 보인다.

검은 삼각형이 보이고 그 검은색이 배경의 검은색보다 더 검게 보인다.

그림 1-10 주관적 윤곽선

이와 관련하여 **주관적 윤곽선**의 예가 있다. 그림 1-10을 보면 물리적인 윤곽선이 없음에도 불구하고 그림 중앙에는 또렷한 윤곽이 있는 삼각형이 보인다. 3개의 검은 다각형이 있다고 보기보다 3개의 사각형 위에 흰 삼각형이 올라가 있다고 보는 것이 더 간결하게 이해할 수 있다.

게슈탈트 심리학(Gestalt psychology)

게슈탈트 심리학은 베르트하이머를 창시자로 하여 1910년대에 독일에서 발전하였다. 게슈탈트란 '좋은 형태'를 의미하는 말이다.

3. 항상현상

손바닥을 30cm 떨어트려 봤을 때와 60cm 떨어트려 봤을 때를 비교해보자. 손바닥의 크기에 큰 변화는 없다. 눈은 카메라와 유사한 구조를 하고 있기 때문에 망막에 비치는 상은 눈에서 그 대상물까지의 거리에 따라 변화된다.

이 예에서 보면 손바닥의 망막상 면적은 4배의 변화가 있다. 하지만 실제로 손바닥 자체의 크기가 변화했다고는 느껴지지 않는다. 이처럼 생리적으로는 변화가 있지만, 같은 지각을 부여하는 성질을 **항상현상**(constancy phenomenon)이라고 한다.

이 항상현상에는 상기의 예처럼 크기의 항상성(그림 1-11) 외에 형태의 항상성(그림 1-12), 밝기나 색의 항상성이 있다. 항상현상에 의해 망막에서 자극의 물리적 변화에 크게 좌우되지 않고 사물 자체를 파악할 수 있는 지각의 안정성이 유지된다고 할 수 있다.

뒤쪽 인물(남성)의 크기 변화 없이 앞쪽 인물(여성)로 가까이 가져오면(왼쪽 그림 → 오른쪽 그림) 남녀의 크기 차이에 놀라게 된다(남성의 크기는 좌우 그림에서 동일하다).

그림 1-11 크기의 항상성

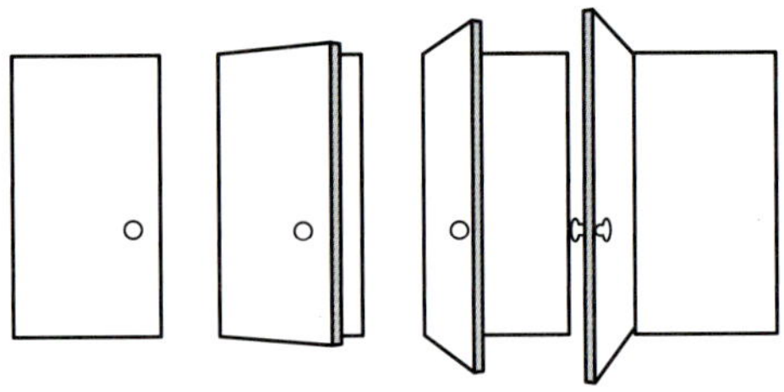

그림 1-12 **형태의 항상성 예**

4. 착시

지각이 외부 세계의 단순한 복사가 아니라는 사실은 앞에서 설명했는데, 이는 그림 1-13에 나타낸 기하학적 착시도형을 살펴보면 더 이해하기 쉽다. **착시**(optical illusion)란 자극의 객관적인 기하학적 관계와는 다르게 지각되는 현상이다. 착시라고 해도 특별히 비정상적인 현상은 아니며 누구에게나 보이는 지각의 법칙과 같은 사실이다.

그림 1-14에는 착시현상의 일종인 불가능한 도형을 나타내었다. 불가능한 도형(impossible figure)이란 부분에서는 이치가 맞지만, 현실에는 존재하지 않는 도형을 말한다. 물리적 · 객관적으로는 불가능한 도형이 심리적 · 주관적으로는 존재하는 것처럼 보인다.

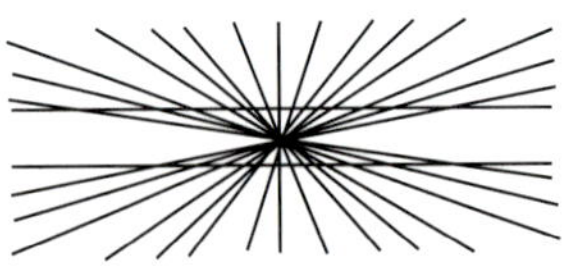

(a) **헤링 착시**

가장 오래 전부터 알려진 착시도. 2개의 평행선은 방사상 선분에 의해 중앙이 부풀어 보인다.

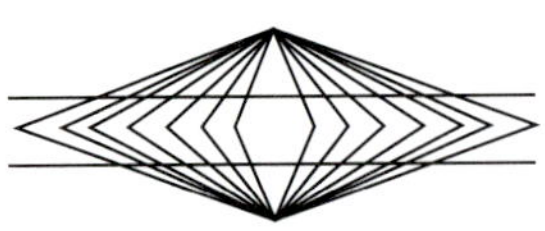

(b) **분트 착시**

근대 심리학의 아버지인 분트가 헤링 착시의 영향을 받아 만든 것. (a)와 반대의 효과가 관찰된다.

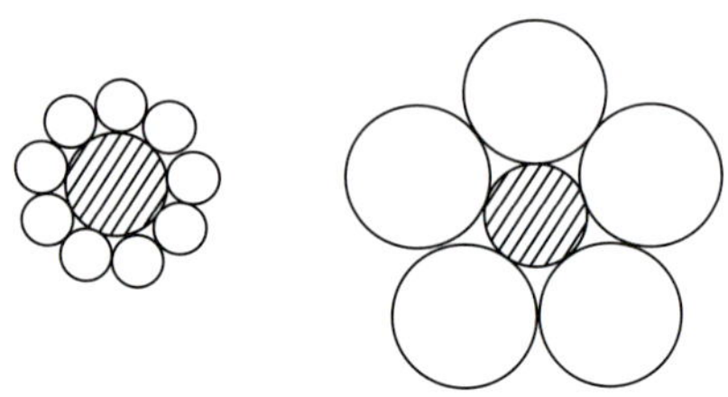

(e) **에빙하우스 착시**

중앙에 있는 원은 같은 크기이지만, 주위에 있는 몇 개의 원 때문에 크기가 다르게 보인다.

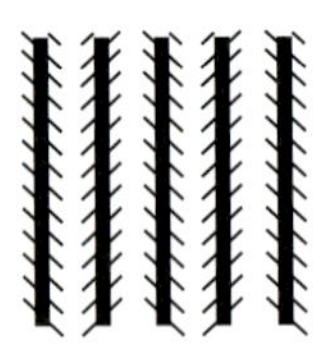

(f) **체르너 착시**

비스듬하고 가는 선분에 의해 중앙의 평행선이 수평하게 보이지 않는다.

그림 1-13 **대표적인 기하학 착시도**

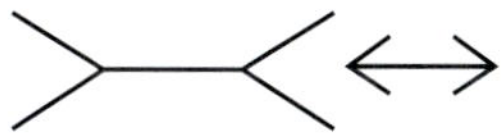

(c) **뮐러-라이어 착시**

화살표가 밖으로 벌어지는지, 안으로 벌어지는지에 따라 주축의 길이가 다르게 지각된다.

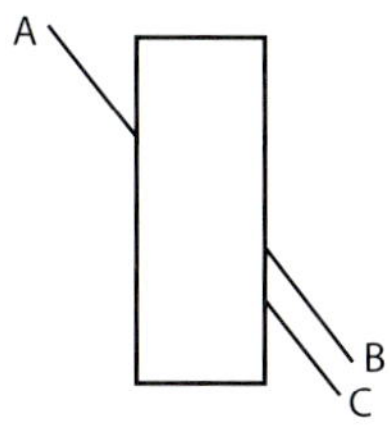

(d) **포겐도르프 착시**

1개의 선분이 한가운데에 있는 직사각형에 의해 휘어져 보인다. A와 직선적으로 연결되어 있는 것은 B와 C 가운데 무엇일까?

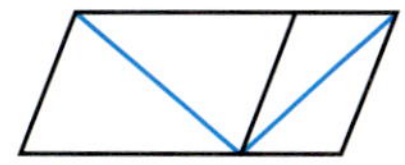

(g) **샌더 착시**

평행사변형의 2개 대각선은 실제로 길이가 같지만, 오른쪽이 왼쪽보다 짧아 보인다.

(h) **폰조 착각**

길이가 같은 2개의 평행선 가운데 위쪽이 길게 지각된다. 그림을 옆에서 봐도 마찬가지 착시가 생긴다.

그림 1-13 **대표적인 기하학 착시도 (계속)**

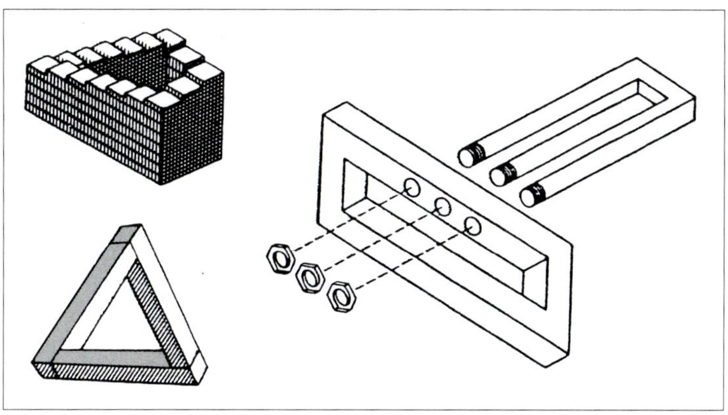

그림 1-14 **불가능한 도형의 예**

3 지각의 다양한 형태

1. 공간의 지각

사람이 생활하는 환경은 3차원의 시공간이다. 이 공간 내에 있는 사물의 원근이나 거리를 지각하는 것을 **깊이지각**(depth perception)이라고 한다.

망막에 맺힌 상은 2차원인데, 왜 3차원적인 원근감이나 입체감을 느낄 수 있을까? 이 깊이지각이 성립하는 데는 크게 생리적 요인과 자극적 요인의 2가지가 관여한다.

1) 생리적 요인

깊이지각에 관여하는 눈의 구조 및 기능에는 다음의 3가지가 있다(그림 1-15).

① **수정체의 조절작용** : 망막 위에 비치는 상의 초점을 맞추기 위해 수정체의 두께가 모양체근의 수축에 따라 변화하며 이 근육의 긴장이 깊이감각의 단서가 된다.

② **양안작용** : 깊이 거리에 맞게 각 눈의 중심부에 대상의 상이 비치려면 동안근에 의해 두 눈을 내전시켜야 한다. 좌우 눈의 시선이 이루는 각도가 변화하며 이 동안근의 긴장이 깊이감각의 단서가 된다.

③ **양안시차** : 두 눈의 동공 간 거리(약 6cm)에 의해 두 눈에 비치는 상에 차이(양안시차)가 생긴다. 이 차이를 중추신경계의 처리과정에서 하나로 융합함으로써 깊이지각이 성립된다.

2) 자극적 요인

깊이지각을 일으키는 자극적 요인에는 자극의 상대적인 크기, 중첩, 명암 · 음영, 투시화법적 자극배치 등이 있다(그림 1-16). 또한, 표면 감촉의 기울기가 있다(그림 1-17). 깁슨(Gibson)에 따르면 깊이지각이 성립하는 조건으로서 망막 위 자극밀도의 연속적인 기울기가 중요하다고 한다.

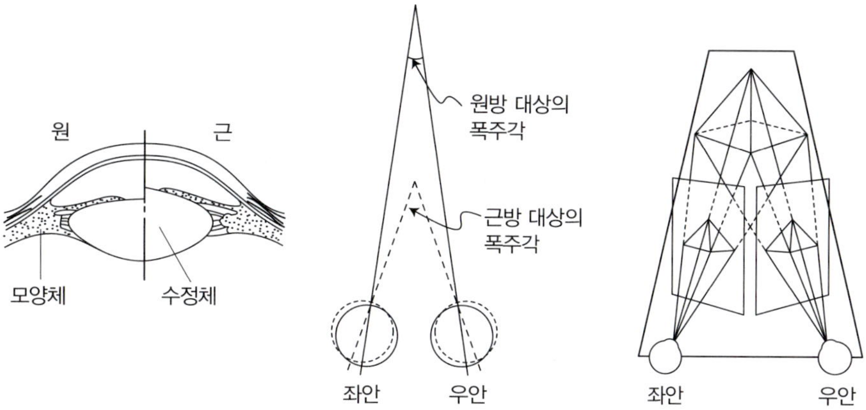

(a) 안구조절　(b) 두 눈의 폭주　(c) 양안시차의 융합

그림 1-15 깊이지각의 생리적 요인

상대적 크기

대상이 같은 것이라면 작을수록 멀리 있는 것처럼 보인다.

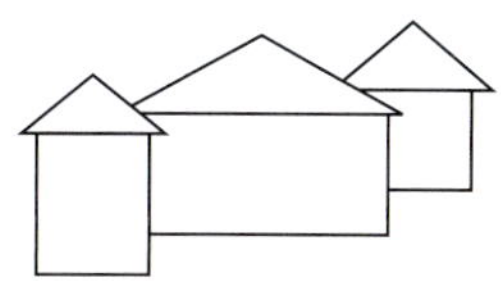

중첩

겹쳐 있다는 것은 하나가 다른 것 앞에 있음을 가리킨다.

음영

대상의 입체감을 보여주기 위한 주요한 단서이다.

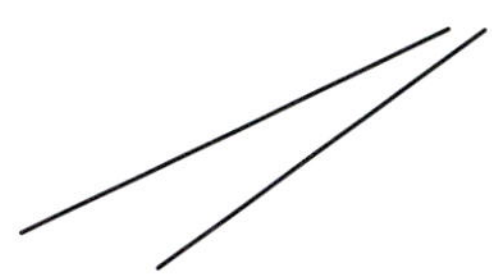

원근법

수평선은 멀어짐에 따라 한 점에서 교차되듯이 근접한다. 이 성질이 원근감을 일으킨다.

그림 1-16 깊이지각의 자극적 요인

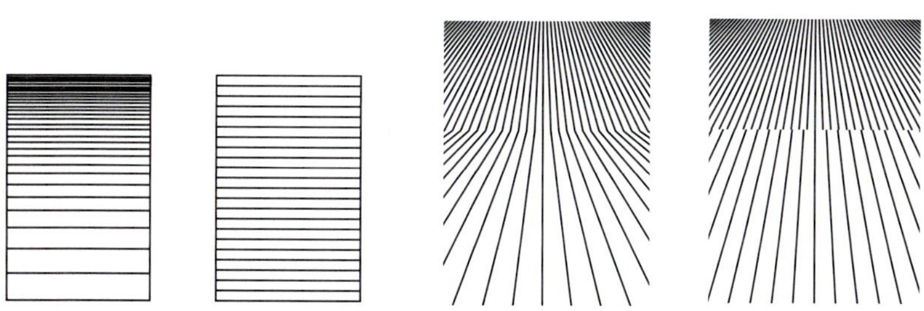

그림 1-17 표면 감촉의 기울기

2. 운동의 지각

환경 내의 사물이 실제로 움직여서 그 상이 망막 위에서 시시각각으로 위치를 바꿈으로써 운동감이 생긴다. 하지만 실제로 운동이 일어나고 있어도 그 운동이 반드시 지각된다고는 할 수 없다. 예를 들어 선풍기의 날개나 대포의 탄환은 운동이 너무 빠르기 때문에 지각되기 어렵다. 한편, 시계의 짧은 바늘은 움직이고 있지만, 너무 느리기 때문에 그 운동은 지각되기 어렵다. 이처럼 실제로 움직이는 것을 지각할 때도 역치(threshold value)보다 느린 움직임이나 자극정(terminal threshold)을 넘는 빠른 움직임은 지각되지 않는다.

한편, 실제로는 움직이지 않지만 움직이는 것처럼 보이는 경우가 있는데, 이를 **가현운동**(apparent movement)이라고 한다. 그 주요한 예는 다음과 같다.

1) 파이현상

적절한 시간과 공간 관계에서 비연속적인 자극 무리가 잇달아 제시됨으로써 매끄럽게 연속된 움직임이 지각되는 현상이다. 영화, 애니메이션, 전광 뉴스는 이 현상을 이용한 것이다.

2) 자동운동

공간의 위치를 판단할 수 있는 단서가 적은 상황에서 작은 사물을 응시하면 그것이 실제로는 움직이지 않는데도 불규칙한 운동을 하는 것처럼 보이는 현상이다.

3) 유도운동

실제로 움직이는 대상이 정지해서 보이고, 정지해 있는 대상이 오히려 움직이는 것처럼 보이는 현상이다. 옆에 있는 기차가 출발했지만 자신이 탄 기차가 반대 방향으로 움직이기 시작하는 것처럼 느끼는 경우 등이 여기에 해당한다. 놀이공원의 펀하우스는 이 유도운동 현상을 이용한 놀이기구이다(그림 1-18).

4) 운동잔상

움직이는 사물을 한동안 바라보다가 시점을 다른 곳으로 옮기면 지금까지와는 반대방향의 움직임이 지각되는 현상이다.

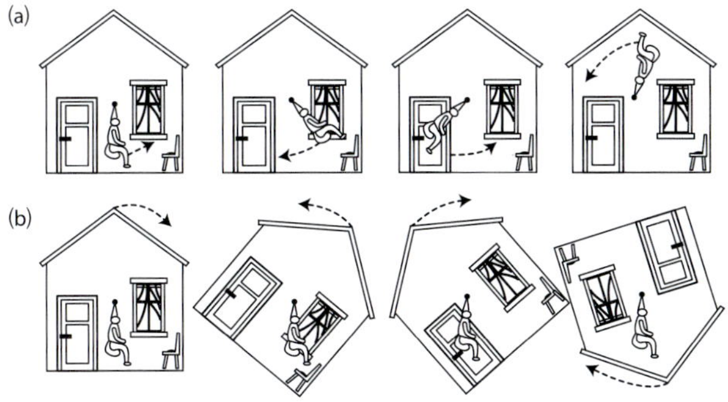

실제로는 (b)처럼 집이 움직이지만, 기구 안에서 그네에 타고 있는 사람에게는 (a)처럼 자신의 몸이 회전하는 것처럼 느껴진다.

그림 1-18 **편하우스**

3. 지각에 영향을 미치는 요인

1) 욕구와 가치

배가 고플 때는 무엇이든 맛있게 보이지만, 배가 부를 때는 아무리 좋아하는 음식이라도 별로 먹고 싶은 마음이 생기지 않는다. 욕구에 따라 지각이 달라진다는 사실을 나타내는 연구에 브루너(Bruner)와 굿맨(Goodman)에 의한 유명한 연구가 있다(그림 1-19). 화폐(동전)의 크기를 지각하는 판단에서, 지각하는 사람에게 가치 있는 것은 과대시되고 또 욕구가 강할수록 과대시 경향이 크다고 밝혔다. 브루너 등의 연구는 지각에 미치는 내적인 요인의 중요성을 밝혔다는 점에서 주목을 받았으며, 이는 **뉴룩심리학**(newlook psychology)의 선구적인 연구로 알려졌다.

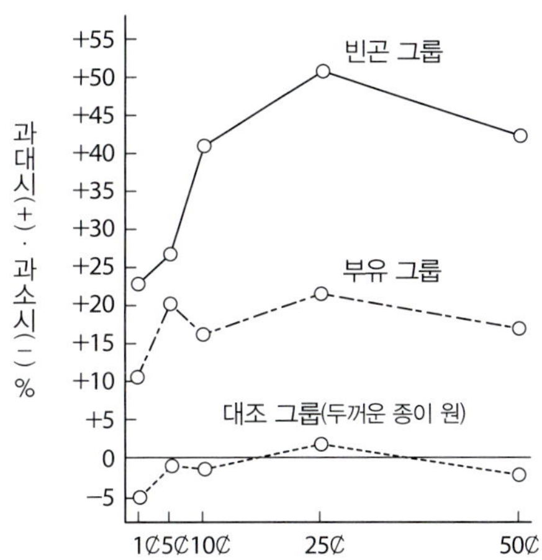

그림 1-19 **화폐 크기의 지각 판단**

뉴룩심리학(newlook psychology)

1940년대 후반 지각에 영향을 미치는 사람의 욕구나 가치, 기대, 태도, 과거경험 등을 강조하여 사회적 지각의 연구라고도 불린 일련의 연구동향이다.

2) 선행경험

셰이퍼(Schafer)와 머피(Murphy)는 그림 1-20의 (a)와 (b) 그림을 아이에게 보여주고 한쪽을 제시했을 때는 상을 주고 다른 한쪽을 제시했을 때는 상을 빼앗는 경험을 하게 하였다. 그 후 (c) 그림을 보여준 결과 아이는 상을 받은 그림만 선택적으로 무늬로서 지각하는 사실이 관찰되었다. 이 결과는 선행경험에 의해 지각에 준비가 생기고 그것이 영향을 미치고 있음을 시사한다.

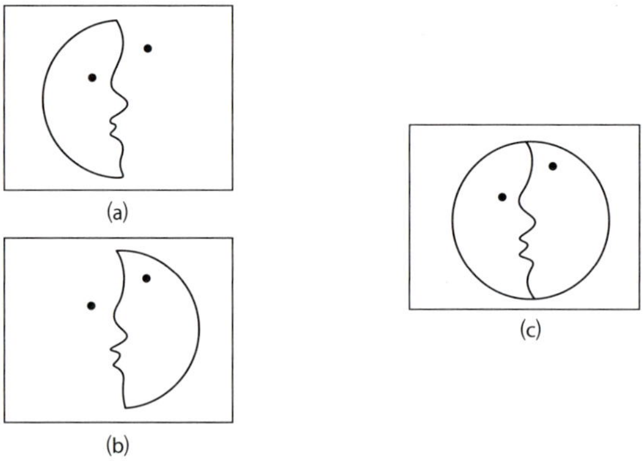

그림 1-20 **선행경험이 지각에 미치는 영향**

3) 지각적 방어

맥기니스(McGinnis)는 사회적으로 꺼려지는 언어(금기어)나 불쾌한 언어는 중성어와 비교하여 지각되기 어렵다는 사실을 밝혔다. 이 결과는 지각하는 것이 불쾌하면 최대한 지각하지 않으려는 경향이 있다는 지각적 방어의 작용을 설명한다.

중성어(neutral word)

서로 대립하는 어느 쪽도 아닌 중간적인 성질의 언어를 가리킨다.

지금까지 지각에 대한 개략적인 내용을 설명했는데, 일반적으로 자극 배치가 명확하면 조직화의 법칙이나 착시, 항상현상 등 누구에게나 공통하는 규칙적이고 공공적인 지각이 이루어진다. 하지만 자극 배치가 애매하고 여러 가지 뜻을 가지면 누구에게나 공통되는 견해보다는 오히려 지각하는 사람의 내적인 요인(욕구, 선행경험, 감정 등)을 반영한 그 사람 독자적인 견해로 보게 된다.

이 주체적인 욕구 등이 투영되어 나타난 지각경험을 통해 반대로 그 개인이 가진 여러 특성을 밝히려는 것이 인격진단검사의 하나인 로르샤흐검사(Rorschach test, 그림 1-21)나 주제통각검사(thematic apperception test, TAT)와 같은 투영법이다(p.77 참조).

지각에는 지각하는 사람의 다양한 주체적 요인이 관여하고 있으며 이 사실을 무시한 채 지각을 이해할 수 없다. 단순히 '보이는 것'보다도 '무엇을 어떻게 보는가?'와 같이 보는 사람의 지각 문제를 생각할 필요가 있다.

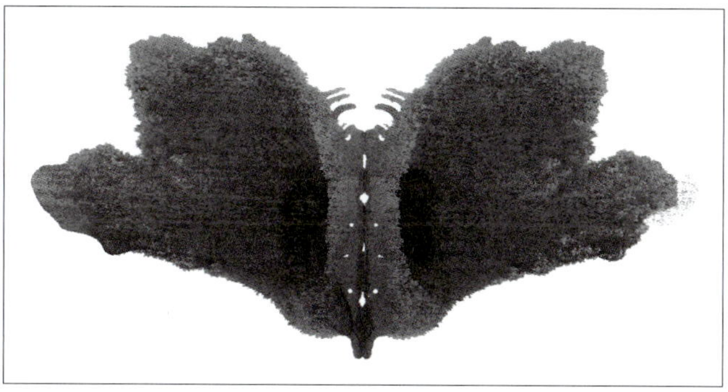

그림 1-21 로르샤흐검사 도판

Column

지각 및 인지에 미치는 문맥 효과

그림 ①을 보면 상단은 'A, B, C', 하단은 '12, 13, 14'로 읽을 수 있다. 잘 살펴보면 가운데 글자는 같은 형태이다. 상단을 읽을 때는 앞뒤의 상황에 따라 알파벳으로 읽고, 하단을 읽을 때는 숫자로 읽기 때문에 가운데 글자를 보는 방법이 달라진다.

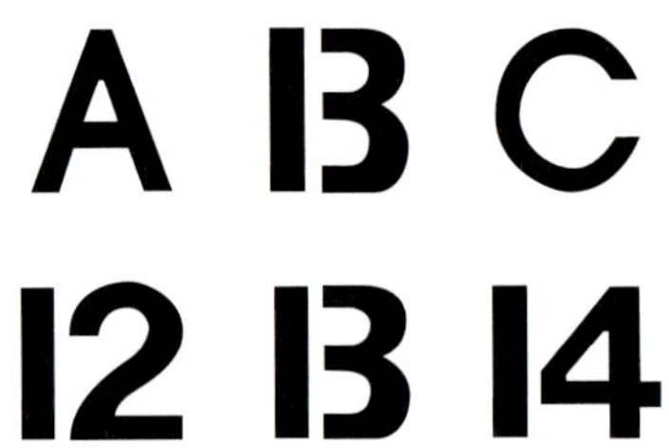

그림 ①

그림 ②를 살펴보자. 'THE CAT'으로 읽을 수 있다. H와 A에 상당하는 글자는 같은 형태이지만, T와 E 사이의 글자는 H로 보이고, C와 T 사이의 글자는 A로 보인다.

이처럼 지각과 인지는 그 자극 이외의 주위나 전후 상황에 영향을 받는데, 이를 **문맥 효과**(context effect)라고 한다.

그림 ②

Chapter 02

학습과 기억

학습목표

일상생활 대부분의 행동은 학습을 통해 습득한 것이다. 학습 기전을 알아두면 사람의 행동이 어떻게 성립하는지를 이해하는 데 도움이 된다. 또 과거의 경험을 유지하고 그것을 재현함으로써 현재의 행동에 도움을 준다. 이는 기억에 의해 가능하다.

이 장의 학습목표는 다음과 같다.

❶ 학습은 어떻게 성립하는지를 이해한다.
❷ 기억의 구조와 과정은 어떻게 이루어지는지를 이해한다.
❸ 기억의 병리와 변형은 무엇인지를 학습한다.

1 학습과정

학교에서 교과 지식을 습득하는 것도 학습이다. 걷거나 달리고, 자전거를 타며, 자동차를 운전하는 행동도 학습을 통해 성립된다. 또 수영, 테니스 등의 운동이나 영어를 읽고 쓰는 것도 학습의 결과이다. 우리가 하는 행동 대부분은 학습이라는 과정의 결과 몸에 익혀진 것이라고 할 수 있다.

심리학에서는 학습을 더 폭넓게 파악한다. **학습**(learning)이란 '경험을 통해 생기는 행동 가능성의 비교적 영속적인 변화'로 정의된다. 경험이란 보거나 들은 자극 정보 또는 학습자가 이미 기억하고 있어서 떠올릴 수 있는 내용이다. 비교적 영속적인 변화란 피로나 약물, 알코올 등에 의한 변화, 신체의 성장에 동반하는 변화, 질병에 따른 변화, 감각의 순응 등은 포함하지 않는다.

학습이 성립되는 과정에 대해서 살펴보자.

1. 고전적 조건형성

고전적 조건형성(classical conditioning)은 러시아의 생리학자 **파블로프**(Pavlov)의 조건반사 연구로 잘 알려진 학습의 기본형이다. 파블로프는 개를 대상으로 침을 흘리는 양을 정확하게 측정할 수 있도록 수술하였다(그림 2-1). 개에 고기(무조건 자극, unconditional stimulus, US)를 주면 침 분비(무조건 반응, unconditional response, UR)가 유발된다. 개에 벨이나 메트로놈 같은 소리를 들려주면 청각 반응이라는 무조건 반응이 유발된다. 소리는 침 분비에 대해서는 중성 자극(neutral stimulus)이다.

여기에 메트로놈 소리(조건 자극, conditional stimulus, CS) 직후 또는 거의 동시에 고기(무조건 자극)를 주는 절차를 반복한다. 조건 자극과 무조건 자극을 세트로 제시하면[이 절차를 **강화**(reinforcement)라고 함] 개는 메트로놈 소리를 듣기만 해도 침을 분비(조건 반응, conditional response, CR)하게 된다. 즉, 메트로놈 소리(조건 자극)와 침 분비(조건 반응) 사이에 새로운 연합이 형성되며, 이 과정이 고전적 조건형성이다.

조건형성이 성립되면 조건 반응은 조건 자극과 유사한 자극, 예를 들어 발소리나 벨소리에도 유발되는데, 이는 **일반화**(generalization)라고 하는 현상이다. 조건 반응을 유발하는 조건 자극이 몇 가지 있는 경우 한쪽에만 고기를 주고(강화) 다른 쪽에는 고기를 주지 않으면 고기를 받은 조건 자극에만 침을 분비하는 조건형성이 생긴다. 이것이 **변별**(discrimination)이다.

일단 고전적 조건형성이 성립되었다고 하더라도 조건 자극(소리)만 제시하고 무조건 자극(고기)을 주지 않는 절차를 계속하면 그 사이 조건 반응은 사라지며, 이를 **소거**(extinction)라고 한다. 다만, 소거 후 잠시 지나 조건 자극을 제시하면 일시적으로 소량의 침이 분비되기도 하는데, 이는 **자발적 회복**(spontaneous recovery)이라는 현상이다.

고전적 조건형성의 일상적인 예로 흔히 인용할 수 있는 것은 '신김치'이다. 한국인은 신김치를 보기만 해도 또는 신김치라는 단어를 듣기만 해도 시다고 생각하지만, 신김치를 먹어본 적이 없는 외국인에게서는 한국인과 같은 반응이 관찰되지 않는다.

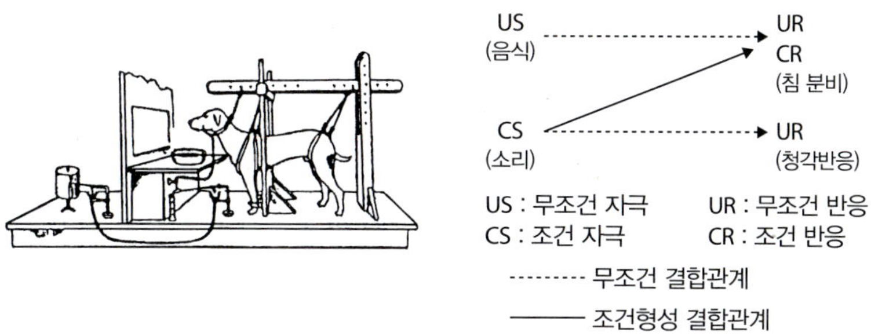

그림 2-1 고전적 조건형성과 그 실험장치

파블로프(Pavlov I. P., 1849~1936)

음식 소화의 신경기전 연구로 1904년에 노벨생리의학상을 받았다.

중성 자극(neutral stimulus)

현재 문제로 삼고 있는 특정 반응을 일으키지 않는 자극을 말한다.

강화(reinforcement)

조건 자극과 무조건 자극을 거의 동시에 같이 제시하는 조작이나 그로 야기된 사태를 말한다.

고전적 조건형성의 예
신김치를 잘 먹는 한국인은 신김치를 보기만 해도 신맛이 떠올라 침이 고인다.

2. 조작적 조건형성

조작적 행동(operant behavior)이란 환경을 스스로 조작함으로써 어떤 결과를 일으키는 행동을 말한다. **조작적 조건형성**(operant conditioning) 또는 **도구적 조건형성**(instrumental conditioning)은 **스키너**(Skinner)의 쥐를 활용한 연구로 유명하다. 스키너는 상자 안의 레버(막대)를 누르면 먹이통에 사료가 투입되는 실험 장치를 고안하였다(그림 2-2). 굶주린 쥐를 이 상자 안에 넣었다. 쥐는 상자 안에서 자유롭게 돌아다니며 탐색했고, 그러던 중 우연히 레버(중성 자극)를 누르게 되었다. 레버에 닿으면 사료(무조건 자극)가 기계적으로 나오기 때문에 쥐는 사료를 먹을 수 있었다. 이 절차가 반복되면 쥐는 레버(조건 자극)를 눌러 사료를 먹는 행동을 연속해서 하게 된다. 즉, 레버는 사료를 얻을 수 있는 것으로 중성 자극에서 조건 자극이 되었다. 사료라고 하는 보수를 얻기 위한 도구(수단)로서 레버를 누르는 조작적 행동의 출현 빈도가 증가하였다. 이때 사료를 주는 절차를 **강화**(reinforcement)라고 한다. 이처럼 어떤 반응(이 예에서는 레버 누르기)이 출현했을 때 강화를 수반시킴으로써 조작적 행동의 자발 빈도를 변화시키는 것을 조작적 조건형성 또는 도구적 조건형성이라고 한다. 조작적 행동은 강화 자극을 조작함으로써 제어할 수 있다.

어떤 자극이 제시됨으로써 조작적 행동의 자발 빈도가 증가할 때 이 절차를 정적 강화(positive reinforcement; **보수**)라고 한다. 반대로 어떤 자극을 제거함으로써 조작적 행동의 자발 빈도가 증가할 때 이 절차를 부적 강화(negative reinforcement; **벌**)라고 한다.

정적 강화 자극을 제거하거나 부적 강화 자극을 제시하는 것을 벌이라고 하며, 벌을 통해 자발 빈도는 감소한다.

조작적 조건형성의 일상적인 예로 간혹 어떤 행동을 했을 때 어머니에게 칭찬을 듣고 용돈을 받은 경우 그 이후 해당 행동을 많이 하게 되는 예(보수 효과)를 들 수 있다. 또 어떤 행동을 했을 때 선생님에게 꾸중 들었을 경우 해당 행동을 적게 하는 예(벌 효과)도 있다.

스키너는 조작적 조건형성의 이론에 근거하여 학교 교육에 응용한 **프로그램 학습**(programmed instruction)을 제시하였다. 학습목표를 달성하기 위해 학습자 자신이 계통적인 내용을 상세한 순서에 따라 학습을 진행하고 반응의 옳고 그름을 즉시 확인할 수 있는 학습방법이다.

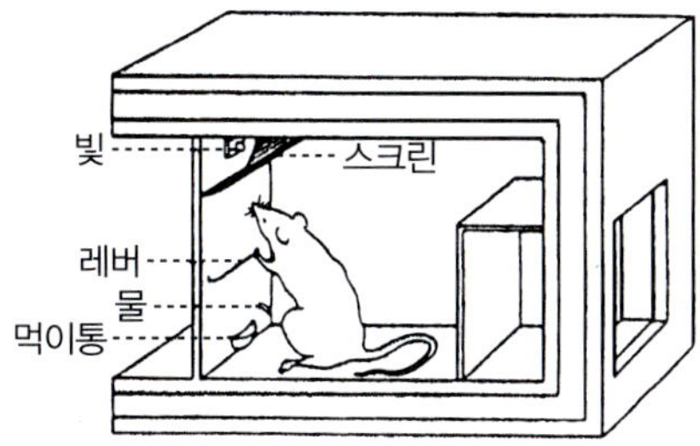

그림 2-2 **스키너 상자**

스키너(Skinner B. F., 1904~1990)

1948년에 하버드대학교 교수로 재임하며 철저한 행동주의를 주장하였다. 스키너의 이론은 행동 수정을 목적으로 하는 행동요법이나 학교 현장의 효율적인 학습프로그램 등에 응용된다.

3. 관찰학습

조건형성에 의한 학습은 학습자 자신의 직접적인 경험에 기초한 학습이다. 일상생활에서는 다른 사람의 행동을 모델로 하여 보고 배우는 경우도 많다. 자신이 직접 경험하지 않아도 모델을 관찰함으로써 대리 학습을 하는데, 이를 **관찰학습**(observational learning)이라고 한다. **반두라**(Bandura)는 대리경험에 기초한 간접적인 **대리강화**(vicarious reinforcement)라는 개념을 도입하여 학습자 본인에 대해 강화가 주어지지 않는 경우에도 학습이 성립함을 밝혔다.

사람의 사회적 행동 대부분은 관찰학습을 통해 습득된다. 그림 2-3은 모델이 보수나 벌을 받았을 때 관찰자의 공격행동에 어떠한 영향을 미치는지를 조사한 연구 사례이다. 모델이 벌을 받는 영화를 본 3~5세 아이들은 보수를 받거나 아무 강화도 없었던 모델을 본 아이보다 공격행동을 나타내는 경향이 낮았음을 알 수 있다.

반두라는 관찰학습의 4가지 과정을 그림 2-4와 같이 정리하였다. 주의 과정 ⇨ 파지 과정 ⇨

운동재생 과정 ⇨ 동기부여 과정이다. 학습자는 어떤 인물의 행동 중 특정 측면에 주의를 기울여 관찰한 내용을 기억하며, 그 행동을 재생하여 습득한 행동을 실행에 옮기도록 동기 부여될 필요가 있다.

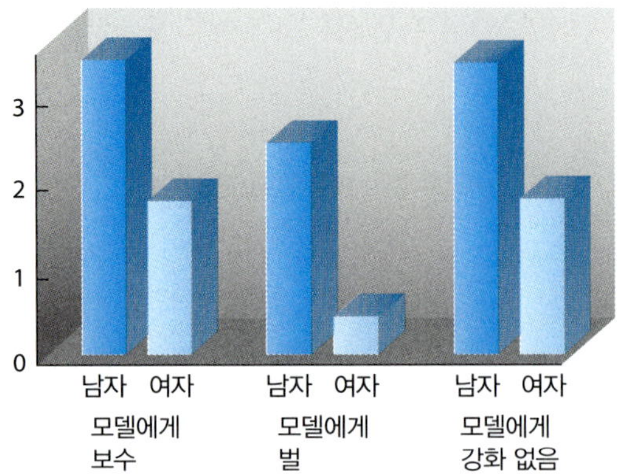

그림 2-3 **세 그룹의 공격행동량**

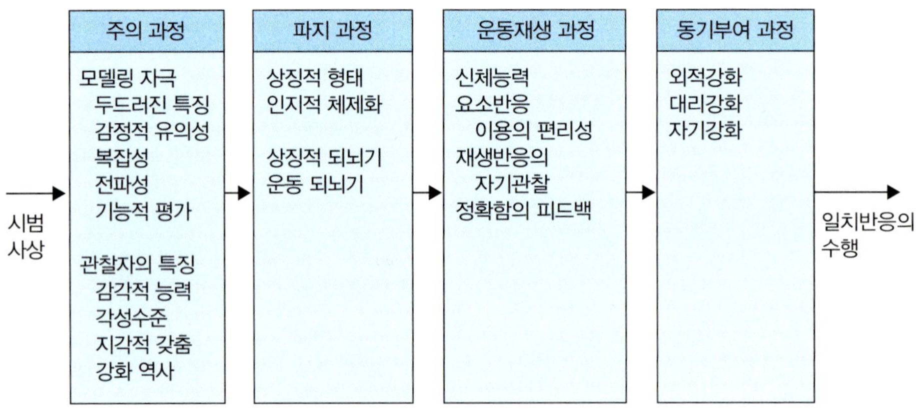

그림 2-4 **관찰학습의 4가지 과정**

반두라(Bandura A., 1925~)

캐나다 출생으로 스탠포드대학교 교수이다. 1974년에 미국 심리학회 회장을 역임하였다.

대리강화(vicarious reinforcement)

모델에게 부여되는 강화를 말한다. 모델을 관찰하는 학습자에게 직접 주어지는 강화는 아니지만, 학습자의 행동수행에 영향을 미치기 때문에 대리강화라고 불린다.

2 기억기전

기억(memory)이란 과거의 경험을 저장 또는 유지하고 어떠한 형태로 그것을 재현함으로써 현재의 경험이나 행동에 영향을 미치는 작용이다.

1. 기억의 과정

기억이 성립하려면 기억해야 하는 정보를 외우는 **기명** 단계가 있어야 한다. 다음으로 기명한 내용을 일정 시간 동안 어떠한 방법으로 **유지**해두고 필요한 상황이 되면 그것을 떠올리는 **상기**가 필요하다. 이 '기명 ⇨ 유지 ⇨ 상기'의 과정은 정보처리 용어로 '부호화 ⇨ 저장 ⇨ 검색'이라고도 한다.

상기 방법에는 주로 2가지가 있다. 하나는 **재생법**이다. 주관식 시험처럼 기명한 정보나 내용을 그대로 재현하는 방법이다. 테이프리코더나 VTR에서 재생(recall)과 같은 작용이라 할 수 있다. 기억한 순서대로 재현하는 계열재생법, 떠올린 순서대로 자유롭게 재생하는 자유재생법, 힌트를 단서로 재현하는 단서재생법 등이 있다.

다른 하나는 **재인법**이다. 재인이란 주어진 정보나 내용이 자신의 기억에 있는 정보(기명 내용)와 동일한지를 식별하는 것을 말한다. 객관식 시험의 '3개 중에서 하나를 고르시오'나 ○× 형식의 시험 등이 재인법의 예이다.

일반적으로 재인이 재생보다 간단하다고 한다.

2. 기억의 구조

기억은 3가지 구조(기억의 시스템)로 이루어진다(표 2-1). 외부에서 가해지는 자극은 감각기관에서 받아들여 일시적으로 **감각기억**(sensory memory)으로서 등록된다. 여기서 자극의 특징이 분석되며 일부 정보가 **단기기억**(short-term memory)으로 전송된다. 단기기억의 정보는 되뇌기(rehearsal)를 통해 단기기억 속에 계속 유지되거나 **장기기억**(long term memory)으로 전송된다. 이처럼 장기기억으로 전송된 정보는 영구적으로 유지된다.

표 2-1 3가지 기억 시스템

	감각등록기	단기저장고	장기저장고
지속시간	시각적 입력 : 약 1초까지 청각적 입력 : 약 5초까지	약 30초간 많은 요인에 의해 변화함	수일, 수개월, 수년 또는 평생
기억용량	비교적 큼 – 적어도 16항목, 더 많을 수도 있음	비교적 적음 – 약 7항목이나 또는 최적 조건 하에서는 7청크	상당히 큼 – 한계는 없음
전송과정	주의 : 주의가 필요한 항목은 단기저장고로 보내짐	되뇌기 : 되뇌기를 한 항목은 장기저장고로 보내짐	
저장되는 정보의 종류	입력정보의 복사	소리, 시각적 이미지, 단어, 그리고 문장	주로 의미 있는 문장, 일상생활에서의 사건, 여러 개념, 이미지, 의미기억과 일화기억
정보가 소실되는 주요 원인	흔적의 쇠퇴	새로운 입력 정보에 의한 이전 정보의 치환	불완전한 체제화 또는 부적절한 검색(탐사) 방책, 간섭

1) 단기기억

단기기억의 예로 익숙하지 않은 전화번호를 기억한다고 해보자. 수첩에서 찾거나 번호안내를 통해 들은 전화번호는 전화를 걸고 나면 바로 잊어버린다. 단기기억의 지속시간은 30초 정도라고 한다. 밀러(Miller)에 따르면 단기기억의 용량은 7±2청크(chunk) 범위이다(그림 2-5).

대화, 독서, 계산, 추리 등 각종 인지기능을 수행하기 위해 일시적으로 필요로 하는 기억을 **작동기억**(working memory)이라고 한다. 배들리(Baddeley)는 단기기억보다도 유연성을 가진 작동기억 시스템을 제안하였는데, 이는 중앙집행기(central executive), 음운고리(phonological loop), 시공간메모장(visuospatial sketch pad)의 3가지 독립된 요소로 이루어진다(그림 2-6). 중앙집행기는 다른 하위 요소를 관리 및 제어하며, 입력에 대해 유연하게 대처하는 주의시스템이다. 음운고리는 청각적 재료를 유지하거나 처리하기 위한 저장장치로, 기억항목을 음성으로 반복함으로써 기억을 유지하는 되뇌기고리(rehearsal loop)이다. 예를 들어 수첩에서 찾은 전화번호를 전화를 걸 때까지 입으로 반복하는 경우 등에 기능한다. 언어적인 정보를 유지하는 역할을 담당한다. 시공간메모장은 이미지 조작과 같은 시각적·공간적 정보의 단기보존, 형성, 주사 등의 심적 조작 작업을 가능하게 하는 것이다. 예를 들어 야구선수가 타석에서 투수의 포즈를 보고 타이밍을 꾀하는 경우에 기능한다.

청크(chunk)

밀러(Miller G.A.)가 제안한 정보처리의 심리적 단위이다.

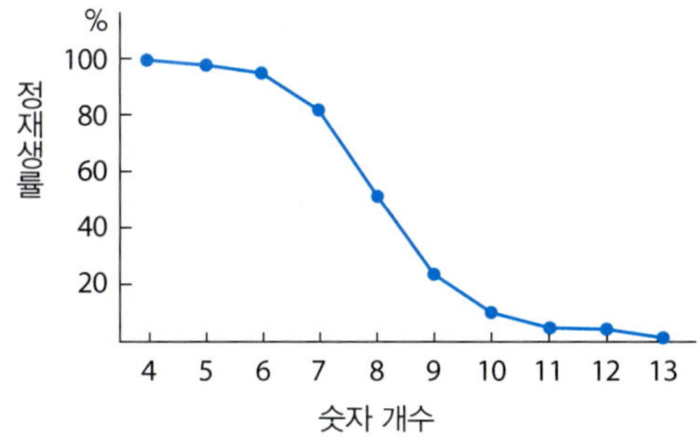

그림 2-5 **숫자의 기억범위**

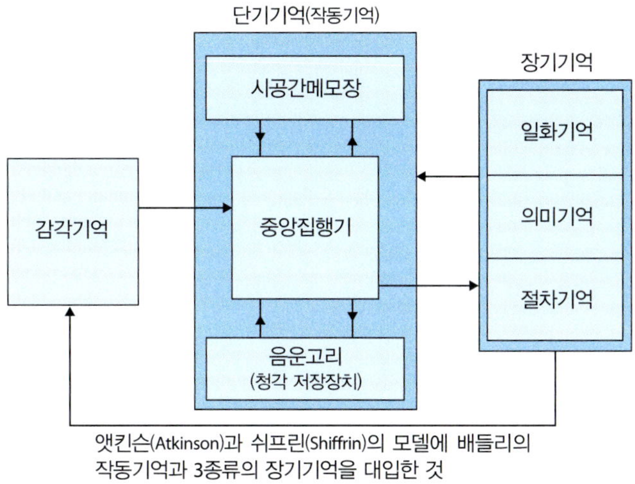

그림 2-6 **기억 모델**

2) 장기기억

장기기억의 가장 고전적인 실험은 에빙하우스(Ebbinhaus)의 실험이다. 그림 2-7은 에빙하우스의 망각곡선이다. 의미 없는(무의미) 철자 목록을 암기한 다음 20분 후, 1시간 후, 9시간 후, …, 31일 후에 반복해서 재학습하여 맨 처음의 학습 성립시간과 재학습 시간의 차이로부터 절약률을 산출하는 방법을 따랐다. 그림에서 알 수 있듯이 20분 후에는 약 60%까지 유지 상태가 저하되었으며, 이를 통해 얼마나 단시간에 기억이 망각되는지를 알 수 있다.

털빙(Tulving)은 장기기억에는 2가지 유형이 있다고 주장하였다(표 2-2). 하나는 세상에 관한 지식, 법칙, 언어, 개념과 같은 일반적 지식으로서 비축되는 **의미기억**(semantic memory)이다. 의미기억은 암기한 시간과 장소에는 직접 관계하지 않는다. 수학이나 국어, 사회 등의 지식은 그것을 언제 어디에서 배웠는지에 상관없이 성립한다. 또 하나는 개인적인 기억으로 특정 시간과 장소에서 일어난 사건의 기억을 말하며, **일화기억**(episodic memory)이라고 한다. 일화기억은 그 사람 자신의 인생에서 일어난 사건의 기억이다. '작년에는 유럽여행을 다녀왔다', '지난주 친구와 테니스를 쳤는데 즐거웠다' 등과 같은 기억이다. 이 두 유형의 기억을 합쳐서 **서술기억**(declarative mermory)이라고 한다.

이 서술기억과 짝을 이루는 기억으로 **절차기억**(procedural memory)이 있다. 요리방법, 컴퓨터 시작방법 등 생활 속의 절차나 순서에 관한 기억이다. 절차기억에는 다양한 단계가 있다(표 2–3).

에빙하우스(Ebbinhaus H., 1850~1909)

독일 출생이다. 자신을 피험자로서 1879~80년과 1883~84년에 기억에 관한 다양한 실험을 시행하였다. 1885년의 「기억에 대해」가 대표 저서이다.

털빙(Tulving E., 1927~)

에스토니아 출생이다. 캐나다로 이주하여 토론토대학교 교수가 되었다. 1983년에 미국 심리학회로부터 명예상을 받았다.

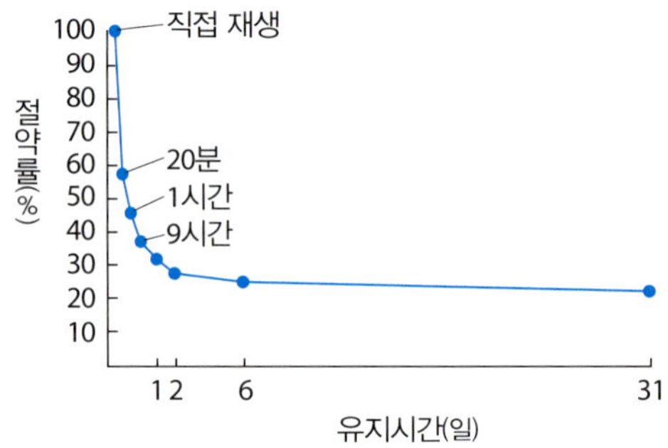

그림 2–7 **장기기억에서의 망각**

표 2–2 **털빙에 의한 일화기억과 의미기억의 구분**

	일화기억	의미기억
표상 정보의 유형	특정 사건, 사물, 장소, 사람들	사건이나 사물에 대한 일반적 지식이나 사실
기억 내의 체제화 유형	시간적(일어난 시간에 따라) 또는 공간적(일어난 장소에 따라)	개요적(같은 주제에 관련하는 일반적 지식의 다발)
정보원	개인적 경험	반복된 경험에서의 추상화, 배운 것의 일반화
초점	주관적 현실(자기)	객관적 현실(세계)

표 2-3 절차기억의 분류

종류	내용	예
인지단계 I	감각 · 지각과정에서 정보처리에 관한 것	l과 r의 발음 구분 단어 읽기
인지단계 II	기억 · 사고과정에서 정보처리에 관한 것	기억술, 시 작성법 수학문제 해결법
행동단계 I	동작 · 운동과정에서 정보처리에 관한 것	워드문서 작성 자전거 타는 법
행동단계 II	일상생활 행동과정에서 정보처리에 관한 것	결혼식 진행법 회의에서의 논의 방법

3) 미래기억 등

최근에는 과거의 일을 기억하는 것뿐만 아니라 현재보다 이후 시점에서 특정 행동을 하거나 계획을 실행하는 것을 기억하는 것이 중요하다고 보고 있다. 이러한 앞으로의 예정에 대한 기억을 **미래기억**(prospective memory)이라고 한다. 편지를 보내야 해서 가방에 넣고 다니다가 그 사실을 잊어버리고 가방 속에 넣어둔 채 하루가 지나는 등의 '건망' 현상이 있다. 이 '건망'이라는 현상은 어떤 행위를 실행해야 하는 시점에 상기시키지 못해 실행하지 않은 것을 말하며, 미래기억의 실수이다. '볼일이 있어서 외출했는데 무슨 일을 해야 하는지 잊어버려 되돌아왔다'고 하는 예처럼 행동의 실행과정 중에 생긴 실패를 **행동 실수**(action slip)라고 한다. 표 2-4에는 행동 실수의 유형과 그 예를 정리하였으며, 이를 인적 오류(human error)라고도 한다.

표 2-4 행동 실수의 종류와 예

실수의 유형	특징과 예
반복 오류 (repetition errors)	이미 행동을 실행했는데도 그 사실을 잊고 같은 행동을 반복하는 것 '컵에 주전자의 뜨거운 물을 부었는데 이를 잊고 또 부었다'
목표의 전환 (goal switches)	일련의 행동 목표를 잊고 잘못된 목표로 바뀌는 것 '친구 집에 가려고 했는데 회사를 향하고 있음을 깨닫다'
탈락(omissions)과 전환(reversals)	행동의 시계열 요소가 탈락하거나 순서가 틀리는 것 '주전자에 물을 넣었지만 불 켜는 것을 잊었다' '용기 뚜껑을 닫은 채로 물건을 넣으려고 했다'
혼동(confusion) / 혼합(blend)	어떤 행동 계열에 포함된 대상을 다른 행동 계열에 포함된 것으로 혼동하는 것 '꽃을 자르는데 가위 대신 병따개를 들고 정원으로 나왔다'

자신의 기억에 대한 지식 또는 인식을 **초기억**(metamemory)이라고 한다. 최근 건망증이 심해졌다거나 사람의 얼굴과 이름을 기억하기 힘들어지는 등 자신의 기억에 관한 판단을 말한다. 잊어버리지 않도록 꼼꼼하게 메모하는 등 자신의 기억을 관리하여 모니터하도록 작용한다.

3 기억의 병리와 왜곡

1. 망각

1) 망각 이론

암기했던 내용을 떠올릴 수 없는 것을 **망각**(forgetting)이라고 한다. 망각의 주요 이론으로 기억흔적설, 간섭설, 검색실패설 등이 있다. 기억흔적설이란 학습하면 뇌에 어떠한 흔적이 남는데, 그것이 시간 경과와 함께 사라져 결국에는 떠올릴 수 없게 된다고 하는 개념이다. 간섭설이란 기명 전후에 이루어진 다양한 활동의 간섭으로 인해 기억이 영향을 받아 망각이 일어난다고 하는 개념이다. 검색실패설이란 망각이 기억의 소실이 아니라 상기해야 하는 정보를 검색하는 데에 실패하기 때문에 생겨난다고 하는 개념이다.

2) 건망

기억의 결손을 **건망**(amnesia)이라고 한다. 건망에는 부분적 건망과 전반적 건망이 있다.

부분적 건망으로서 선택성 건망, 계통적-요소적 건망, 탈락성 건망 등이 있다. 선택성 건망은 특정 인물이나 사건에 대해 상기할 수 없는 것으로, 대부분은 심인성 건망이라고 한다. 계통적-요소적 건망은 교통사고 등의 머리외상에 의해 특정 단어 등을 잊어버리는 경우이다. 탈락성 건망은 일정 기간의 기억만 완전히 탈락한 경우로, 간질발작 등에 동반하여 일어난다.

전반적 건망에는 전향성 건망과 역향성 건망이 있다. **전향성 건망**(antegrade amnesia)이란 기억상실 이후의 새로운 내용을 암기할 수 없는 경우이다. 노인이 막 식사를 했는데도 아직 먹지 않았다고 주장하는 예를 들 수 있다. **역향성 건망**(retrograde amnesia)이란 저장된 과거의 내용을 현시점까지 상기할 수 없는 경우이다. 기억상실 후의 기억은 있지만, 그 이전의 기억을 떠올릴 수가 없다.

2. 기억의 왜곡

1) 기시감

새로운 상황을 과거에 경험한 적이 있다고 느끼는 체험을 **기시감**(déjà vu)이라고 한다. 사실이 아닌데도 현재 놓인 상황이 과거의 어느 시점에 보거나 체험했다고 느끼는 것을 말한다. 위기억(pseudomnesia)이라고도 하는데, 과거의 경험을 정확히 상기할 수 없는 일종의 **기억착오**(paramnesia)이다. 처음 들은 소리를 과거에 들어본 적이 있다고 느끼는 기청감이라는 현상도 있다.

2) 설단현상

시험 때 분명히 아는 내용인데도 도저히 떠오르지 않다가 시험이 끝나서야 생각이 나서 안타까워했던 경험이 있을 것이다. 또 얼굴은 알겠는데 이름이 좀처럼 떠오르지 않았던 경험도 있을 것이다. 이처럼 깜빡하고 잊어버리는 것을 **설단현상**(tip-of-the-tongue phenomenon)이라고 하며, 필요한 때에 필요한 정보를 상기할 수 없는 현상이다. 검색의 실패로 여겨진다.

검색의 실패

심리학 미니실험

기억범위의 측정

목적 : 단기기억의 기억용량을 간단한 숫자를 사용한 실험으로 조사한다.

방법 : ① 2명이 짝을 이루어 한 사람이 실험자, 다른 사람이 피험자가 된다.

② 실험자는 다음과 같이 설명한다. '지금부터 내가 말하는 숫자를 잘 듣고 그대로 따라서 말해 보세요.'

③ 목록을 사용하여 4자리 문제부터 시작한다. 실험자는 숫자를 1자에 1초 정도의 속도로 말한다. 억양이나 음정을 붙이지 않도록 주의한다.

④ 2번의 시도 중 1번 이상 정답이 있으면 자릿수를 올려간다. 3번 연속해서 맞추지 못하면 그 시점에 실험을 종료한다.

결과 : 합격한 수계열의 자리수를 확인한다.

해설 : 일반적으로 50%의 정답률을 가진 계열의 길이를 기억범위라고 한다. 성인에서는 7±2자릿수 정도이다(p.26 참조).

발전과제 : 숫자 대신 한글을 임의로 조합해서 문제 목록을 작성해서 해보자.

표 숫자의 문제목록 사례

4자리 문제	(1) 4, 7, 3, 9 (2) 2, 5, 1, 8
5자리 문제	(1) 6, 5, 1, 3, 8 (2) 3, 1, 7, 5, 9
6자리 문제	(1) 3, 6, 2, 9, 2, 5 (2) 4, 9, 3, 7, 1, 5
7자리 문제	(1) 9, 2, 7, 4, 5, 8, 2 (2) 1, 6, 1, 4, 9, 2, 5
8자리 문제	(1) 4, 9, 5, 2, 4, 1, 3, 8 (2) 7, 5, 1, 2, 7, 2, 9, 6
9자리 문제	(1) 4, 9, 8, 3, 7, 4, 9, 6, 1 (2) 5, 3, 2, 8, 7, 8, 5, 9, 7
10자리 문제	(1) 7, 9, 4, 6, 2, 5, 9, 3, 7, 1 (2) 1, 6, 4, 3, 2, 9, 3, 4, 9, 2

Chapter 03
동기

학습목표

우리는 다양한 행동을 한다. 그 행동을 일으키는 원인으로 동기나 욕구라고 하는 구성개념을 사용해서 설명한다. 사람의 행동 원인을 파악하려면 동기나 욕구의 기본적인 사항을 이해할 필요가 있다.

이 장의 학습목표는 다음과 같다.

❶ 동기부여의 기전을 이해한다.
❷ 동기의 종류를 이해한다.
❸ 욕구의 종류와 그 특징을 이해한다.

1 동기

1. 동기란?

'물 마시고 싶다'라는 생각이 들면 컵에 물을 따라 마시는 행동을 일으킨다. 물 마시는 행동을 일으키는 힘을 **요구**(need) 또는 **욕구**라고 한다. 요구나 욕구 외에 동기라는 용어도 사용된다. 이 용어들이 의미하는 바는 거의 같지만, 사용되는 상황에 차이가 있다. **동인**(drive)은 음식을 먹는 것과 같은 비교적 단순한 행동을 일으키는 요인에 대해 자주 사용된다. 이에 비해 **동기**(motive)는 달성이나 친화 등 사회적인 문맥으로 사용되는 경우가 많다. 그리고 생체의 동인 또는 동기에 대응하는 외적인 요인을 **유인**(cause) 또는 목표라고 한다. 예를 들어 자기 눈앞에서 시원하게 물을 벌컥벌컥 마시는 사람을 보면 그때까지는 별로 목마르지 않았지만 '목이 마르다. 물 마시고 싶다'고 생각한다. 이 경우 '시원해 보이는 물'이 유인이고, '목이 마르다. 물 마시고 싶다'라는 생각이 동기이다.

이러한 동기와 유인의 상호작용 결과로서 행동이 일어난다. 앞에서 든 예로 설명하면 시원해 보이는 물이 있고(유인) 목이 말라서(동기) 실제로 물을 마시는 행동이 일어난다. 이러한 행동을 일정 방향으로 시작하게 하여 그것을 목표에 도달할 때까지 지속시키는 과정 전체를 **동기부여**(motivation)라고 한다.

일반적으로는 하고자 하는 마음 즉, 동기가 강할수록 학습이나 행동 수행이 효율적으로 이루어진다. 하지만 너무 강한 동기는 오히려 학습이나 행동 수행을 저해하기도 한다. 반대로 동기가 너무 약하면 하고자 하는 마음이 생기지 않는다. 동기의 수준과 행동 수행 사이에는 역U자형 관계가 형성되며 중간 정도 강도의 동기가 행동을 가장 촉진한다. 또 과제의 난이도에 따라 학습이 수행되는 최대치는 다르다. 이를 **여키즈-도슨 법칙**(Yerkes-Dodson Law)이라고 한다(그림 3-1).

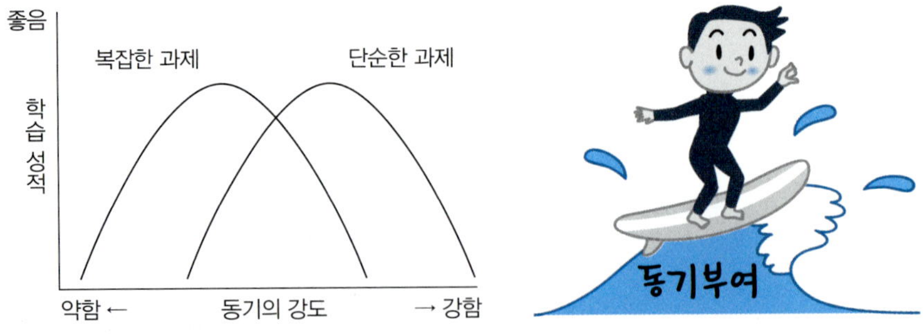

그림 3-1 **동기의 강도, 과제의 난이도와 학습 성적의 관계**

2. 동기의 기능

동기의 기능은 크게 3가지로 요약할 수 있다.

① **행동의 환기기능** : 동기를 바탕으로 행동을 일으킨다.

② **행동의 방향설정** : 일정 목표에 대해 행동의 방향을 설정한다. 예를 들어 동기는 물이나 음식으로 유도하는 행동을 일으킨다.

③ **행동의 유지기능** : 만족할 때까지 행동을 유지시킨다.

동기이론은 크게 욕구이론과 인지이론으로 나뉜다. 욕구이론에는 생리적 동기가 있다. 또 인지이론에는 내재적 동기나 원인귀속에 의한 동기 등이 있다.

2 동기의 분류

1. 생리적 동기

인체 내부에는 생리적 균형을 일정하게 유지하는 기능이 갖추어져 있다. 예를 들어 체온이 떨어지면 몸이 떨리는 등의 자동적 생리반응이나 옷을 입는 등의 자발적 행동을 일으켜 체온을 높이는 작용이 관찰된다. 캐논(Cannon)은 이러한 작용을 **항상성**(homeostasis)이라 부르고, 항상성이 균형을 잃음으로써 행동이나 반응의 과정이 발생한다고 보았다. 이 행동이나 반응은 대뇌 중추나 시상하부의 명령을 받은 자율신경이나 내분비계가 작용하여 일어난다(표 3-1). 항상성은 생체가 살아가는 데 필요한 동기이며, 여기에는 섭식, 섭수, 수면, 체온조절, 배설, 호흡 등이 있다.

갈증 동기는 '목이 마르다. 물을 마시고 싶다'고 하는 동기이다. 물을 장시간 마시지 않았을 때나 체내의 수분이 빼앗겼을 때 생긴다. 또 짜고 매운 음식을 먹었을 때 목이 마르는 등 수분을 상실하지 않았더라도 혈액 속의 염분농도가 상승할 때도 갈증이 생긴다.

배고픔 동기는 '배가 고프다. 무언가 먹고 싶다'고 하는 동기이다. 포도당 등의 열량을 함유하는 연료가 감소했을 때 생긴다. 또 특정 영양소가 부족한 경우 그 영양소를 포함한 음식을 섭취하려는 행동이 관찰된다. 이를 특수한 배고픔(specific hunger)이라고 한다. 예를 들어 단백질이 거의 함유되지 않는 사료를 장기간 먹은 쥐는 칼슘, 인, 탄수화물, 단백질, 비타민 등의 영양소를 자유롭게 섭취할 수 있는 상황이 되면 단백질을 많이 섭취한다고 한다(그림 3-2).

성적 동기는 예전에는 생리적 동기의 하나로 보았다. 하지만 인간에게는 성적 흥분이 높아져도 일정하게 유지하려는 기능은 관찰되지 않는다. 또 성 욕구의 강도는 개인마다 차이가 크다. 생리적 동기는 개체의 생명유지에 중요한 작용을 하는 데 비해 성적 동기는 종족보존과 관계가 있다. 따라서 최근에는 성적 동기는 항상성에 포함시키지 않는다.

표 3-1 항상성

자율신경에 의한 유지	교감신경과 부교감신경의 작용으로 체내 균형을 일정하게 유지
세포 수준에서의 유지	침입한 외부 환경(외적)을 세포 수준에서 제거
내분비계에 의한 유지	각종 호르몬에 의해 체내 환경을 조절

※ 인체에는 외부의 변화에 대응해서 몸의 내부를 항상 일정하게 안정적인 상태로 유지하려는 기능이 갖추어져 있다. 구체적으로는 자율신경, 세포 수준 및 내분비계에서 각각의 역할을 담당한다.

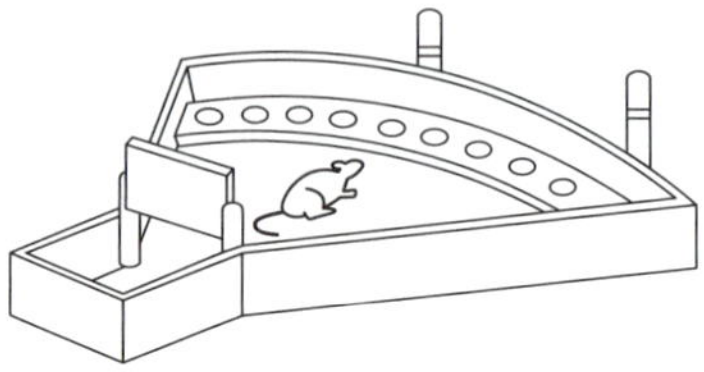

이 장치는 셀프서비스 방식의 식당과 같은 장치로, 칼슘, 인, 탄수화물, 단백질, 지방, 비타민 등의 영양소를 자유롭게 골라 먹을 수 있다. 어떤 종류의 영양소가 결핍된 쥐를 이 안에 넣어두면 이 쥐는 결핍된 영양소를 선택하게 되며, 격렬한 활동을 강제로 한 쥐는 열량이 높은 영양소를 선택하게 된다.

그림 3-2 카페테리아 실험

2. 외재적 동기와 내재적 동기

부모에게 칭찬을 듣고 싶어서 열심히 공부하거나 보상을 받고 싶어서 심부름을 하는 등 본래의 목표에 도달하기 위한 도구 및 수단으로서 특정 행동을 하는 경우가 종종 있다. 이는 **외재적 동기**(extrinsic motivation)에 의한 행동이다. 외재적 동기에서는 보수가 될 수 있는 것이 수중에 들어오면 만족하기 때문에 동기의 효력은 저하되기 쉽다.

한편, 외적 보수가 전혀 없는 경우라도 자기 자신을 위해 행동을 일으키는 경우가 있다. 이는 **내재적 동기**(intrinsic motivation)에 의한 행동이다. 내재적 동기는 명백한 보수 또는 목적이 존재하지 않는 경우 또는 그 행동을 하는 자체가 보수가 될 수 있는 경우이다. 예를 들어 공부하는 것 자체가 재미있어서 공부를 하는 경우이다. 인간이나 동물에게는 신기한 자극을 바라거나 새로운 것에 흥미나 호기심을 나타내거나 환경을 스스로 효과적으로 제어하려는 행동을 하는 경우가 있다.

내재적 동기가 높을 때 외적 강화가 가해지면 내재적 동기가 방해되거나 억제되기도 한다. 반대로 내재적 동기가 낮을 때 외적 보수가 내재적 동기를 촉진하기도 한다.

일상생활의 행동 대부분은 내재적 동기와 외재적 동기를 모두 포함한다.

3. 효능적 동기

환경과 효과적으로 상호 교섭하는 능력을 **유능성**(competence)이라고 한다. 영아에게도 이미 유능성은 갖추어져 있으며 자신의 주위 환경에 작용해서 어떠한 변화를 일으켰다고 하는 기쁨이나 유능감에 의해 지속된다. 화이트(White)는 환경에 대해 스스로 효율적인 사람이라는 느낌을 얻으려고 하는 동기부여의 측면을 **효능적 동기**(effectance motivation) 또는 유능성 동기라고 하였다. 그 후 디시(Deci)는 내재적 동기의 원천을 '스스로 결정하여 유능하고자 하는 욕구'로 파악하고 인지평가이론을 제시하였다.

하터(Harter)는 효능적 동기를 '반응의 유연성', '신기한 자극에 대한 호기심', '유능함에 대한 숙달', '도전과 과제의 선호' 등 여러 요소로 구성된다고 보았다. 환경과의 상호작용에 대해 소아는 긍정적 피드백(칭찬을 받는 등의 사회적 강화)이 가해지는 것이 중요하며 그것이 효능적 동기를 발달시킨다.

사쿠라이(Sakurai)와 다카노(Takano)는 하터의 연구에 기초하여 초등학교 2학년부터 중학교 1학년을 대상으로 내재적 동기의 발달을 검토하였다. 내재적 동기는 연령에 따라 변화가 있었는데, '호기심'이나 '도전'은 학년이 올라감에 따라 저하되어 10살부터 15살에 걸쳐 내재적 동기에 큰 변화가 관찰되었다. 이는 고학년이 될수록 평가가 중시되면서 학습 과정보다 결과로서 높은 달성도에 중점이 옮겨졌기 때문이고, 이와 동시에 실패 경험이 쌓여 자신감을 잃거나 본인의 흥미와 일치하지 않는 목표가 설정되었기 때문으로 판단된다(그림 3-3).

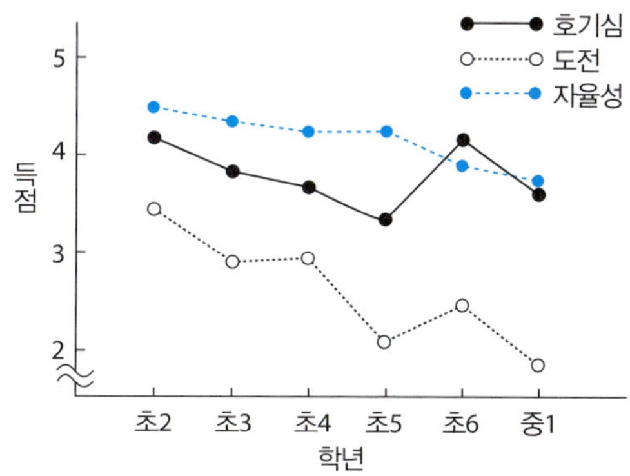

그림 3-3 내재적 동기의 연령 변화

4. 사회적 동기

인간의 행동 중에는 다른 사람과 관련이 있는 동기가 다수 있는데, 이를 **사회적 동기**(social motivation)라고 한다. 머리(Murray)에 따르면 그 종류는 크게 6가지로 분류되며(표 3-2), 그중에서도 달성동기와 친화동기에 대해 설명하겠다.

표 3-2 **사회적 동기(머리의 심인성 욕구 리스트)**

A 주로 살아 있지 않은 상대와 연결된 욕구	1. 획득	소유물과 재산을 얻으려는 욕구
	2. 보존	다양한 것을 모으거나 수리하거나 손질하거나 보관하는 욕구
	3. 질서정연	사물을 정돈하고 조직화하며 정리하고 정연하게 해서 제대로 만드는 욕구
	4. 유지	사물을 계속 소유하면서 그것을 저장하는 욕구 : 또는 검소하고 경제적이며 아끼려는 욕구
	5. 구성	조직화하고 구축하는 욕구
B 큰 희망, 의지권력, 성취욕 및 위엄에 관한 욕구	6. 우월	우위에 서려는 욕구, 달성과 승인의 복합
	7. 달성	장애를 이겨내고 힘을 행사하며 최대한 잘 또는 신속하게 곤란함을 이겨내려고 노력하는 욕구
	8. 승인	칭찬을 듣고 추천 받으려는 욕구 : 존중을 요구하는 욕구
	9. 현시	자기연출의 욕구 : 다른 사람을 흥분시키고 즐겁게 하며 선동해서 충격을 주어 흐트러뜨리는 욕구
	10. 불가침성	침해되는 일 없고 자존감을 잃지 않도록 '좋은 평판'을 유지하려는 욕구
	11. 열등감 회피	실패, 치욕, 불명예, 조소를 피하려는 욕구
	12. 방어	비난 또는 경시에 대해 자기를 방어하려는 욕구 : 자기 행동을 정당화하려는 욕구
	13. 중화	다시 노력하여 보복함으로써 실패를 극복하려는 욕구
C 인간의 힘을 발휘하여 그것에 저항하고 또는 그것에 굴복하는 것에 관계가 있는 욕구	14. 지배	다른 사람에게 영향을 미치거나 또는 통제하려는 욕구
	15. 공손	우월한 사람을 받들고 나서서 따르며 기꺼이 모시려는 욕구
	16. 모방	다른 사람을 모방 또는 흉내 내려는 욕구 : 다른 사람에게 동의하고 믿으려는 욕구
	17. 자율	영향에 저항하고 독립하려고 노력하는 욕구
	18. 반동	다른 사람과 다른 행동을 취하고, 독자적이며, 반대쪽에 서려는 욕구
D 다른 사람 또는 자기에 상해를 주는 것에 관계하는 욕구	19. 공격	다른 사람을 공격하거나 상처를 주려는 욕구 : 사람을 경시하고 해를 끼치며 또는 악의를 가지고 조소하려는 욕구
	20. 굴종	죄를 승복하고 감수하려는 욕구 : 자기비하
	21. 비난 회피	관습에 반하는 행동을 억제함으로써 비난, 추방 또는 처벌을 피하려는 욕구 : 행실 좋게 행동하여 법에 따르려는 욕구

표 3-2 사회적 동기(머리의 심인성 욕구 리스트) (계속)

E 인간 간의 애정에 관계하는 욕구	22. 친화	우정과 유대를 만드는 욕구
	23. 거절	다른 사람을 차별하고 거만하게 굴며 무시하고 배척하려는 욕구
	24. 양호	다른 사람을 부양하고 도우며 또는 보호하려는 욕구
	25. 구원	지원, 보호 또는 동정을 요구하고 의존하려는 욕구
F 기타 사회적으로 관계하는 욕구	26. 유희	긴장을 누그러뜨리고 스스로 즐거움, 기분전환과 오락을 요구하는 욕구
	27. 탐구	탐색하고 질문하며 호기심을 만족시키는 욕구
	28. 해명	지적하고 예증하려는 욕구 : 정보를 주고 설명하며 해석하고 강의하려는 욕구

머리(Murray H. A., 1893~1988)

하버드대학교에서 역사학을, 콜롬비아대학교에서 의학을 전공하였다. 1927년 캠브리지대학교에서 생화학 박사 학위를 취득한 후 심리학에 흥미를 가져 하버드대학교 교수가 되었다. TAT 개발자이다.

TAT(주제통각검사, thematic apperception test)

머리(Murray)에 의해 개발된 욕구 체계를 밝히는 투영법 검사이다(p.77 참조).

1) 달성동기

무언가 뛰어난 것이나 어려운 것을 이루어내려는 욕구, 성공하려는 욕구를 달성동기(achievement motive)라고 한다. 맥크렐랜드(McClelland) 등은 TAT를 활용한 측정법(그림 3-4)을 개발하였다. 4장의 그림에 대해 이야기를 만들게 하고 그 내용을 채점하여 개인의 달성동기를 측정하는 방법이다. 달성동기가 높은 아이는 경쟁 상황에서 가장 노력을 잘하며 실패에 직면해도 지속성이 높고 자신감이 있는 경향이 있다.

앳킨슨(Atkinson)에 따르면 목표달성의 동기는 그 동기의 강도(M), 기대(성공에 대한 주관적 확률, P), 유인가(목표의 매력 정도, I)의 곱 즉, $f(M \times P \times I)$로 나타낼 수 있다고 한다. 다만, 과제의 매력도(I)는 이루기 어려울 때(주관적 확률 P가 낮음) 커지기 때문에 I=1−P가 된다. 어려운 과제라면 그 과제를 해결했을 때는 기쁨이 매우 커진다. 쉽게 달성되는 목표라면 성공에 대한 주관적 확률은 높지만, 목표의 매력은 낮아진다. 따라서 주관적 확률이 0.5 즉, '할 수 있거나 못할 수도 있을' 때 그 과제에 대한 동기가 가장 높아진다(그림 3-5). 이것이 앳킨슨의 **기대×가치 이론**(expectancy-value theory)이다.

웨이너(Weiner)는 이 동기 기전을 해명하는 데에 **귀속이론**(inputation theory)을 응용하였다(p.159

표 10-3). 성공이나 실패라는 결과를 얻었을 때 그 원인을 어떤 요인에 귀속시키는가에 따라 3가지 차원이 설정된다. 첫 번째는 원인의 위치 차원으로, 원인이 그 사람의 내부에 있는지 아니면 외부에 있는지가 문제가 된다. 두 번째는 안정성의 차원으로, 원인이 시간적으로 안정되어 있는지 아니면 불안정한지(변동하는)이다. 세 번째는 통제 가능성의 차원으로, 행위자에게 원인을 통제할 수 있는지 아니면 할 수 없는지이다. 달성동기가 높은 사람은 어떤 하나의 목표를 달성했을(성공했을) 때 그 성공의 원인은 '내가 노력했기 때문이다. 나에게 능력이 있었기 때문이다'라고 생각한다. 반대로 실패했을 때는 '내 노력이 부족했기 때문이다'라고 생각한다. 이처럼 실패를 노력에 귀속시키면 다시 노력하면 성공한다는 희망을 가질 수 있기 때문에 동기가 저하되지 않는다. 한편, 달성동기가 낮은 사람은 성공한 경우 '운이 좋았기 때문이다' 등 자신 외부에 원인이 있다고 생각한다. 그리고 실패한 경우 '나에게 능력이 없었기 때문이다'라고 생각하는 경향이 있다. 이처럼 실패를 능력에 귀속시키면 능력은 비교적 불변의 요인이기 때문에 다시 실행하더라도 가망이 없다고 인지하여 동기가 저하되고 만다(p.158 참조).

그림 3-4 TAT 그림의 일례

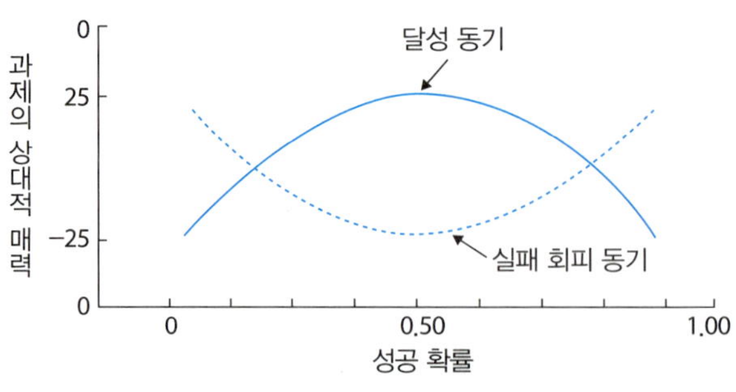

그림 3-5 과제의 매력(유인가)과 성공에 대한 주관적 확률의 관계

2) 친화동기

다른 사람과 적극적인 관계를 확립하고 싶고, 유지하고 싶으며, 회복하고 싶다고 하는 우정을 요구하는 동기를 친화동기(affiliation motive)라고 한다. 친화동기도 달성동기와 마찬가지로 TAT로 측정할 수 있다.

샥터(Schachter)는 심한 불안이나 공포가 환기되는 상황에서는 친화동기가 환기되어 비슷한 상황의 다른 사람과 함께 있고 싶어진다고 한다. 재해 시 등의 긴급 상황에서는 모르는 사람 간에도 서로 협력하는 경향이 자연히 생긴다. 이러한 행동은 친화동기에 기인하는 것이다.

3 욕구

1. 욕구란?

욕구(need)란 어떤 행동을 일으키는 개체 내의 요인을 말한다. 인간에게는 다양한 욕구가 있는데, 개체의 신체적 상태를 일정하게 유지하고 생명을 유지하는 등의 생득적 욕구를 **1차적 욕구**라고 한다. 이에 대해 생후 획득되는 대인적인 욕구, 사회적 욕구, 대물적 욕구, 인지적 욕구를 **2차적 욕구**라고 한다.

2. 매슬로의 이론

매슬로(Maslow)에 따르면 욕구는 계층구조를 이루고 있다(그림 3-6). 저차원의 욕구가 어느 정도 충족되지 않으면 고차원의 욕구는 나타나지 않는다(그림 3-7). 또 이 계층은 발달단계와도 관련이 있으며, 어린 아이일수록 저차원의 욕구가 우위가 된다.

생리적 욕구란 배고픔, 갈증, 수면에 대한 욕구이다. 안전의 욕구란 위험을 피하여 안심감을 얻고자 하는 욕구이다. 소속과 사랑의 욕구란 친한 친구나 동료를 얻고자 하는 욕구이며, 존경의 욕구는 자존감을 향상시키고, 주위로부터 인정받고 싶어 하는 욕구이다. 이들 욕구는 누구에게나 공통으로 관찰되며, **결핍욕구**라고 불린다. 또 이들 결핍욕구가 어느 정도 충족되면 **성장욕구**로서 **자아실현**의 욕구가 나타난다. 자아실현의 욕구는 자신답게 스스로 만족하는 삶을 살고 싶어 하는 욕구이다. 전부 14개의 욕구가 있으며 자신이 가진 잠재적인 가능성을 최대한으로 현실화시킴으로써 자기를 성장시켜 그 사람의 최고 상태를 목표로 하는 경향을 가리킨다.

매슬로(Maslow A. H., 1908~1970)

뉴욕 브루클린에서 태어나 1930년에 위스콘신대학교를 졸업하였다. 브랜다이스대학교에서 심리학 교수가 되고, 미국심리학회 회장을 역임하였다.

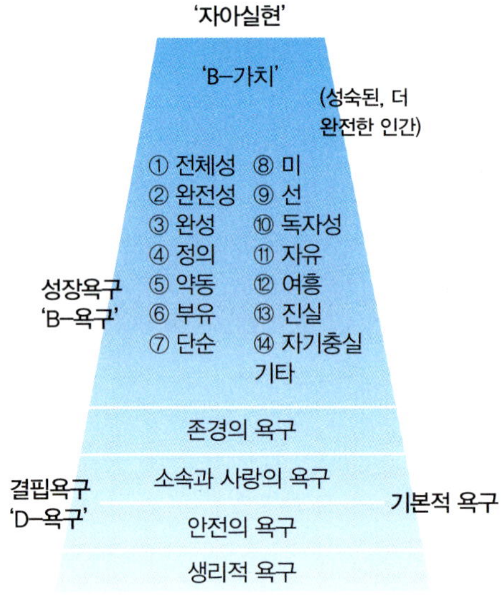

그림 3-6 **매슬로의 욕구 계층**

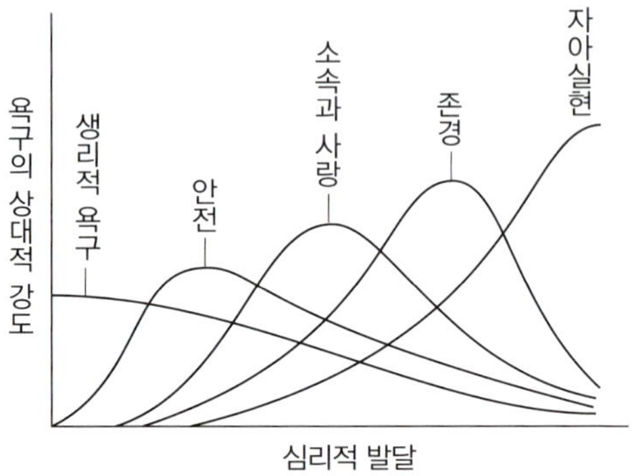

그림 3-7 **욕구계층과 발달**

3. 자기효능감

반두라(Bandura)는 '자신이 어떤 일을 성공적으로 수행할 수 있는 능력이 있다고 믿는 기대와 신념'을 **자기효능감**(self-efficacy)이라고 하였다.

사람은 행동하면 어떠한 결과를 얻는다. 이 과정에서 사람의 마음속에는 적어도 2가지 기대(예기)가 인지된다. 하나는 **효력기대**로, 자신이 어떤 행동을 성공적으로 수행할 수 있다고 하는 주관적 확률(기준, 자신, 전망)이다. 이 효력기대를 자기효능감이라고 하며, 자기효능감이 높아질수록 동기가 높아진다. 또 하나는 **결과기대**로, 어떤 행동이 어떤 결과에 이른다고 하는 주관적 확률이다(그림 3-8).

자기효능감에 영향을 미치는 원천은 4가지가 있다(그림 3-9). 첫 번째는 직접 경험에 의한 행동의 달성이다. 성공 경험을 가지면 효력기대는 강해진다. 두 번째는 대리 경험에 의한 달성이다. 다른 사람이 성공한 것을 관찰하면 자신도 마찬가지로 하면 성공한다고 하는 기대감이 생긴다. 세 번째는 말에 의한 설득이다. 다른 사람의 '너도 할 수 있어'하는 언어적 설득이 작용한다. 네 번째는 생리적인 상태의 체험, 정서환기이다. 어려운 상황이라도 의외로 자신은 냉정할 수 있다는 사실을 깨달으면 자신감이 붙는다.

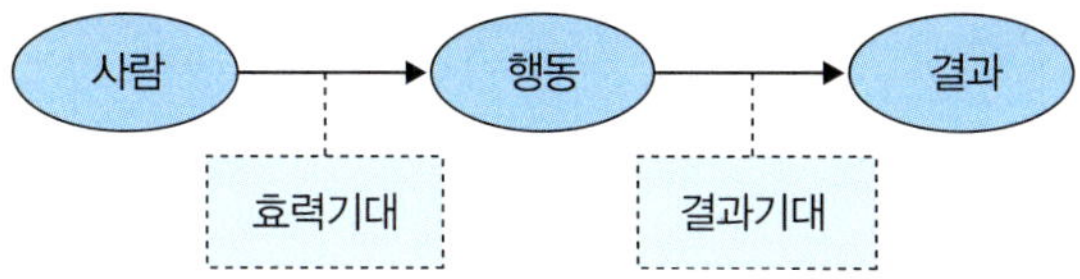

그림 3-8 자기효능감과 행동의 기전

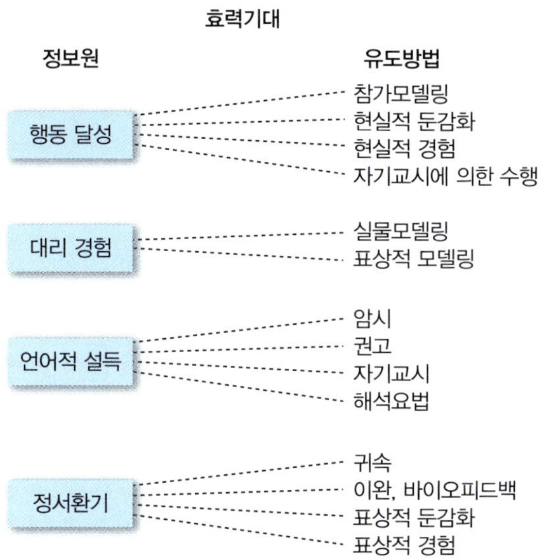

그림 3-9 자기효능감을 높이는 4가지 원천

둔감화(desensitization)

부적절한 불안, 공포에 대한 행동치료의 한 기법이다(p.193 참조).

바이오피드백(biofeedback)

개인의 단독 혹은 복수의 생리반응에 관한 정보를 시각, 청각, 촉각 등 지각 가능한 자극으로 변환하여 본인이 제시함으로써 정신생리적 상태의 자기조절을 촉진하려는 절차를 말한다.

4. 학습된 무기력

셀리그먼(Seligman) 등은 피할 수 없는 전기충격을 계속 받은 개가 무기력 상태가 되는 사실을 발견하였다. 개를 해먹에 고정하고 전기충격을 여러 차례 가한다. 그 후 2종류의 상자를 준비해서 벨이 울리면 몇 초 후에 전기충격이 가해지는 상자에 개를 넣는다. 다른 하나의 상자는 전기충격이 가해지지 않게 설계되어 있다. 보통의 개라면 몇 차례 전기충격을 받으면 벨 소리가 울렸을 때 즉시 전기충격이 가해지지 않는 상자로 피하는 것을 학습한다. 하지만 사전에 전기쇼크를 여러 차례 주어 그 상황을 피할 수 없었던 개는 전기충격이 가해지지 않는 상자로 피하는 것을 전혀 학습하지 못하였다. 이러한 무기력 상태를 **학습된 무기력**(learned helplessness)이라고 한다.

학습된 무기력은 실패 경험을 반복함으로써 사태를 자신의 힘으로는 변화시킬 수 없다는 인식을 학습하게 되어버린 상태를 말한다. 즉, 아무리 해도 자기효능감을 얻지 못한 경험이 반복되었기 때문에 행동에 대한 동기가 충분히 일어나지 않게 되었다고 할 수 있다.

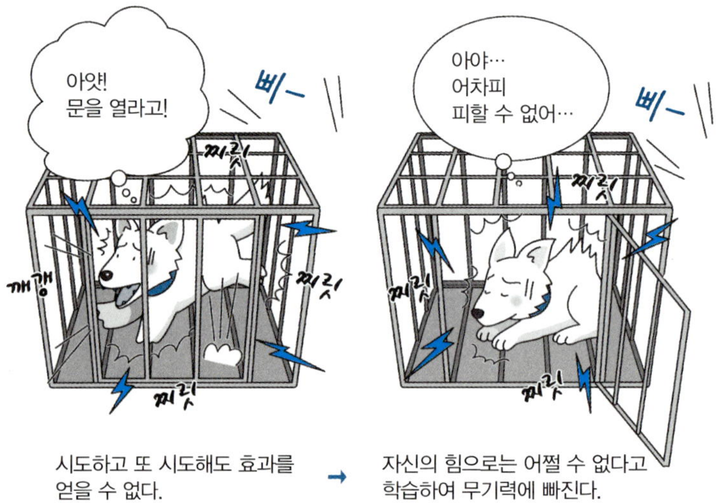

학습된 무기력

심리학 미니실험

자기효능감 측정

목적 : 일반성 자기효능감 척도를 사용하여 자신의 자기효능감을 측정한다.

방법 : 다음의 질문 항목에 대해 현재 자신의 상황과 맞는 경우에는 '예', 맞지 않는 경우에는 '아니오'에 ○를 표시하라. 모두 아니라고 생각되더라도 자신에게 더 가깝다고 생각되는 쪽에 반드시 표시하기 바란다. 정답을 찾는 것이 아니므로 깊이 생각하지 말고 답변하기 바란다.

일반성 자기효능감 척도

No	항목	
1	무언가 일을 할 때는 자신감을 가지고 하는 편이다.	예 · 아니오
2	과거에 범한 실패나 싫은 경험을 떠올려 기분이 우울해지는 경우가 자주 있다.	예 · 아니오
3	친구보다 뛰어난 능력이 있다.	예 · 아니오
4	일을 마친 후 실패했다고 느껴진 적이 많다.	예 · 아니오
5	사람과 비교해서 배려가 있는 편이다.	예 · 아니오
6	무언가를 결정할 때 망설이지 않는 편이다.	예 · 아니오
7	무언가를 할 때 실수하지 않을까 불안해지는 경우가 많다.	예 · 아니오
8	소극적인 편이다.	예 · 아니오
9	다른 사람보다 기억력이 좋은 편이다.	예 · 아니오
10	결과가 예측되지 않는 일이라도 적극적으로 몰두하는 편이다.	예 · 아니오
11	어떻게 하면 좋을지 결심할 수 없어 일을 시작하지 못하는 경우가 종종 있다.	예 · 아니오
12	친구보다도 특히 뛰어난 지식을 가진 분야가 있다.	예 · 아니오
13	어떠한 일이라도 적극적으로 하는 편이다.	예 · 아니오
14	작은 실패에도 계속 신경 쓰는 편이다.	예 · 아니오
15	적극적으로 활동하기가 좀 힘든 편이다.	예 · 아니오
16	세상에 공헌할 수 있는 힘이 있다고 생각한다.	예 · 아니오

결과 정리

① 1, 3, 6, 9, 10, 12, 16의 각 항목은 '예'에 ○를 표시했을 때 1점, '아니오'에 ○를 표시했을 때 0점이다.

② 2, 4, 5, 7, 8, 11, 14, 15의 각 항목은 '아니오'에 ○를 표시했을 때 1점, '예'에 표시했을 때 0점이다.

③ 전체 항목의 점수를 합계한다. 이 점수가 자기효능감 점수이다.

④ 아래 표에서 자신의 일반성 자기효능감 정도를 판정한다.

심리학 미니실험

일반성 자기효능감 척도의 5단계 평정점

	자기효능감 점수				
성인 남성	~4	5~8	9~11	12~15	16
성인 여성	~3	4~7	8~10	11~14	15~
학생	1	2~4	5~8	9~11	12~
5단계 평정점	1	2	3	4	5
자기효능감 정도	아주 낮음	낮은 경향	보통	높은 경향	상당히 높음

해설 : 어떤 상황에서 필요한 행동을 효과적으로 수행할 수 있다고 하는 확신을 자기효능감이라고 한다. 예를 들어 시험을 앞둔 당신에게 선생님이 '3개월 동안 하루 10시간씩 공부하면 합격한다'고 말했다고 하자. 당신은 그 말을 듣고 '좋았어. 공부하자'하는 마음이 생겼는가? 10시간씩 3개월간 공부하면 합격할 수 있다고 확신했더라도 본인은 그렇게 할 수 있다고 생각하지 않으면 행동을 일으키지 않는다. 즉, 자기효능감은 하고자 하는 마음에 크게 관여한다. 자기효능감이 높은 사람은 실패에 대한 불안이 적고, 자신의 의지로 적극적으로 행동한다.

Chapter 04
감정

학습목표

우리는 일상생활 속에서 기뻐하거나 슬퍼하거나 화내는 등의 다양한 감정을 가진다. 또 자신에게 언짢은 일이 생겨 화가 나거나 스트레스를 느끼는 일도 자주 있다.

이 장의 학습목표는 다음과 같다.

❶ 감정에는 어떤 종류가 있으며 그 기전은 무엇인지를 이해한다.
② 욕구 선택에 망설이게 되는 갈등의 유형에는 어떠한 것이 있는지를 이해한다.
③ 욕구좌절, 욕구좌절 인내성이란 무엇인지를 이해한다.
④ 스트레스에 어떻게 대처하면 좋은지를 이해한다.

1 감정

감정에 관한 용어에는 다양한 것이 있다. **정동**(affect) 또는 **정서**(emotion)는 희로애락 등의 일시적이고 강한 체험이다. **기분**(mood)은 즐거운 기분 등과 같이 비교적 약하고 지속적이다. **감상**(sentiment)은 가치관을 포함한 것이다. 하지만 이들을 엄밀하게 구별하기란 어렵다. 여기서는 이들을 일컬어서 **감정**(feeling)이라는 단어를 사용한다.

1. 감정의 분류

1) 브리지스의 분류

생후 얼마 되지 않을 때 느끼는 인간의 감정은 단순한 흥분 상태이지만, 점차 쾌감정과 불쾌감정으로 분화된다. 다시 쾌감정이 기쁨, 애정 등으로, 불쾌감정이 분노, 혐오, 공포 등으로 분화되어 간다고 하는 이론이다(그림 4-1). 개체 발생적 관점에서 분류하는 개념이다.

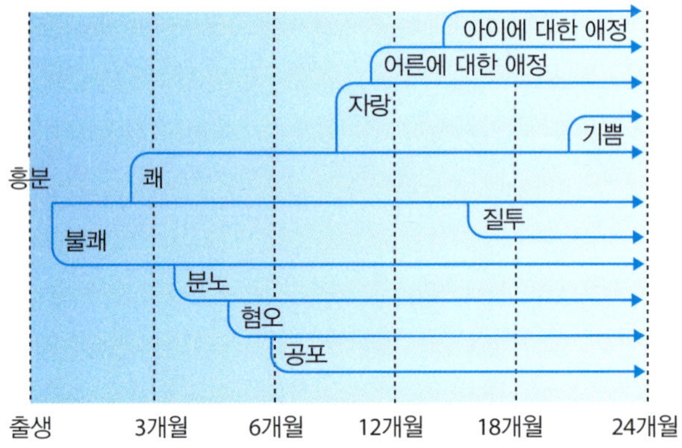

그림 4-1 브리지스(Bridges)의 감정발달

2) 플루치크의 분류

기본적인 8가지의 감정(분노, 혐오, 슬픔, 놀람, 공포, 수용, 기쁨, 기대)을 일차적 감정으로 보고 이들의 강도와의 조합에 따라 다양한 혼합감정이 만들어진다고 하는 이론이다. 그림 4-2의 감정 다차원 모형의 각 단면은 각각 다른 감정을 나타낸다. 세로축은 감정의 강도를 나타내며, 위쪽이 강한 감정, 아래쪽이 약한 감정이다. 또 인접한 감정은 유사한 감정이다.

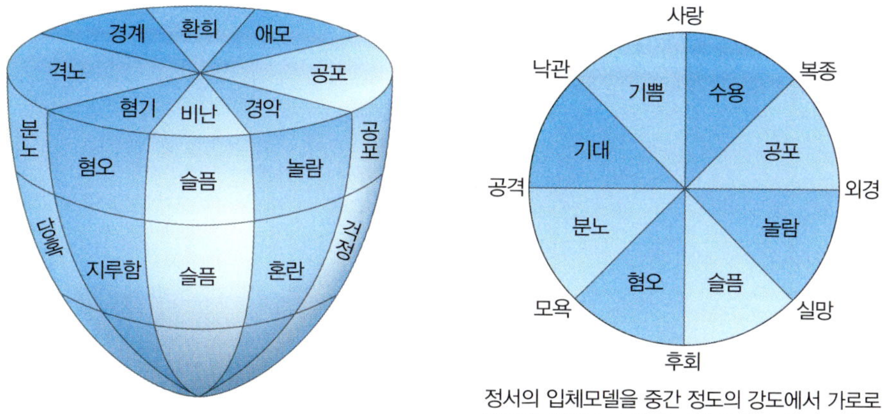

정서의 입체모델을 중간 정도의 강도에서 가로로 절단한 원이다. 수용과 기쁨이 서로 섞여 사랑이 생기고 수용과 공포가 혼합하여 복종이 생긴다.

그림 4-2 ① 플루치크(Plutchik)의 감정 다차원 모형 ② 정서의 교차도

3) 루이스의 분류

루이스(Lewis)는 브리지스가 지적한 것보다 훨씬 빠른 시기(생후 수개월부터 생후 6개월 정도)에 기쁨, 놀람, 슬픔, 혐오, 분노, 공포와 같은 기본적 감정은 모두 갖추어진다고 보았다(그림 4-3). 이들을 **일차적 정서**라고 한다. 또 2, 3세에 나타나는 자랑, 수치, 죄의식과 같은 감정을 **이차적 정서**라고 한다.

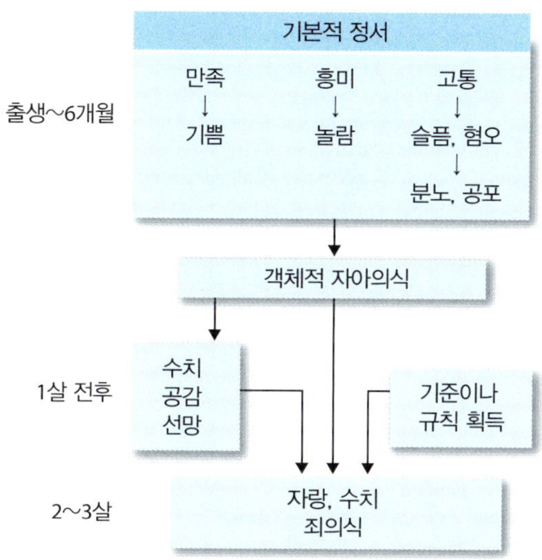

그림 4-3 루이스(Lewis)의 감정발달

2. 감정의 발생기전

1) 제임스-랑게 이론(James-Lange theory)

어떤 자극이 대뇌에 전달됨으로써 다양한 근육운동반응이나 신체적 변화가 일어나고, 그 결과 감정이 생긴다고 하는 이론이다. 예를 들어 곰을 만나면 피하려는 신체반응이 먼저 일어나고 나중에 무서웠다고 떠올리게 되는 경우이다. 제임스는 '우니까 슬프고, 때리니까 화가 나며, 떨리니까 무서운 것이다'라고 설명한다. **감정의 말초이론**이라고도 한다(그림 4-4).

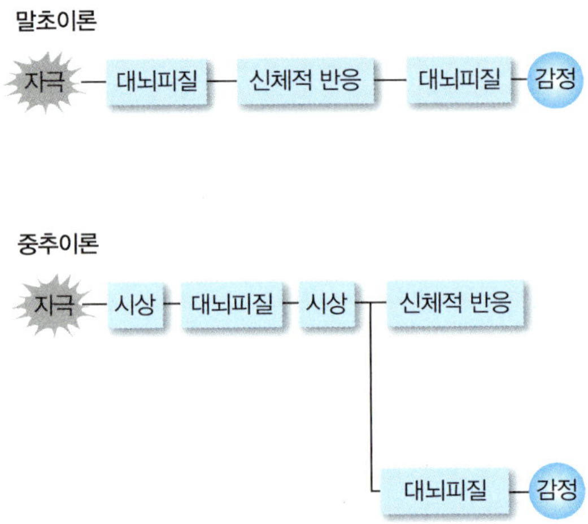

그림 4-4 **감정의 말초이론과 중추이론**

2) 캐논-바드 이론(Cannon-Bard theory)

눈이나 귀 등의 감각기관에서 오는 정보는 시상을 경유하여 대뇌피질로 전달되며 자율신경계가 흥분하여 감정을 체험한다. 한편으로 시상의 흥분은 근육운동반응이나 신체적 변화도 일으킨다. 시상이 감정의 중추라는 개념에서 **감정의 중추이론**이라고도 한다. 현재는 시상 이외에도 시상하부나 대뇌변연계 등(그림 4-5)이 감정에 관여하고 있음이 밝혀졌다.

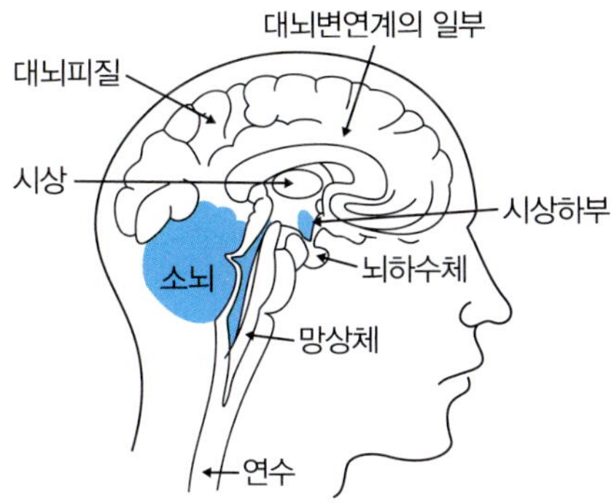

그림 4-5 **감정에 관련하는 뇌의 부위**

3) 샥터-싱어 이론(Schachter-Singer theory)

감정 경험은 생리적 반응이 아니라 그 생리적 반응에 대한 인지적 해석이 관여한다는 개념이다. 샥터와 싱어는 비타민제가 시각에 미치는 영향을 검사한다는 명목으로 대학생에게 아드레날린을 주사하였다. 그리고 첫 번째 그룹의 피험자에게는 아드레날린의 부작용은 얼굴이 붉어지는 것이라고 올바른 정보를 제공하였다. 두 번째 그룹에는 부작용으로 두통이나 가려움이 생긴다는 잘못된 정보를 제공하였다. 세 번째 그룹에는 부작용 정보를 전혀 제공하지 않았다. 시각 검사를 하는 동안 피험자는 매우 즐거운 듯이 행동하거나 또는 화난 것처럼 행동하는 바람잡이가 있는 실내에 들어갔다. 그 결과 잘못된 정보를 제공받은 무리는 바람잡이에 동조해서 큰소리를 치거나 화를 냈다. 또 올바른 정보를 제공받은 무리는 바람잡이에 가장 영향을 받지 않았다. 이 결과에서 샥터는 감정의 질은 생리적 변화와 인지적 평가 모두에 의해 결정된다고 보았다. 이러한 이론을 **감정의 2요인 이론**이라고 한다(그림 4-6).

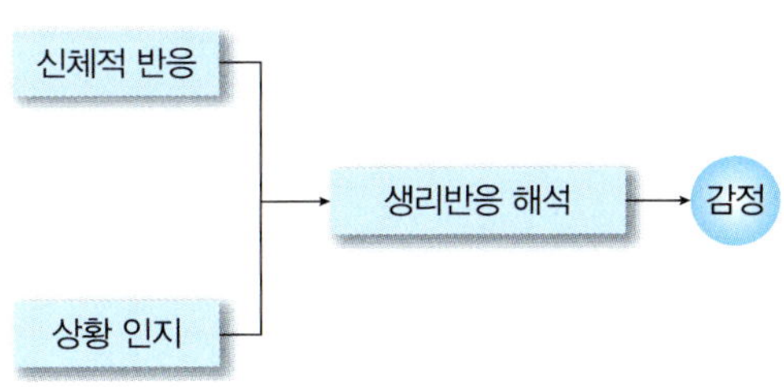

그림 4-6 **샥터의 감정의 2요인 이론**

4) 라자루스 이론(Lazarus theory)

샤터-싱어 이론보다도 인지적 해석을 중요시한 이론이다. 라자루스(Lazarus)에 따르면 감정이 생길 때 2가지 인지적 평가가 있다고 한다. 첫 번째는 어떤 상황이 자신에게 유해한지 유익한지 그 종류와 정도를 평가하는 **일차적 평가**이다. 두 번째는 그 상황에 어떻게 대처하는가를 평가하는 **이차적 평가**이다. 이 2가지 평가가 다양한 개인적 세계의 의미와 연결됨으로써 감정이 생겨난다는 개념이다(표 4-1).

라자루스(Lazarus R.S., 1922~2003)

캘리포니아대학교 버클리교 교수로 역임하였다. 심리사회적 스트레스 연구의 일인자이다.

표 4-1 라자루스에 의한 몇 가지 감정에 대한 중심적 주제

감정	중심적 주제
분노	자신이나 가족에 대한 저속한 공격
불안	불확정적인 존재에 관한 두려움에 직면하는 것
놀람	직접 구체적이고 압도적인 신체적 위기에 직면하는 것
죄의식	도덕규범을 어긴 것
수치	이상적인 자아에 따라 행동하기를 실패한 것
슬픔	되돌릴 수 없는 상실을 경험한 것
시샘	다른 사람이 가진 것을 갖고 싶어 하는 것
질투	다른 사람의 애정 상실이나 그 두려움에 대해 제3자를 원망하는 것
혐오	유쾌하지 않은 대상이나 관념에 휩싸이거나 너무 다가가는 것
행복	목표 실현을 향해 잘 진행되는 것
자랑	가치 있는 대상이나 달성을 자신이나 동료 그룹, 그룹 누군가의 공로로 삼아 자아동일성을 높이는 것
안심	심하게 생각대로 되지 않는 상황이 좋은 방향으로 변화하거나 사라진 것
희망	최악을 두려워하고 좋은 방향을 간절히 바라는 것
사랑	애정을 바라고 또 함께 하는 것. 보통 반드시 보상받는다고는 볼 수 없다.
동정	다른 사람의 고통에 동요되어 돕고 싶다고 생각하는 것

3. 감정의 표출

1) 표정

에크만(Ekman) 등은 감정을 표출한 얼굴 사진에서 올바르게 인식할 수 있는 표정으로서 행복, 슬픔, 분노, 놀람, 혐오, 공포의 6종류를 들었다. 또 에크만 등은 서양이나 아시아 각국 등 다양한 지역에서 행복, 슬픔, 분노, 놀람, 혐오, 공포 6종류의 표정 사진을 보여주고(그림 4-7) 표정을 판단하게 하는 연구가 시행되었다. 그 결과 표정을 판단하는 데는 문화를 초월한 보편성이 있음이 나타났다. 또 생후 6개월 정도에 기쁨, 분노, 놀람과 같은 기본적인 표정을 식별할 수 있다.

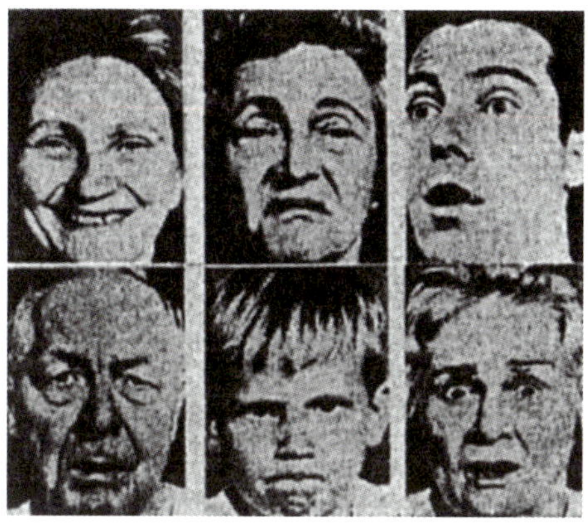

그림 4-7 표정의 판단 연구에 사용된 사진

표정을 판단하는 데는 문화를
초월한 보편성이 있다.
웃는 얼굴은 만국 공통

2) 생리적 변화

감정은 피부, 순환기계, 호흡기계, 소화기계, 배설계, 내분비계 등에 다양한 생리적 변화를 일으킨다. 피부의 생리적 변화는 피부의 전기활동에 의해 측정된다. 최근에는 정전압을 흘려보내어 전도도를 직접 측정하는 피부전도반응을 활용하는 경우가 많다. 순환기계의 생리적 변화는 심박수, 심전도, 혈압 등으로 측정된다. 긴장했을 때, 놀랐을 때는 심박수 증가가 관찰된다. 호흡기계에서는 놀랐을 때 호흡을 멈추거나 지루할 때 하품이 나오는 상태가 관찰된다. 소화기계에서는 분노나 공포 상황에서 긴장되어 목이 마른 상태가 관찰된다. 배설계도 마찬가지로 감정과 관련해서 배뇨가 관찰되기도 한다.

4. 감정의 기능

감정이 우리의 행동에 미치는 영향을 간단히 정리하면 다음의 5가지와 같다.

① 행동을 일으키고 활성화한다.

들뜬 기분은 일이 잘 되게 한다. 과도한 공포는 방향성 없는 행동을 하게 한다.

② 목표 지향적인 행동을 일으킨다.

애정은 사랑하는 사람을 위해 행동하게 한다. 분노는 공격행동을 일으킨다. 공포는 회피행동을 일으킨다.

③ 행동을 촉진하고 강화한다.

공포는 회피행동을 일으키는데, 이 회피행동이 잘 먹히면 공포라는 감정을 가졌을 때 이전의 회피행동을 취하기 쉽다.

④ 행동을 억제한다.

우울한 기분이나 슬픔 등의 감정은 행동을 비활동적이게 한다.

⑤ 행동을 혼란시킨다.

과도한 감정은 적절한 행동을 저해하고 혼란시킨다.

2 욕구좌절

1. 갈등

일상생활에서 '이것도 하고 싶고 저것도 하고 싶다'와 같이 망설이게 되는 경우가 자주 있다. 이처럼 2가지 이상의 욕구가 존재하고 그 가운데 어떤 욕구를 선택해야 좋을지 망설이는 상태를 **갈등**(conflict)이라고 한다. 레빈(Lewin)은 갈등을 3가지로 분류하였다(그림 4-8).

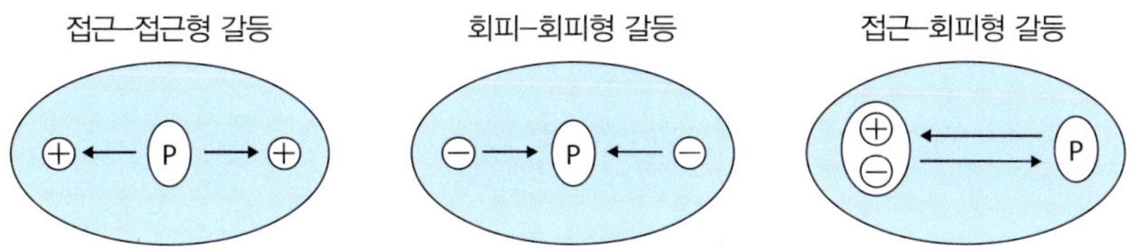

그림 4-8 **갈등 유형**

1) 접근-접근형 갈등

양의 유의성(valence)을 가진 접근하고 싶은 2가지 선택지가 있어 무엇을 선택할 것인지 망설이는 상태이다. 예를 들어 졸업여행지를 유럽으로 할지 미국으로 할지 망설이거나 동시에 두 사람에게 프러포즈를 받아서 누구와 결혼할지 망설이는 상태이다. 잠시 동안은 무엇을 선택해야 좋을지 주저하지만, 마음먹고 결정하고 나면 갈등은 해소된다.

2) 회피-회피형 갈등

음의 유의성을 가진 회피하고 싶은 2가지 선택지가 있어 모두 피하고 싶지만 그럴 수 없는 상태이다. 예를 들어 시험공부는 하기 싫지만, 학점이 낮은 것은 싫거나 운동은 하기 싫지만, 살찌는 것도 싫은 상태이다. 좀처럼 갈등에서 벗어나지 못해 도피가 생기기 쉽다. 또 일단 선택해도 불쾌감이 증가하여 갈등으로 되돌아가는 경우도 있다.

3) 접근-회피형 갈등

하나의 대상에 대해 양의 유의성과 음의 유의성이 모두 존재하는 상태이다. 또는 음의 상태를 통과하지 않으면 양의 상태에 도달할 수 없는 상태이다. 예를 들어 어떤 회사에 예비합격을 통보 받았지만, 급여가 높은 점은 매력적이나 야근이 잦은 점이 싫거나 수술하기는 무섭지만 수술하면 건강해지는 상태이다. 양과 음의 강도가 비슷할수록 선택하기 더욱 어렵다.

회피–회피형 갈등

레빈(Levin K., 1890~1947)

독일 출생이다. 1916년 베를린대학교에서 박사 취득, 1923년에 미국으로 이주하여 아이오와대학교와 매사추세츠공과대학교에서 가르쳤다. 생활공간 개념을 활용하여 행동을 이해하는 토폴로지 심리학(topological psychology)이라는 역학적 이론을 제기하였다.

유의성(valence)

레빈의 용어로, 대상(환경)이 사람을 접근시키거나 회피시키는 성질을 말한다.

2. 욕구좌절

인간에게는 많은 욕구가 있지만, 그 욕구가 항상 충족된다고는 볼 수 없다. 저지되거나 제한되는 경우가 많다. 이처럼 욕구가 충족되지 않은 상태를 **욕구좌절**(frustration)이라고 한다.

1) 욕구좌절의 원인

욕구좌절은 다음과 같은 원인에 의해 생긴다.

① 장해

물리적 환경이나 사회적 환경의 요인이 욕구 충족을 방해하는 장해가 되는 경우이다. 예를 들어 지름길로 가려고 했는데 공사 중이어서 길을 지날 수 없는 경우 등이다.

② 결핍

물리적 환경 요인이 결핍되어 욕구가 충족되지 않는 경우가 있다. 예를 들어 물을 마시고 싶어도 물이 없는 경우, 야구를 하고 싶어도 그럴 만한 충분한 장소가 없는 경우이다.

③ 갈등

갈등 또한 욕구좌절을 생성한다. 예를 들어 유럽에도 가고 싶지만, 미국에도 가고 싶은 접근-접근형 갈등의 경우 선택되지 않은 욕구는 충족되지 않기 때문에 욕구좌절이 생긴다.

2) 욕구좌절반응

욕구좌절에 빠졌을 때 일어나는 반응을 욕구좌절반응이라고 한다. 예를 들어 욕구좌절 상황에서의 도피, 욕구좌절을 일으키는 장해에 대한 공격행동 등 다양한 행동이 관찰된다(표 4-2).

표 4-2 주요 욕구좌절반응

공격적 반응	장해를 향해 직접 공격하거나 다른 대상을 공격하는 반응 예) 폭력, 언어를 사용한 폭력, 화풀이 등
퇴행적 반응	미분화, 미발달 행동양식으로 되돌아가는 반응 예) 손가락 빨기, 야뇨, 비뚤어지기, 자주 울기 등
도피적 반응	자신을 해당 장소에서 멀어지게 하는 반응 예) 혼나고 있을 때 방에 틀어박히기, 공상에 빠지기 등

3) 욕구좌절 인내성

적절한 욕구좌절을 경험함으로써 욕구를 억제하는 방법을 배워 욕구좌절에 견뎌내는 힘을 기르는 것이 **욕구좌절 인내성**(frustration tolerance)이다. 이 욕구좌절 인내성에는 몇 가지 유형이 있다. 첫 번째는 욕구좌절 상황에서도 그 불만을 별로 느끼지 않는 유형이다. 두 번째는 불만은 느끼지만 가만히 참을 수 있는 유형이다. 세 번째는 욕구좌절 상황을 적극적으로 어떠한 방법으로든 해결하려고 하는 유형이다. 어린 시절 욕구좌절을 별로 경험하지 않으면 성장해서 욕구좌절 상황에 직면했을 때 어떻게 대처하면 좋을지 모르는 경우도 있다.

3. 방어기제

갈등이나 욕구좌절은 개인에게 불만감과 불안감을 일으킨다. 이러한 불쾌감에 자신이 상처 입지 않기 위해 다양한 방법을 사용한다. 이처럼 자신을 지키려는 마음의 작용을 **방어기제**(defense mechanism)라고 한다(표 4-3). 이 방어기제는 많든 적든 누구에게나 관찰된다. 또 현실사회에 더욱 잘 적응하기 위한 수단이며, 그러한 의미에서 **적응기제**(adjustment mechanism)라고도 불린다. 적응기제 중에는 공격과 같이 반사회적인 것이나 비사회적인 것도 있다.

표 4-3 **대표적인 방어기제**

억압	심한 불안이나 고통, 불쾌한 감정을 무의식적으로 억제하는 것 예) 싫은 일을 떠올리지 않으려고 한다. 상당히 중증 환자가 자신의 질병이 가볍다고 믿는다.
반동형성	억압된 감정이나 충동이 나타나는 것을 막기 위해 반대의 행동이나 태도를 취하는 것 예) 싫어하는 사람에게는 오히려 매우 친절하게 군다.
승화	사회적으로 인정되지 않는 충동을 사회적으로 가치 있는 행동으로 향하게 하는 것 예) 공격성이 강한 사람이 운동에 열중한다.
보상	바람직한 특성을 강조함으로써 약점을 숨기는 것 예) 공부를 별로 못하는 사람이 운동을 열심히 한다.
합리화	자신의 행동을 정당화하는 것 예) 술이 금지된 환자가 술을 소독 대신이라며 끊으려고 하지 않는다.
퇴행	미숙한 행동양식으로 되돌아가는 것 예) 동생이 태어났을 때 야뇨나 손가락 빨기를 한다.
투사	자신 속에 있는 인정할 수 없는 감정이나 원망을 다른 사람의 것으로 간주하는 것 예) 자신이 적의를 품고 있을 때 상대방이 자신에게 적의를 품고 있다고 생각한다.
동일시	상대방의 다양한 경향을 자신의 것으로 받아들이고 상대방과 자신을 동일하다고 생각하는 것 예) 좋아하는 아이돌과 같은 머리 모양이나 복장을 하거나 행동을 흉내 낸다.
치환	어떤 대상에게 향한 감정이나 충동을 다른 무해한 대상에게 향하게 하는 것 예) 상사에게 혼난 사람이 책상을 발로 찬다.

3 스트레스

1. 스트레스

스트레스는 원래 압력이나 압박을 뜻하는 공학 용어였지만, 캐나다의 생리학자 셀리에(Selye)는 그 용어를 이용하여 스트레스 학설(stress theory)을 발표하였다. 생체에 외부로부터 자극이 가해지면 생체에 변형이 생긴다. 그러면 이 변형에 적응하려는 어떠한 반응이 일어나는데, 그 상태를 스트레스(stress)라고 하며 스트레스를 일으키는 자극을 스트레스원(stressor)이라고 한다(그림 4-9).

스트레스원의 종류에는 물리적 스트레스원(추위, 더위, 외상, 소음 등), 생리적 스트레스원(배고픔, 피로 등), 정신적 스트레스원(불안, 긴장, 공포, 흥분 등)이 있다(p.184 참조). 같은 스트레스원이라도 본인이 어떻게 받아들이는가에 따라 스트레스 상황이 되기도 하고 그렇지 않기도 한다.

그림 4-9 스트레스원과 스트레스

스트레스(stress)

스트레스의 어원은 strain으로 원래 기계공학의 '변형'이나 '비틀어짐'을 의미한다.

1) 일상생활 스트레스

홈스(Holmes)와 라헤(Rahe)에 따르면 일상생활 속에서 중대한 사건(생활사건)이 일어나면 지금까지 확립되어 있던 생활양식에 어떠한 변화가 생기기 때문에 스트레스 상태가 야기된다고 한다. 스트레스 상태를 일으킬 가능성이 높은 생활사건(life event)은 '배우자의 죽음', '이혼', '별거' 등이다(표 4-4). 또 '결혼'과 같이 스트레스와는 관계가 없을 것 같은 즐거운 사건도 긴장이나 흥분을 동반하기도 하여 스트레스가 될 수 있다. 이것을 긍정적 스트레스(eustress)라고 한다. 과거 1년간 일어난 중대한 사건이 많을수록 심신질환에 걸린 가능성이 높아진다고 보고되었다.

결혼 등의 이벤트라도 스트레스가 됨
(긍정적 스트레스)

배우자의 죽음, 이혼 등의 스트레스
(부정적 스트레스)

긍정적 스트레스와 부정적 스트레스

표 4-4 사회적 재적응 평가척도

	생활사건	스트레스 평가점*		생활사건	스트레스 평가점*
1	배우자의 죽음	100	24	시어머니(장모)와의 언쟁	29
2	이혼	73	25	뛰어난 업적을 올림	28
3	부부의 별거	65	26	아내의 취직, 복직, 퇴직	26
4	교도소 등의 구류	63	27	본인의 진학 또는 졸업	26
5	근친자의 사망	63	28	생활조건의 변화 (집의 신 · 개축, 환경악화)	25
6	본인의 상처나 질병	53	29	생활습관을 바꿈(흡연 등)	24
7	결혼	50	30	직장 상사와의 문제	23
8	실업	47	31	근무시간이나 근무조건의 변화	20

표 4-4 사회적 재적응 평가척도 (계속)

생활사건		스트레스 평가점*	생활사건		스트레스 평가점*
9	부부의 화해	45	32	이사	20
10	퇴직이나 은퇴	45	33	학교생활의 변화(전학)	20
11	가족이 건강을 해침	44	34	레크리에이션의 변화	19
12	임신	40	35	교회(종교) 활동의 변화	19
13	성생활이 원만하지 않음	39	36	사회활동의 변화	18
14	새롭게 가족 수가 증가	39	37	1만 달러 이하의 저당(빚)	17
15	합병, 조직변혁 등 근무처의 큰 변화	39	38	수면습관의 변화	16
16	경제상태의 변화	38	39	동거 가족 수의 변화	15
17	친구의 죽음	37	40	식습관의 변화	15
18	직종 변경 또는 전직	36	41	휴가	13
19	부부의 다툼 횟수 변화	35	42	크리스마스	12
20	1만 달러 이상의 저당(빚)	31	43	사소한 법률 위반	11
21	저당 흐름 또는 빚	30			
22	직정에서의 책임 변화	29			
23	자녀가 가족을 떠남	29			

* 평가점 : 결혼을 50점이라고 했을 때 그 밖의 43가지의 생활사건이 어느 정도의 부하를 가지는지를 나타냄

2) 일반적응증후군

셀리에는 지속적으로 스트레스원에 노출된 결과 생기는 생체의 저항에 대해 일반적응증후군(general adaptation syndrome)이라는 개념을 제시하였다(그림 4-10). 스트레스에 대한 반응은 경고반응, 저항, 소진의 세 단계로 나뉜다.

① 경고 반응 단계(alarm reaction stage)

스트레스원에 노출되어 충격을 받는 시기를 충격기(shock stage)라고 하며 혈압 저하나 체온 저하 등이 관찰된다. 그 후 잠시 지나면 충격에서 벗어나 스트레스원에 저항을 나타내는 역충격기(counter-shock stage)가 되며 혈압이나 체온의 상승 등 충격기와는 반대 반응이 관찰된다.

② **저항 단계**(resistance stage)

이 시기는 스트레스원에 대한 저항력이 강해지며 일단 안정적인 상태이다.

③ **소진 단계**(exhaustion stage)

스트레스원에 계속 노출되면 저항력은 약해져 충격기와 비슷한 반응, 면역력 저하나 체중 감소 등이 관찰된다. 계속해서 스트레스에 더 노출되면 죽음에 이르기도 한다.

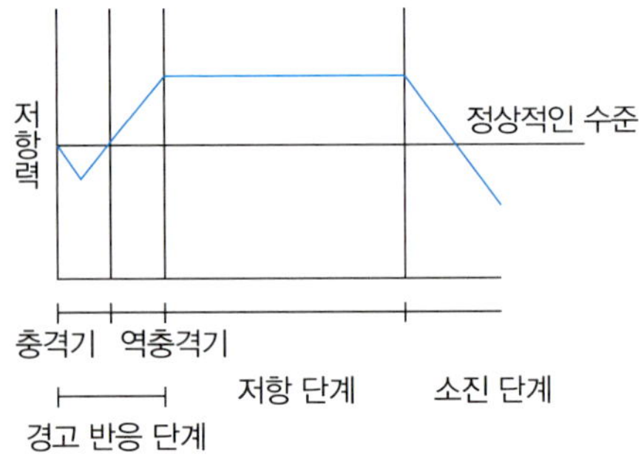

그림 4-10 **셀리에의 일반적응증후군**

2. 스트레스 대처

개인이 스트레스원에 노출되면 그 스트레스 상태를 줄이려고 다양한 대처 행동을 한다. 라자루스(Lazarus)와 포크만(Folkman)은 이를 **대처**(coping)라고 불렀다. 또한, 대처를 정서적인 고통을 줄이기 위한 정서 중심 대처(기분전환을 하는 등)와 스트레스의 원인이 되는 문제를 해결하기 위한 문제 중심 대처(해결책을 생각하는 등)로 분류하였다. 효과적인 대처는 스트레스원의 종류나 상황에 맞게 구분하여 대처하는 것이라고 한다.

Column

거짓말탐지기

범죄수사 중에 피의자의 공술 진위를 판별하기 위해 이른바 '거짓말탐지기'를 사용하는 경우가 있다. 거짓말탐지기란 피의자의 피부전기반응, 맥박수, 혈압, 호흡수 및 그 깊이, 안구운동 등의 생리적 변화를 측정하여 기록하는 것이다. 이 가운데 피부전기반응의 경우 예전에는 피부전기반사(galvanic skin response, GSR)가 주류였지만, 현재는 피부전위반응(skin potential respponse, SPR)을 측정하는 경우가 많다. 거짓말을 하면 땀샘의 작용으로 피부의 전위가 변화하기 때문에 피부전위반응으로서 측정한다. 호흡은 얕아지고 속도는 느려진다. 흡기는 크게 변하지 않지만, 호기에 변화가 관찰된다. 이처럼 생체 내의 여러 현상을 동시에 기록하는 다원기록기(polygraph)라는 장치가 거짓말탐지기의 정체이다. 거짓말탐지기는 거짓말을 기록하는 것이 아니라 다원기록기에 의해 기록된 생리심리학적 검사를 말한다.

즉, 사람이 자신의 공술이 거짓말임을 알고 있을 때 또는 고의로 목적을 가지고 거짓말을 할 때 불안이나 공포 등의 정서적 반응을 동반한다. 정서적 반응은 생리적 반응을 일으키기 때문에 이러한 생리적 변화를 보고 거짓말인지를 추측하는 것이다.

표정을 읽다

다음 두 얼굴 중 어느 쪽이 행복해 보이는가?

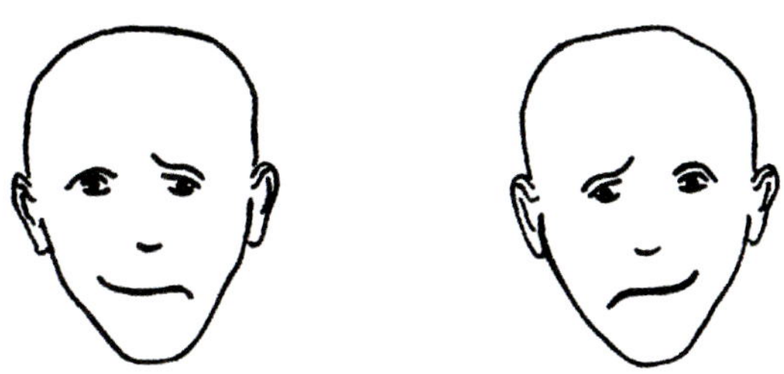

실제로 두 얼굴은 좌우를 바꾸기만 했을 뿐 같은 그림이다. 그러나 이 그림을 얼핏 봤을 때 왼쪽 얼굴이 행복해 보인다.

표정을 판단하는 데는 문화를 초월한 보편성이 있다면 이 능력에 신경적 기반이 있다고 생각할 수 있다. 표정을 읽어내는 능력은 우뇌가 우위에 있다. 예를 들어 우뇌의 어떤 부위에 손상을 입은 환자는 소리나 자세에서 감정을 읽어내지만, 표정에서는 감정을 읽을 수 없게 된다.

왼쪽 시야에 투사된 상은 우선 우뇌에서 처리된다. 왼쪽 얼굴은 우뇌에서 처리되는 왼쪽 시야로 '올라간 입'이 들어와 행복해 보인다. 한편, 오른쪽 얼굴은 왼쪽 시야로 '내려간 눈썹과 입'이 들어와 슬프게 보이는 것이다.

Chapter 05
성격

학습목표

같은 환경에 있더라도 한 사람 한 사람의 행동에는 각각 '그 사람다움'이 있으며, 또 환경이 바뀌어도 어떤 사람의 행동에는 항상 '그 사람다움'이 나타난다. 이러한 행동의 '그 사람다움'이 바로 성격이다. 사람의 행동을 이해하려면 반드시 성격을 이해해야 한다.

이 장의 학습목표는 다음과 같다.

① 성격의 특징을 기술하고 설명할 수 있다.
② 성격은 어떻게 조사되는지 이해한다.
③ 성격장애란 무엇인지를 이해한다.

1 성격의 특징

1. 성격이란?

추워지면 겉옷을 입고, 아름다운 경치가 펼쳐지면 달리던 차를 멈추고 바라보며, 교실에서 친구를 발견하면 그 옆에 앉듯이 행동은 항상 일정한 환경과의 관계 속에서 일어나며 사람이 의식하는 **행동적 환경**이 행동을 규정하는 중요한 요인 중 하나이다.

하지만 같은 환경이라도 한 사람 한 사람의 행동에는 개인차가 있으며, 또 환경이 바뀌어도 어떤 사람의 행동에는 항상 그 사람다운 독자성이 표출된다. 즉, 사람의 행동은 환경적 요인과 그 사람 자신의 내부에 있는 개인적 요인의 2가지에 의해 규정된다. 성격(personality)은 이처럼 개인의 내부에 있어서 그 사람의 행동에 그 사람다운 특징을 생겨나게 하는 개인적 요인을 설명하는 것이다.

2. 유형론

일상생활에서 어떤 사람에 대한 성격의 특징을 표현하고자 할 때 '예술가 기질의 사람'이나 '두목 기질의 사람'과 같이 성격의 유형을 표현하는 경우가 종종 있다. 이러한 표현 방법이 이른바 유형론적 성격 표현이다. **유형론**(typology)이란 전형적인 성격의 특징을 몇 가지 **유형**(type)으로 설정하고 현실의 사람에게서 관찰되는 다양한 성격을 그 유형으로 분류해서 이해하려는 것이다. 대표적인 유형론에는 체질적 · 생물학적인 것에 착안한 **크레치머**(Kretschmer), 심적 에너지가 작용하는 방향성이라는 심리적 특성에 기초를 둔 **융**(Jung), 문화나 사회와의 관계에서 가치의 지향성에 기초를 둔 **슈프랑거**(Spranger) 등의 이론이 있다.

융(Jung C.G., 1875~1961)

스위스 정신과의사로, 분석심리학의 창시자이다. 1948년에 융연구소가 취리히에 설립되어 현재도 연구가 계속되고 있다.

1) 크레치머의 유형론

뚱뚱한 사람은 느긋하고, 야윈 사람은 신경질적이라는 이미지는 많은 사람이 공통적으로 가지고 있으며, 체격과 성격 사이에 어떠한 연관성이 있다고 경험적으로 알고 있다. 크레치머는 이러한 체격과 성격의 연관성에 주목하여 정신과 의사로서의 경험에서 조현병(정신분열증) 환자에게는 세장형(가늘고 긴 체형), 조울증 환자에게는 비만형의 체형이 많음을 발견하였다. 또한, 환자의 발병 전 성격이나 가족 등 근친자의 성격까지 연구 범위를 넓혀 조현병에 대응하는 **분열성 기질**은 세장형에, 조울증에 대응하는 **순환성 기질**(조울성 기질)은 비만형에, 그리고 이 2가지만큼은 체형과의 연관성이 명확하지 않지만 간질에 대응하는 **점착성 기질**(간질성 기질)은 투사형에 많다는 사실을 지적하였다(그림 5-1).

이들 세 유형의 특징은 표 5-1과 같다. 표 가운데 분열성 기질의 b와 c는 명백히 모순되는 특징이지만, 이 양면성이 동시에 혼재하는 점이 분열성 기질의 특징이기도 하다고 보았다. 순환성 기질의 b와 c도 명확히 모순되는 특징이지만, 순환성 기질에서는 동시에 혼재하는 것이 아니라 순환하는(교대로 나타남) 형태로 존재하는 것이 특징이다.

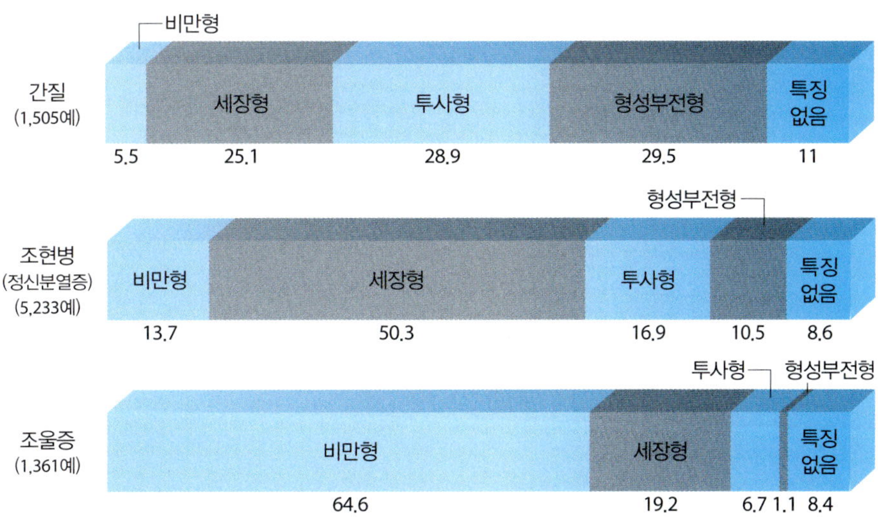

그림 5-1 각 체형과 정신질환의 출현빈도(%)

표 5-1 크레치머 세 유형의 특징

분열성 기질	a. 기본적 특징	비사교적, 조용함, 신중함, 고지식함, 괴짜라고 불림
	b. 민감성	겁이 많음, 숫기가 없음, 섬세함, 민감, 신경질, 흥분하기 쉬움, 자연이나 독서를 좋아함
	c. 둔감성	순종, 어수룩함, 무관심, 둔감, 단조로운 감정
순환성 기질	a. 기본적 특징	사교적, 친절, 온정이 있음, 선량
	b. 명랑성	명랑, 유머가 있음, 흥분하기 쉬움, 활발함
	c. 우울성	조용함, 말이 없음, 침착함, 온화함, 우울
점착성 기질	a. 기본적 특징	쉽게 열중함, 꼼꼼함, 질서를 좋아함, 완고함
	b. 점착성	말을 에두름, 과도한 정중함, 업무 등은 확실하지만 빠르게 진행하지 못함
	c. 폭발성	갑자기 심하게 흥분함, 욱하기 쉬움, 폭발적으로 화냄

2) 융의 유형론

융은 **리비도**(libido)라는 심적 에너지가 작용하는 방향성에 주목하여 리비도가 외부 세계의 사물이나 사람에게 향하는지, 자기 자신에게 향하는지에 따라 외향적 태도와 내향적 태도가 구별된다고 보았다. 사람은 원래 누구든 이들 2가지 태도를 가지지만, 점차 한쪽의 태도가 습관화되고 또 다른 한쪽의 태도가 숨겨짐으로써 전혀 대조적인 특징을 가진 **외향형**과 **내향형** 2가지의 유형이 생긴다고 보았다. 외향형과 내향형의 특징을 표 5-2에 정리하였다.

또한, 융은 리비도가 나타나는 형식을 **심적 기능**으로서 합리적 기능인 '사고', '감정'과 비합리적 기능인 '감각', '직관'의 4종류로 분류하고 이들을 외향형, 내향형과 각각 조합하여 8종류를 설정하였다.

표 5-2 외향형과 내향형의 특징

외향형	내향형
외부 세계의 사물이나 인물에 대한 관심이 많다.	자신의 내면에 대한 관심이 많다.
실용성이나 필요성을 중시한다.	사물의 본질적인 특징을 중시한다.
환경 변화에 빨리 적응한다.	환경 변화에 적응하는 데 시간이 걸린다.
사교적이고 친구를 쉽게 사귄다.	적극적이지 못하고 친구는 많지 않다.
감정은 섬세하지 않고 다소 복잡한 부분이 있다.	감정은 섬세하다.
자기 자신을 별로 돌아보지 않는다.	자기 분석적, 자기 비판적이다.
욕구불만 상황에서는 공격 등 직접적인 행위로 나타난다.	욕구불만 상황에서는 현실에서 도피하거나 공상에 빠져든다.

리비도(libido)

욕망을 의미하는 라틴어이다. 프로이트(Freud)는 성욕동(sexualtrieb)이라는 정신적 에너지를 리비도라고 부르고 심적 활동을 설명하고자 하였다. 융(Jung)은 성적인 것이 아니라 활동원으로서의 일반적인 심적 에너지로서 이 단어를 사용하였다.

3) 슈프랑거의 유형론

슈프랑거는 6종류의 기본적 생활영역을 생각하고 어느 생활영역에 가장 가치를 인정하는가 하는 생활형식의 차이에 기초하여 유형을 설정하였다.

이들 6가지 유형의 특징을 표 5-3에 정리하였다.

표 5-3 슈프랑거 6가지 유형의 특징

경제형	경제성을 제일로 생각하고 사물을 판단한다. 재산의 획득이나 보전에 열심이다.
이론형	사물을 객관적으로 냉정하게 파악하고 지식이나 이론에 가치를 추구한다. 실제적인 문제 해결에 반드시 강하지는 않다.
심미형	현실 생활보다도 자신의 감각을 중시하고 '아름다운 것'에 가치를 추구한다.
종교형	종교적인 것이나 신비적인 것에 가치를 추구한다.
권력형	권력 지향이 강하고 더 높은 지위를 추구하며, 다른 사람을 지배하거나 명령하기를 추구한다.
사회형	다른 사람이나 사회 일반의 행복을 위해 도움 되는 것에 가치를 추구한다.

이상과 같이 3가지의 유형론에 대해 살펴보았다. 어느 유형론이든 일정한 이론적 배경을 바탕으로 전형적인 성격의 유형을 나타내고 있다. 한 사람 한 사람이 가진 다양한 성격 특징의 전체상을 일상적인 장면에서 직관적으로 파악하는 데는 매우 편리하다. 하지만 다양한 성격을 소수의 유형으로 모두 분류할 수 있는가 하는 문제점이 있다. 또 어떤 사람의 성격을 한 가지 유형으로 분류함으로써 그 사람이 실제로는 가지지 않은 특징도 그 유형의 특징이니까 반드시 가지고 있을 거라고 단정해버리는 오류(논리적 오류, p.154 표 10-1 참조)에 빠지기 쉬운 문제점도 있다.

3. 특성론

1) 올포트의 특성론

어떤 사람이 가진 성격의 특징을 표현할 때 유형론적으로 표현하는 경우가 있으면 '저 사람은 소극적이고 조용하지만, 성실해서 호감이 간다'와 같이 그 사람의 특징을 몇 가지 나열하여 표현하는 경우도 있다. 이러한 표현 방법이 특성론적 표현이다.

특성론에서는 성격은 몇 가지 구성요소 즉, **특성**에 의해 설명된다고 보았으며, 따라서 필요한 특성을 찾아내는 것이 중요한 과제이다. 그리고 이들 특성은 모든 사람에게 공통적으로 존재하는 것이며, 그 특성을 어느 정도 가지는가의 차이가 한 사람 한 사람의 성격 특성이 되어 나타난다고 보았다.

특성론을 맨 처음 주장한 올포트(Allport)는 웹스터 대사전에 수록되어 있는 40만 단어에서 성격을 표현한다고 생각되는 17,953단어(전체 수록어의 약 4.5%)를 추려내어 이를 정리 및 분류해서 14종류의 특성을 추출하였다. 그리고 이들 특성이 나타나는 경우의 심리적 · 생리적 소재가 되는 7항목을 추가하여 총 21항목에 대해 11단계로 결정한 후 성격 구조의 특징을 프로필 형태로 표현하기 위해 표 5-4와 같은 **사이코그래프**(psychograph)를 작성하였다.

2) 커텔의 특성론

커텔(Cattell)은 위에서 설명한 올포트 등에 의한 성격 표현어를 비롯하여 기존의 많은 연구 결과를 검토하여 171종류의 특성 요소를 추출하였다. 그리고 이들에 대해 많은 대상의 성격 특징을 측정하고 측정 결과에 **요인분석**(factor analysis)을 행하여 최종적으로 성격은 35종류의 **표면특성**과 12종류의 **근원특성**으로 구성되어 있음을 밝혔다. 커텔의 근원특성의 명칭과 내용을 표 5-5에 정리하였다.

요인분석(factor analysis)

심리학에서 가장 많이 사용되는 다변량해석 기법 중 하나이다. 이 방법의 기본적인 목표는 관찰되는 검사나 조사에서 수치 등 각종 변량의 변동을 더 적은 수의 요인라고 불리는 변수를 사용해서 설명하는 것이다(p.256 참조).

표 5-4 올포트의 사이코그래프

	심리적 생물적 기초							일반적 인격 특성													
	신체상황			지능		기질		표출적			태도적										
												자기에 대해		타인에 대해			가치에 대해				
	용모 단정	건강 양호	활력 대	추상적(언어적) 지능 상	기계적(실제적) 지능 상	감정 넓음	감정 강	지배적	확장적	지속적	외향적	자기객관화	자부적	집단적	애타적(사회적)	사회적지능 상(빈틈없음)	이론적	경제적	예술적	정치적	종교적
5																					
4																					
3																					
2																					
1																					
0																					
1																					
2																					
3																					
4																					
5																					
	부정	불량	소	하	하	좁음	약	복종적	축소적	동요적	내향적	자기기만	자비적	개인적	자기적(비사회적 행동)	사회적지능 하	비이론적	비경제적	비예술적	비정치적	비종교적

표 5-5 커텔의 근원특성

요인의 명칭	내용
① 조울기질 – 분열기질	크레치머의 유형과 거의 같은 내용
② 일반적 정신능력 – 능력 결여	총명함 · 사려 깊음과 우둔함 · 무반성을 양극으로 하는 일반 지능요인
③ 정서 안정성 – 정서 불안정성	정서가 안정된 현실적 생활태도와 불만이 많은 미성숙한 경향을 양극으로 하는 요인
④ 지배성 – 복종성	자기주장적이고 자신감 있는 외벌적 경향과 복종적이고 자신감이 없으며 내벌적 경향을 양극으로 하는 요인
⑤ 고조성 – 퇴조성	쾌활, 사교적, 활동적인 경향과 우울, 비관적, 둔중함을 가진 경향을 양극으로 하는 요인

표 5-5 커텔의 근원특성 (계속)

요인의 명칭	내용
⑥ 적극적 – 소극적	결단적이고 책임을 취하는 태도와 변덕스럽고 경박한 태도를 양극으로 하는 요인
⑦ 모험적 우울성 – 소극적 분열성	모험적이고 친절, 솔직하고 충동적인 경향과 부끄럼이 많고 냉담, 비밀주의의 경향을 양극으로 하는 요인
⑧ 소아적 · 공상적 정서성 – 성숙된 안정성	의존적이고 공상적인 경향과 정서가 안정적이어서 공상 등에 영향을 받지 않는 경향을 양극으로 하는 요인
⑨ 세련 · 교양 – 거침	지적 교양이 있고 세련된 느낌과 무반성, 버릇없음, 무교양을 양극으로 하는 요인
⑩ 잘 믿음 – 의심이 많음	잘 믿고 이해력이 좋은 경향과 의심이 많고 질투가 많은 경향을 양극으로 하는 요인
⑪ 보헤미안적 무관심 – 현실주의	파격적이고 상상력이 풍부하지만 불확실한 경향과 평범하고 재미는 없지만 견실한 경향을 양극으로 하는 요인
⑫ 빈틈없음 – 단순함	세련된 치밀함과 눈치가 없고 정리가 안 되는 것을 양극으로 하는 요인

이처럼 특성론은 성격의 성립에 대해 특성에 따라 구체적으로 검토하여 개개의 특성을 수량적으로 측정할 수 있도록 한 점에서 그 의의는 크다. 하지만 연구자에 따라 도출되는 특성이 반드시 일치하지는 않으며 그로 인해 추출된 특성이 성격의 구성요소로서 결정적인가 하는 문제가 있다. 또 개개의 특성이 서로 어떤 연관성을 가지고 조합되며 전체로서 성격이 성립되는가에 대해서도 검토의 여지가 남아 있다.

4. 빅 파이브

앞에서 설명한 특성론의 문제점에 대해 지금까지 밝혀진 특성의 연관성을 검토하여 다양한 성격 이론을 통합하려는 시도가 이루어지고 있다. 최근에는 **빅 파이브**(big five)라는 다섯 가지 요인에 의해 성격을 거의 설명할 수 있다는 5요인론으로 압축되고 있다. 빅 파이브는 연구자에 따라 조금씩 표현이 다른 부분도 있지만, '외향성–내향성', '애착성–분리성', '통제성–자연성', '정동성–비정동성', '유희성–현실성'의 다섯 가지이다. 각 요인의 특징을 표 5-6에 나타내며, 단노(Danno, 2003)에 따르면 각각의 일반적 특징이 극단으로 갈수록 병리적 경향을 가지게 되며, 각 요인의 끝은 모두 좋은 면과 나쁜 면을 함께 가지고 있다고 보았다.

표 5-6 빅 파이브의 특징

병리적 경향	일반적 특징	요인의 명칭	일반적 특징	병리적 경향
무모	적극적	① 외향성-내향성	소극적	겁이 많음, 적극성이 없음
집단에 매몰됨	친화적	② 애착성-분리성	자주 독립적	적의, 자폐적
일중독	목적합리적	③ 통제성-자연성	있는 그대로	무위, 게으름
신경증적	민감함	④ 정동성-비정동성	정서안정	감정둔마
행동의 일탈, 망상	장난기가 있음	⑤ 유희성-현실성	견실	권위주의

2 성격의 조사방법

성격을 조사하는 방법에는 관찰법, 면접법, 성격검사법 등이 있다. 관찰법과 면접법은 제15장 (p.249~251)에서 설명하며 여기서는 특히 성격검사법에 대해 설명한다.

성격검사법은 성격을 과학적으로 진단하기 위한 심리학적 방법이며, 질문지법(목록법), 작업검사법, 투영법으로 크게 나뉜다.

1. 질문지법(목록법)

질문지법(questionnaire method)이란 다양한 성격 특징을 나타내는 질문 항목을 목록처럼 나열하여 그 항목에 대해 자신의 성격 특징이 해당하는지를 응답자에게 응답하게 하는 검사법이다. **목록법**(inventory)이라고도 한다. 질문지법은 효율적으로 시행할 수 있고 채점이나 판정 등의 결과 처리가 객관적으로 이루어져 누가 해도 일정한 진단 결과를 얻을 수 있는 등의 장점이 있다. 하지만 질문지법에서의 응답은 응답자 자신이 판단한 결과이기 때문에 응답자가 질문을 올바르게 이해하고 자신을 돌아보는 능력을 가지며 질문에 정직하게 응답하려는 태도가 전제조건이다. 특히 **사회적 바람직함**에 관련하는 질문 항목에 대해서는 자신을 잘 보이려고 하거나 실제 자신을 밝히기 싫은 자기 방위적 태도가 취해지기 쉬워 의식적으로 또 무의식적으로 반응이 왜곡될 가능성이 있다. 이러한 문제점에 대해서는 **거짓말척도**(lie scale) 등을 두어 반응의 왜곡을 확인하는 검사도 있다.

질문지법의 대표적인 검사로 **야타베-길포드 성격검사**(Yatabe-Guilford personality inventory, YG), **미네소타 다면인성검사**(Minnesota multiphasic personality inventory, MMPI), 향성검사(extroversion-introversion test), 코넬 의학지수(Cornell medical index, CMI) 등이 있다. 널리 사용되는 YG 성격검사는 12개의 성격 특성 척도에 대해 각각 10항목씩 120개의 질문 항목으로 구성된다. 결과는 그림 5-2와 같은 프로필로 나타내며, 또 12척도의 특징을 집약한 5가지 유형(표 5-7)으로 분류한다.

사회적 바람직함

사람의 행동이나 성격이 그 사회에서 어느 정도 바람직하다고 생각되는가를 가리킨다. 성격검사에서는 응답자가 사회적으로 바람직한 성격이라고 생각하는 방향으로 응답이 왜곡되는 경향이 관찰된다.

거짓말척도(lie scale)

응답자가 의도적으로 자신을 잘 보이려고 하여 일어나는 반응의 왜곡을 검출하기 위한 척도이다. 사회적으로 바람직하지만 거의 있을 수 없는 행위나 별로 바람직하지 않지만 자주 관찰되는 행위에 대한 질문 항목으로 구성된다.

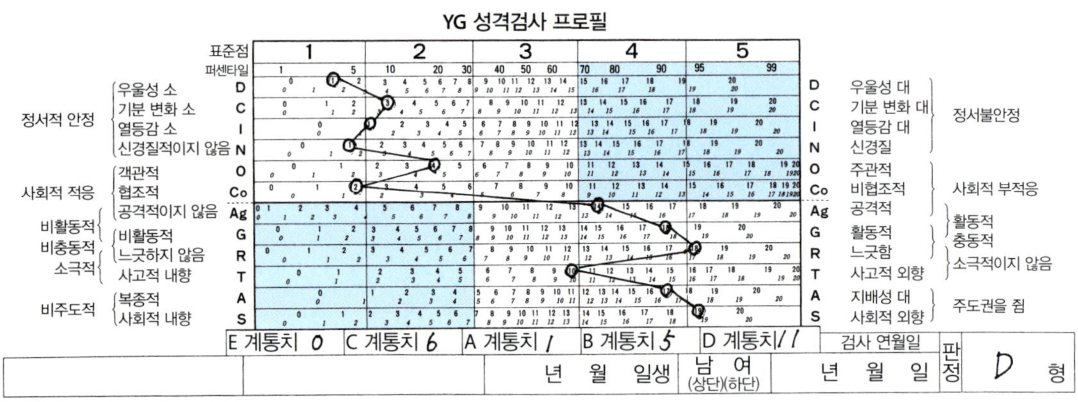

그림 5-2 YG 성격검사 프로필

표 5-7 YG 성격검사 프로필의 5가지 유형

유형	영어명	유형에 따른 명칭	정서안정성	사회적응성	향성
A형	average type	평균형	평균	평균	평균
B형	balst type	우편향형	불안정	부적응	외향
C형	calm type	좌편향형	안정	적응	내향
D형	director type	우하향형	안정	적응 또는 평균	외향
E형	eccentric type	좌하향형	불안정	부적응 또는 평균	내향

2. 작업검사법

작업검사법(performance test method)은 피검사자에게 일정 조건 하에서 작업을 시키고 작업 과정이나 작업 결과로부터 성격을 진단하는 검사법이다. 작업검사법에서는 검사의 목적을 피검사자가 알기 어렵기 때문에 질문지법에서와 같은 자기방어적인 태도는 나타나지 않아 반응의 왜곡이 잘 일어나지 않는다는 장점이 있다.

작업검사법의 가장 대표적인 검사에는 **우치다-크렌펠린 정신작업검사**(Uchida-Kraepelin psychodiagnostic test)가 있다. 이 검사는 가로로 배열된 한 자리의 수를 더하는 작업을 1행 1분간 비율로 우선 15분 연속해서 행하고 5분간 휴식한 후 다시 15분간 연속해서 행한다. 1분간마다 작업량의 변화를 작업곡선(그림 5-3)에 그려 이 곡선의 형태를 중심으로 분석한다. 성격의 특이한 편향을 발견하는 데 효과적이며 직원채용시험의 적성검사 등으로서 폭넓게 사용된다.

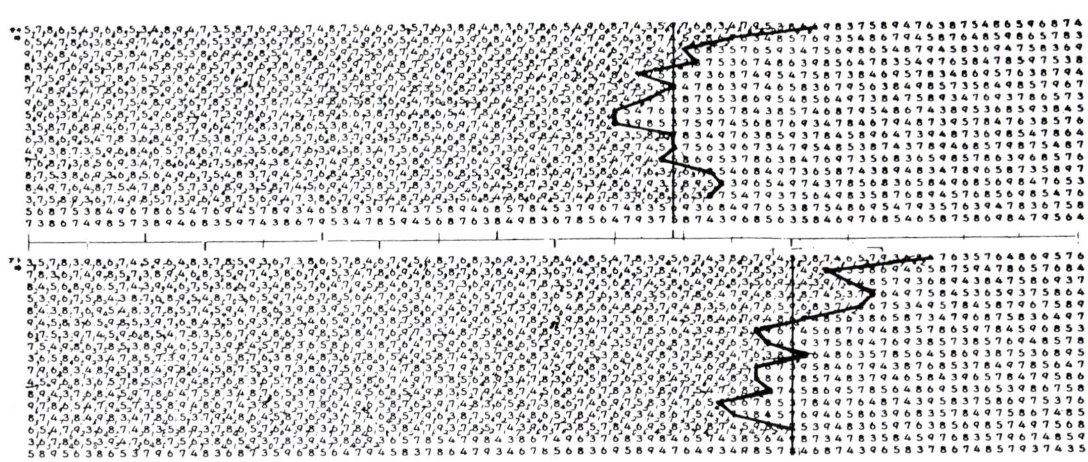

그림 5-3 크렌펠린의 작업곡선

3. 투영법

투영법(projection method)이란 애매하고 다양한 의미로 해석할 수 있는 자극이나 자유로운 구성 재료를 부여하고 그것에 대한 응답자의 반응을 단서로 성격을 진단하는 검사법이다. 애매하여 어떻게든 해석할 수 있는 자극 재료에 의미를 부여하려고 하는 경우에는 응답자의 성격 특징이 다면적으로 게다가 자신도 모르는 형태로 반응에 투영되기 쉬워 성격을 더욱 깊이 전체적으로 진단할 가능성이 높다. 이러한 장점 때문에 특히 심리임상 현장에서 묘화법을 중심으로 투영법이 많이 사용된다.

표 5–8은 심리임상업무 종사자를 대상으로 심리검사의 사용 빈도를 조사한 결과에 따른 순위이다. 하지만 투영법으로 검사 결과를 해석해서 진단하는 과정은 질문지법이나 작업검사법과 비교하면 상당히 복잡한 것도 많고 검사자의 실력이 크게 영향을 미치기도 하여 숙련도가 요구된다.

투영법은 사용되는 자극 재료의 성질에 따라 다음과 같이 분류된다.

① 시각 자극(그림 등)을 이용한 것 : 로르샤흐검사, TAT(주제통각검사), PF 스터디(그림욕구좌절검사) 등

② 언어 자극을 이용한 것 : SCT(문장완성검사), 언어연상검사 등

③ 구성 재료를 사용한 것 : 바움검사(수목화), 인물화검사, HTP, 가족화 등의 묘화법, 미니어처 가든 등

대표적인 투영법의 검사 내용을 표 5–9에 정리하였다.

표 5–8 심리검사의 사용 빈도(%)에 따른 순위

순위	검사명	사용빈도(%)
1	바움검사	67.1
2	WISC	50.7
3	SCT	50.5
4	WAIS	49.4
5	TEG	46.0
6	로르샤흐검사	45.8
7	HTP	39.4
8	풍경구성법	32.3
9	비네식	32.3
10	PF 스터디	31.7

WAIS와 WISC

웩슬러(Wechsler)가 개발한 지능을 진단적으로 파악하기 위한 개별식 진단성 지능검사로, WAIS(Wechsler adult intelligence scale)는 성인용, WISC(Wechsler intelligence scale for children)는 아동용 검사이다. 검사는 6종류의 언어성 검사와 5종류의 동작성 검사로 구성된다. 언어성 IQ, 동작성 IQ, 전체 IQ 3종류의 지능지수가 요구되는 이외에 하위 검사의 프로필 표시가 가능하도록 되어 있다.

표 5-9 투영법에 의한 대표적 검사

검사	내용
로르샤흐검사	좌우 대칭의 잉크 그림을 10장 준비하여 그것이 무엇으로 보이는지를 대답하게 한다(p.17 그림 1-21 참조).
TAT(주제통각검사)	주로 인물을 배치한 그림을 보여주고 그것에 대해 자유롭게 이야기를 만들게 한다. 인물 대신 동물을 배치한 그림을 사용하는 아동용(CAT)도 있다(p.40 그림 3-4 참조).
PF 스터디(그림욕구좌절검사)	욕구좌절을 일으키는 장면을 그림으로 나타내고 어떻게 대답할 것인지 대사를 쓰게 한다.
SCT(문장완성법)	미완성의 짧은 문장을 나타내고 문장을 완성시키게 한다.
언어연상검사	몇 가지 자극어를 제시하고 연상되는 단어를 대답하게 한다.
묘화법	바움검사(수목화), HTP(가옥, 수목, 인물의 묘화), 인물화, 가족화, 동적 가족화(가족이 무언가를 하는 모습을 그림), 풍경구성법 등이 있다.

3 성격의 이상과 장애

성격이 통계적인 기준에서 보아 현저히 편향되어 있거나 또 정신병리학적 증상이 나타남으로써 일상생활에 지장이 생기는 경우가 있다. 여기서는 이러한 성격의 이상과 장애 가운데 신경증, 조현병(정신분열증), 성격장애에 대해 설명한다.

1. 신경증

신경증(neurosis)은 중추신경계에는 기질적인 장애가 없고 심리적인 요인에 의해 심신에 다양한 증상이 나타나는 상태를 일컫는 말이다. 기본적으로는 자신이 보통의 상태가 아님을 자각하고 있으며 성격의 통합은 유지되고 현실 검증에 지장은 없다. 하지만 강한 불안이나 공격충동이 내재하며 현재 자신의 증상에 사로잡혀 일상생활에 현저한 지장이 나타나는 상태를 말한다.

신경증에는 다양한 증상이 있는데, 기존에는 증상의 특징에 따라 각각 ㅇㅇ신경증이라고 표현하였다. 현재는 대표적인 정신증상의 국제적 분류기준인 ICD-10(p.93 참조)이나 DSM-5(p.187 참조)에서 신경증이라는 용어를 사용하지 않고 전자는 '상태'나 '장애', 후자는 '장애'라는 용어를 사용한다. ICD-10에서는 신경증적 장애를 공포증성 불안장애, 기타 불안장애, 강박성 장애, 중도 스트레스반응 및 적응장애, 해리성 장애, 신체표현성 장애, 기타 신경증성 장애의 7가지로 분류한다(표 5-10).

표 5-10 ICD-10의 신경증성 장애, 스트레스 관련 장애 및 신체표현성 장애의 분류

분류	내용
공포증성 불안장애	광장공포(증), 사회공포(증), 특정의 '개별적' 공포증(고소, 동물, 폐소 등) 등
기타 불안장애	공황성(패닉) 장애, 전반성 불안장애 등
강박성 장애(강박신경증)	주로 강박사고 또는 반복사고, 주로 강박행동(강박의식) 등
중도 스트레스에 대한 반응 및 적응장애	급성 스트레스반응, 외상 후 스트레스장애, 적응장애 등
해리성(전환성) 장애	해리성 건망, 해리성 둔주, 해리성 혼미 등
신체표현성 장애	신체화장애, 심기장애, 신체표현성 자율신경기능부전, 지속성 신체표현성 동통장애 등
기타 신경증성 장애	신경쇠약, 이인 · 현실감상실증후군 등

2. 조현병

조현병(schizophrenia)은 기존에 정신분열증이라 불리던 병태이다. 정신분열증이라는 명칭은 오해를 불러일으키기 쉽고 사회적인 편견이 강하다는 지적이 받아들여져 2011년에 조현병으로 변경되었다.

조현병은 10대 중반부터 많이 발병하는 원인 불명의 정신질환으로, 출현율은 인구의 0.7~0.9%라고 한다. 이 질병의 개념을 처음 제창한 블로일러(Bleuler)는 조현병의 기본증상으로 다음의 4가지를 들었다.

① 사고장애에 의한 연합이완(생각이 정리되지 않음)

② 감정장애(감정의 둔마, 과민, 부조화)

③ 자폐(외부와의 접촉을 피하고 자신의 세계에 갇힘)

④ 양가성(동일 대상에 상반되는 감정을 품음)

DSM-5에 따른 진단기준을 표 5-11에 정리하였다. 핵심증상 가운데 망상이란 비현실적으로 잘못된 생각을 확신하고 그것을 정정하려고 하지 않는 상태이며, **관계망상**(delusion of reference)이나 **과대망상**(delusion of grandeur) 등이 관찰된다. 또 환각에서는 환청(다른 사람의 목소리가 들리거나 또는 그것과 대화함)이 중심이다.

조현병은 증상이 진행되면 성격의 통합이 상실되고 대인관계나 사회생활에 중대한 지장을 초래하는 질환이지만, 조기에 적절한 치료와 지원이 이루어지면 충분히 사회생활에 적응할 수 있다.

관계망상(delusion of reference)

실제로는 자신과 관계없는 우연한 사건을 자신과 연결 지어 자신에게 특별한 의미가 있다고 확신하고, 그로 인해 자신이 박해를 박거나 위해가 가해질 우려가 있다고 하는 내용의 망상이다.

표 5-11 DSM-5에 따른 조현병의 진단기준

조현병의 핵심증상을 5가지 주영역으로 하며 증상의 유무, 강도, 지속시간의 차이에 따라 중증도가 달라진다.
① 망상 ② 환각 ③ 정리되지 않는 생각(말) ④ 심하게 정리되지 않는 또는 긴장병성 행동 ⑤ 음성증상(감정의 평판화, 의욕 결여)
중증도에 따라 증상이 분명히 나타나지 않는 경도에서 현실 검토능력에 문제가 있는 중도까지 5가지로 분류한다.
① 조현병성 성격장애 ② 망상성 장애 : 주영역 가운데 ①만 가짐 ③ 단기정신병성 장애 : 증상이 1개월 이내에 사라짐 ④ 조현병 유사장애 : 조현병의 진단기준이 6개월 이내를 밑돎 ⑤ 조현병 : 조현병 증상이 6개월 이상 지속됨

3. 성격장애

성격장애(personality disorder)는 어린 시절부터 서서히 발전하기 시작해 청소년기 또는 초기 성인에 공고해진 개인의 병리적인 정서, 사고 및 행동 양식으로, 시간과 상황에 걸쳐 안정적으로 지속되며 좀처럼 변하지 않는다.

즉, 성격 특징이 평균적인 수준에서 현저하게 치우쳐 있기 때문에 본인이 기분이나 감정을 적절하게 제어하지 못해 고통을 느끼거나 주위 환경이나 대인관계에 적응할 수 없는 상태를 말한다.

성격장애의 분류와 특징은 표 5-12와 같다.

표 5-12 성격장애의 분류와 특징

A군	편집성 성격장애	다른 사람의 의도를 악의적으로 해석하는 불신과 심한 의심
	분열성 성격장애	사회적 관계에서 벗어남, 감정 표출의 범위가 한정
	분열형 성격장애	친밀한 관계에서 갑자기 불쾌해짐, 인지 또는 지각적 왜곡 및 행동이 괴이하고 엉뚱함
B군	반사회성 성격장애	다른 사람의 권리를 무시하고 침해함
	경계선 성격장애	대인관계, 자아상, 감정의 불안정 및 현저한 충동성
	연극성 성격장애	과장된 언어와 행동 표현과 사람의 주목을 받으려고 함
	자기애성 성격장애	과도한 찬사, 칭찬받고 싶어 하는 욕구 및 공감 결여
C군	회피성 성격장애	사회적 억제, 부적절감 및 부정적 평가에 대한 과민성
	의존성 성격장애	보호받고자 하는 과도한 욕구와 관련하여 복종적으로 비굴하게 행동함
	강박성 성격장애	질서, 완벽주의 및 통제에 지나치게 집착함

심리학 미니실험

자아개념의 측정

목적 : 자아개념을 20답법으로 조사한다.
방법 : '나는 누구인가'하는 질문에 '나는'으로 시작하는 답을 아래 용지에 20가지 쓴다.

20답법 응답용지

다음의 1에서 20까지 각각 가로선 위에 '나는 누구인가?'라는 질문에 대해 떠오른 것을 순서대로 20가지 다른 문장으로 쓰시오.

1. 나는 ____
2. 나는 ____
3. 나는 ____
4. 나는 ____
5. 나는 ____
6. 나는 ____
7. 나는 ____
8. 나는 ____
9. 나는 ____
10. 나는 ____
11. 나는 ____
12. 나는 ____
13. 나는 ____
14. 나는 ____
15. 나는 ____
16. 나는 ____
17. 나는 ____
18. 나는 ____
19. 나는 ____
20. 나는 ____

결과 정리 : 다양한 분석방법이 있지만, 여기서는 로커스 스코어(Locus score)를 구하는 방법을 소개한다. 응답이 '나는 학생입니다'와 같이 객관적 사실을 언급한 것(합의반응)과 '나는 무서움을 많이 탑니다'와 같이 주관적 판단에 의한 것(비합의반응)으로 나눈다. 반응이 합의반응에서 비합의반응으로 바뀌는 응답번호를 로커스 스코어라고 한다. 이 수치는 응답자가 얼마만큼 객관적으로 사회적 시스템에 따라 자신을 정의하는지를 나타낸다. 이 수치가 높을수록 사회에서 자신의 역할이나 입장을 많이 의식한다고 볼 수 있다.
자신의 응답 하나 하나에 대해 그 의미 내용을 검토하는 것도 중요하다.

Chapter 06
지능

학습목표

'영리하다', '머리가 좋다'는 무엇을 말하는 것일까? 기존 학교에서의 지적능력과는 다른 사회적 영리함의 개념도 나오고 있다. 또 지능의 장애나 지적능력의 저하가 현저하게 관찰되는 치매 문제도 지금의 고령사회에서는 알아둘 필요가 있다.

이 장의 학습목표는 다음과 같다.

① 지능이란 무엇인지, 그 구조는 어떻게 이루어져 있는지를 이해한다.
② 지능을 어떻게 측정하는지를 학습한다.
③ 지능의 장애는 어떻게 일어나는지를 이해한다.

1 지능

1. 지능이란?

지능(intelligence)은 성격에서 지적 측면의 개인차이다. 지능의 정의는 심리학자의 지능관, 측정 방법 또는 시대배경에 따라 다양하게 변화해왔다. 일반적으로는 '학습하는 능력, 학습을 통해 획득된 지식 및 기능을 새로운 상황에서 이용하는 능력, 획득된 지식에 의해 선택적으로 적응하는 능력'을 가리키는 경우가 많다. 지능검사로 알려진 **웩슬러**(Wechsler, 1955)는 지능을 '목적적으로 행동하고 합리적으로 사고하며 효과적으로 환경을 처리하는 종합적이고 전체적인 능력'이라며 포괄적으로 정의하였다.

지능을 어떻게 정의할지는 지능의 구조 문제와 관련이 있다.

웩슬러(Wechsler D., 1896~1981)

루마니아 출생으로, 1932년 이후 뉴욕대학교 의학부 교수와 부속 벨뷰병원 정신과 심리학 주임을 역임하였다.

2. 지능의 구조

지능은 어떠한 구조를 하고 있는지에 대한 몇 가지 개념이 있다. 대표적인 개념을 연대순으로 소개한다.

1) 스피어먼(Spearman, 1904) 이론

지능에 관계가 있다고 생각되는 감각, 사고, 기억, 태도 등의 검사를 시행하여 모든 검사 문제에 공통적으로 관찰되는 요인과 각 문제의 특수성에 따른 요인을 가정하였다(그림 6-1). 전자를 일반지능요인(g), 후자를 특수요인(s)이라고 부르며 이요인설을 제창하였다.

2) 서스톤(Thurstone, 1938) 이론

56종류의 검사를 시행하여 지능은 다음 7가지의 다른 기본적 정신능력 요인으로 구성된다고 제안하였다(그림 6-1).

① 계수 : 간단한 계산을 신속하고 정확하게 하는 것에 관한 능력
② 말의 유창함 : 말하거나 쓰기 위한 기초능력
③ 언어이해 : 어휘, 이해 등의 언어적 개념을 다루는 능력
④ 기억 : 간단한 재료를 유지, 재생하여 기억하는 능력
⑤ 추리 : 복잡한 문제에서 일반적 규칙, 원리를 이끌어내는 능력
⑥ 공간 : 평면, 입체도형 등 공간관계를 지각하는 것에 관한 능력
⑦ 지각 : 빠른 지각적 판단에 관한 능력

서스톤은 지능을 다요인으로 구성된 복합적인 구조를 가지는 것으로 파악하였다.

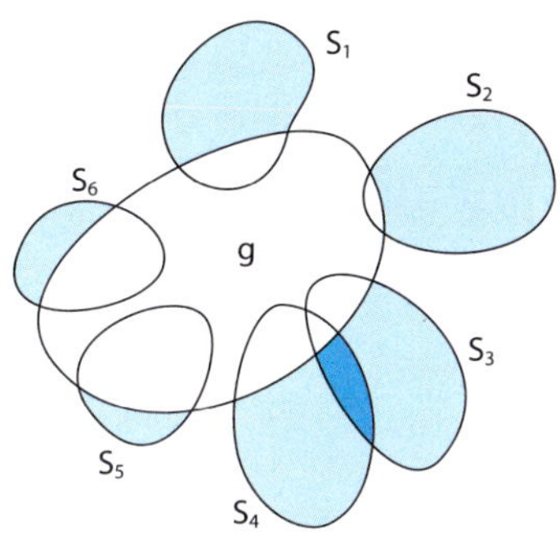

이요인설
지능은 일반지능요인(일반정신에너지) g와 각 지적 활동 특유의 특수요인 s로 구성된다. g는 유전적으로 결정되고 s는 특수한 학습과 경험에 의해 결정된다.

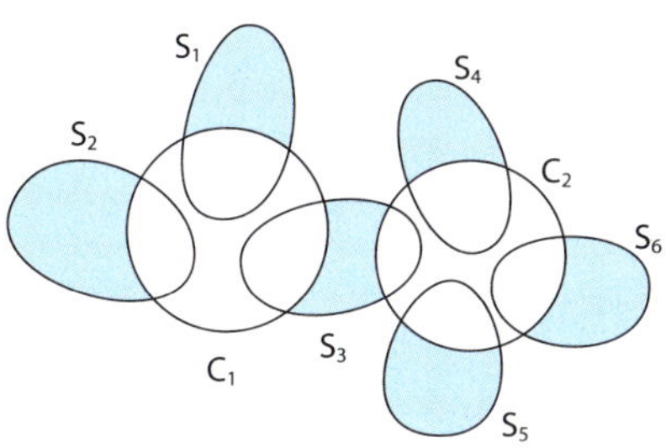

다요인설
지능은 몇 가지 특수요인 s로 구성된다. 일반요인은 이들 특수요인으로부터 이차적으로 발견되는데 c, 모든 특수요인에 공통하는 것은 아니다.

그림 6-1 **지능의 요인구조**

서스톤(Thrustone L.L., 1887~1955)

미국 심리 측정 분야의 일인자이다. 태도측정 기법, 요인분석에서 요인추출법 등을 개발하였다.

3) 커텔과 혼(Cattell and Horn, 1966) 이론

맨 처음 추출된 요인의 상위에 이차 요인을 가정한 계층군 요인 모델을 세우고 유동성 지능과

결정성 지능이라는 2가지 지능을 제안하였다(그림 6-2). **유동성 지능**이란 기억, 추리, 수계산, 도형처리 등 새로운 과제에 대한 탐색적인 문제해결능력이며 18~20세 무렵에 최대가 된 후 저하된다. **결정성 지능**이란 언어 이해나 경험적 평가 등 경험의 축적에 의한 지적 능력이며 이 능력의 최대는 상당히 나중까지 계속된다고 한다(그림 6-3).

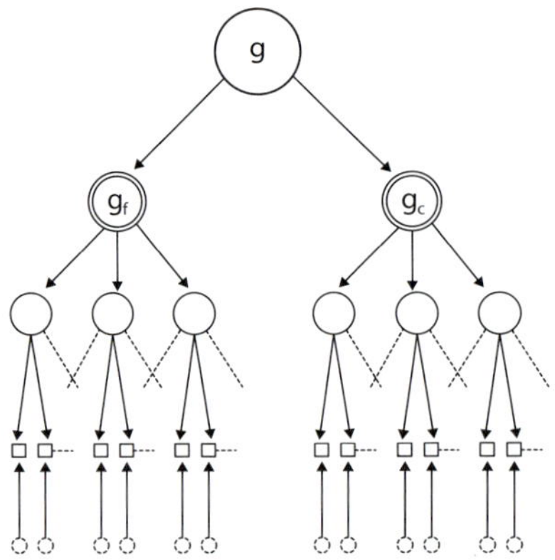

그림 6-2 계층군 요인모델

개별검사 점수에서 추출된 다요인 위에 이차 요인, 그 위에 g요인이라는 계층구조를 생각한 모델이다. 여기서 예로 든 것은 커텔 등의 유동성 지능[g_f], 결정성 지능[g_c] 모델이다.

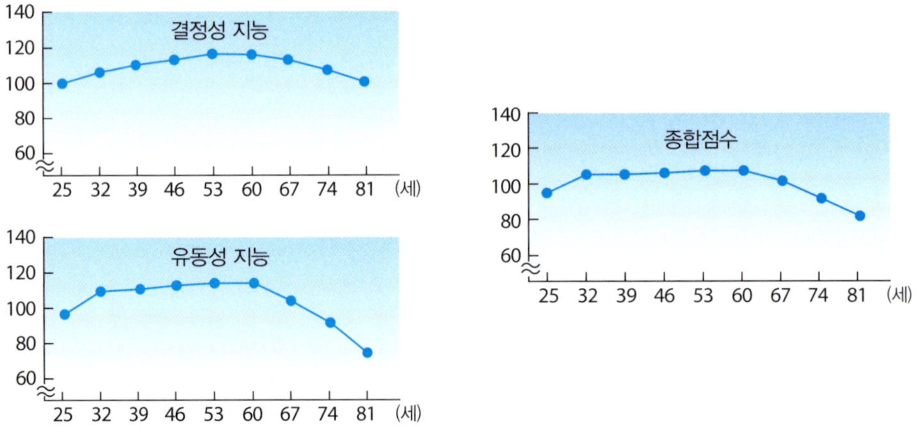

그림 6-3 연령에 따른 지능의 변화

4) 길포드(Guilford, 1967) 이론

지능에 포함되는 하위 능력은 구체적으로 내용(정보의 종류), 지적 조작, 지적 소산의 3가지 범주로 표현할 수 있다고 보았다(그림 6-4). 내용이란 부여된 정보의 종류이며 그림, 기호, 의미,

행동의 4가지가 상정되어 있다. 지적 조작이란 정보에 대해 더해지는 심리적 조작이며 5가지가 있다. 이 가운데 기존의 지능관에서는 언급되지 않았던 확산적 사고를 수렴적 사고(p.100 참조)와 구별하고 있으며, 전자는 창조성과도 관계가 깊다. 지적 소산이란 정보를 전달하는 범주로, 6가지가 있다. 이 지능구조론은 4×5×6=120개의 요인으로 구성되는 3차원의 입방체 모델이며, 정보처리과정의 관점에서 파악되고 있다.

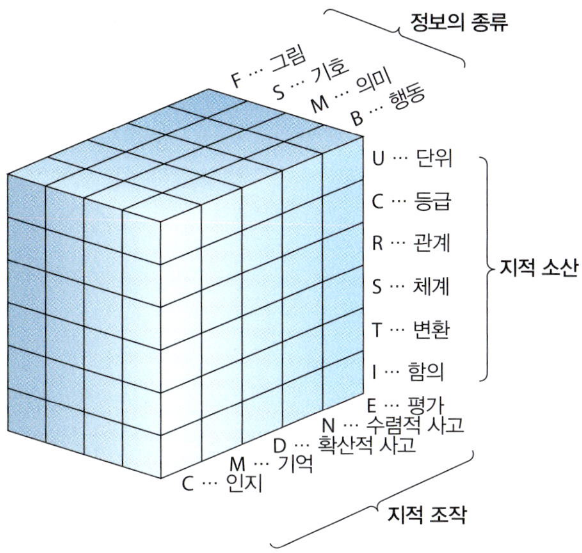

그림 6-4 지능의 구조 모형

[정보의 종류]

그림 … 감각에 의해 조직되는 정보. 시각적 이미지, 소리, 운동에 대한 인상 등
기호 … 숫자, 문자(단어로 조합되지 않은 단계), 부호 등과 같은 임의의 기호에 의해 전달되는 정보
의미 … 대부분의 경우 언어에 의해 전달되는 개념상 다양성이 풍부한 정보
행동 … 우리의 주위 상태에 관계하며 사람과의 접촉에서 언어를 통하지 않고 전달되는 정보

[지적 소산]

단위 … 어떤 특정 단어나 이미지와 같은 지적 작업 하나하나의 항목
등급 … 어떤 특성을 공유하는 단위의 모임
관계 … '~보다 크다', '~ 다음으로' 등 항목과 항목을 서로 연결시키는 것
체계 … '축구에 대한 지식'과 같이 무언가에 대해 변함없는 지식의 응집
변환 … 전부터 있던 정보가 변화하는 것
함의 … 이전에는 관계가 없던 정보가 연결성을 갖는 것

[지적 조작]

인지 … 정보를 바로 깨닫는 것
기억 … 정보를 비축하여 정착시키는 것
확산적 사고 … 부여된 정보로부터 논리적으로 일반화하는 것
수렴적 사고 … 부여된 몇 가지 정보로부터 논리적으로 결론을 내리는 것
평가 … 각 정보를 어떤 기준에 서로 비추어 비교하는 것

5) 스턴버그(Sternberg, 1985) 이론

지능에는 그것을 지지하는 3가지 하위이론이 있다는 삼원지능이론(triarchic theory of intelligence)을 제시하였다(그림 6-5). 첫 번째는 요소 하위이론(componential subtheory)으로, 그 하위에 유동성 지능과 결정성 지능의 개념을 두고 있다. 지적 활동에서 다양한 문제에 직면했을 때 이를 어떠한 문제로 간주하여 어떻게 해결해야 하는가를 생각하고 자신의 사고를 모니터하는 등 개인의 지적 활동을 지지하는 기전에 관한 '개인 내 세계이론'이다. 두 번째는 맥락적 하위이론(contextual subtheory)으로, 이러한 기전을 일상생활에서 사용하여 외적 환경에 적응하는 데 관한 '개인 외 세계이론'이다. 실용적, 사회적 지능으로 상황적응능력이라 할 수 있다. 세 번째는 개인 안팎의 세계를 중개하는 경험적 하위이론(experiential subtheory)으로, 새로운 자극을 다루는 능력이나 정보처리를 자동화하는 능력 등이다. 스턴버그는 이들 3가지 지능이 균형적으로 발달하는 것이 건전한 지능의 발달이라고 보았다.

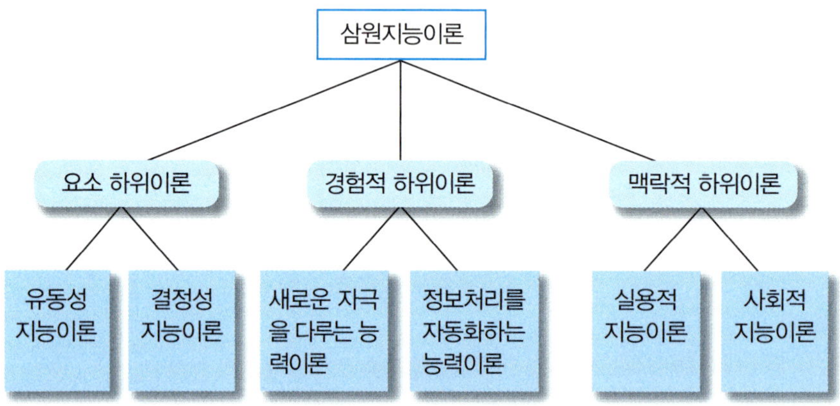

그림 6-5 **삼원지능이론의 구조**

6) 가드너(Gardner, 2001) 이론

여러 개의 독립된 모듈(부분, 부품의 의미)로 이루어진 지능의 구성체를 생각하여 **다중지능이론**(multiple intelligence theory)을 제창하였다. 현재는 다음의 8가지 지능이 있다.

① 언어적 지능 : 말, 언어능력에 관한 지능
② 논리-수학적 지능 : 논리적으로 생각하는 힘이나 수적처리를 하는 능력
③ 음악적 지능 : 작곡이나 연주, 감상 등에 관한 능력
④ 공간적 지능 : 그림을 그리는 능력, 건축 등 입체적으로 생각하는 능력
⑤ 신체-운동적 지능 : 운동이나 몸을 사용한 춤 등의 능력

⑥ 개인 내 지능 : 자기 자신을 이해하는 힘, 내성적 지능

⑦ 개인 간 지능 : 사람과 사람의 관계를 잘 맺는 능력, 대인적인 사회적 지능

⑧ 박물학적 지능 : 사물을 나누거나 분류하는 능력

가드너의 다중지능이론은 기존에 다루지 않았던 음악적 지능이나 신체-운동적 지능, 개인 간 지능 등과 같은 사회적 현명함을 다루는 점이 특징적이다.

2 지능의 측정

지능을 어떻게 측정하는가에 대해서도 몇 가지 개념이 있다. 역사적인 흐름과 함께 그 대표적인 개념을 소개한다.

1) 비네에 의한 지능검사 개발

오늘날 지능검사의 원형을 만든 사람은 프랑스의 비네(Binet)이다. 1905년에 의학생 시몬(Simmon)과 협력하여 30항목의 쉬운 문제부터 순서대로 어려운 문제를 배열한 지능검사를 공표하였다(표 6-1). 이 검사는 이론적, 분석적 방법이 아니라 실제적, 종합적 방법을 통해 개인이 어떤 문제까지 풀 수 있는지를 파악하기 위한 것이었다.

1908년에 발표된 개정판에는 오늘날 비네검사에서 사용되는 연령척도가 채택되었다(표 6-2). 비네 등의 관심은 특정 아이의 지능 정도가 일반 아이의 평균적인 발달수준 몇 살에 상당하는가를 조사하는 것에 있었다. 지능의 발달 정도를 나타내는 **정신연령**(mental age, MA)이라는 지표이다.

비네 등이 개발한 검사의 특징은 생활연령(chronological age, CA)에 대한 정신연령의 지연을 지능의 지체 지표로 삼았다는 점이다.

독일의 슈테른(Stern)은 정신연령(MA)/생활연령(CA)을 지표로 하자고 제안하였다. 이 개념은 미국 스탠포드대학교의 터먼(Terman)에 의해 다음 식의 **지능지수**(intelligence quotient, IQ)가 채택되었다.

$$\text{지능지수(IQ)} = \frac{\text{정신연령(MA)}}{\text{생활연령(CA)}} \times 100$$

정신연령이 생활연령에 비례해서 상승한다고 가정한다.

또한, 이 지능지수라는 지표 외에 **지능편차치**라는 개념도 있다. 이것은 평균 50, 표준편차 10의 T득점으로 표현된다. 개인의 검사 결과를 집단 내의 상대적 위치로 나타내는 것으로, IQ와는 다른 지표이므로 주의가 필요하다.

T득점

지능검사나 학력검사 등의 점수 표시에 사용되는 표준득점의 하나로, 편차치라고도 불린다.

표 6-1 비정상 아동의 지적 수준을 진단하기 위한 검사항목

제1문	응시	사물을 보는 행동에 동반하는 머리와 눈의 동작에 협응이 있는지를 조사한다. 타고 있는 성냥을 사용하여 피험 아동의 눈앞에서 천천히 성냥을 움직여 불꽃을 쫓도록 하여 피험 아동의 눈과 머리의 운동을 재촉한다.
제2문	촉각 자극에 의해 야기되는 파악동작	손의 촉각과 쥐거나 입으로 가져가는 동작과의 협응을 조사한다. 예를 들어 나뭇조각을 두고 그것을 손으로 만지게 하고 입으로 가져가는지를 조사한다.
제3문	시각 자극에 의해 야기되는 파악동작	사물을 보는 것과 사물을 잡는 것 사이에 협응이 있는지를 조사한다. 아이의 손이 닿는 범위 내에 사물을 두고 의도적으로 손을 사용해서 이것을 잡도록 아이를 재촉한다.
제4문	음식 인식	시각에 의해 먹을 수 있는 것과 먹을 수 없는 것을 분별한다. 막대 초콜릿 1개와 목제의 백색 입방체 1개를 순서대로 보여주고 시각으로 구별하여 초콜릿을 선택하는지를 본다.
제5문	약간의 기계적 어려움을 더해 음식을 찾게 함	이 시험에서 간단한 기억력과 의지적 노력과 동작의 협응을 확실히 조사할 수 있다. 제4문에서 사용한 초콜릿을 아이가 보는 앞에서 종이에 싸고 다시 아이에게 제시한다. 그것을 잡고 종이를 벗기는 동작을 하는지를 본다.
제6문	간단한 명령 실행과 단순한 동작 모방	피험 아동은 처음 검사자와의 사회적 관계를 맺는다. 앉도록 지시하거나 서게 하고, 문을 닫게 하며 한 번 더 이쪽으로 부르는 등 명령한다. 손을 위로 하고 그 손을 어깨나 등에 두는 등 보고 따라하게 한다.
제7문	언어에 의한 사물 인식	이 검사는 사물과 그 이름에 연합이 성립하는지를 조사한다. 아이의 눈앞에서 머리, 머리카락, 눈 등 신체 부분의 이름을 말하고 아이에게 가리키게 한다. 컵, 열쇠, 끈을 나열하고 말한 사물을 잡도록 요구한다.
제8문	언어에 의한 그림 인식	앞의 검사와 같은 형식이지만, 실물이 아니라 그림을 사용한다.
제9문	지시된 사물의 이름을 말함	제8문의 반대이다. 다른 색채화를 사용해서 작은 여자아이, 개, 가로등 등을 묻는다.
제10문	길이가 다른 두 선의 직접 비교	어느 선이 긴지를 묻는다.

표 6-1 비정상 아동의 지적 수준을 진단하기 위한 검사항목 (계속)

제11문	세 수의 복창	직접기억과 의도적 주의를 보는 검사이다. '3, 7, 1'과 같이 임의의 1자리 숫자 3개를 말하고 그대로 복창할 수 있는지를 본다.
제12문	두 무게의 비교	주의력과 비교력과 근감각을 요구하는 검사이다. 무게만 다른 2개 정육면체(3g과 12g 또는 6g과 15g)의 무게 비교를 묻는다.
(이하 생략)		

표 6-2 1908년판 지능측정척도의 연령별 검사항목

3세	눈, 귀, 입의 지시 그림 속 사물의 열거 두 숫자의 복창 문장 복창(6음절문) 가족 이름(성)을 말함	8세	2가지 기억을 위한 읽는 법 9수(sou)의 계산(1수 3개와 2수 3개로) 4개의 색깔 이름 20에서 0까지 거꾸로 세기 기억에서 2가지 사물의 차이를 들기 받아쓰기
4세	자신의 성별을 말함 익숙한 사물의 이름을 말함 세 숫자의 복창 2개의 직선 비교	9세	연월일을 완전하게 말함(연도, 월, 일, 요일) 1주일의 요일 이름 용도 이상의 정의 6개의 기억을 위한 읽는 법 20수(sou)에서의 거스름돈 5개의 무게 비교
5세	2개의 무게 비교 정사각형 따라 그림 문장 복창(10음절문) 4개의 동전 세는 법 2조각 퍼즐놀이	10세	1년간의 달 이름 9종류의 동전 명칭 3단어를 2개의 문장에 이용하기 이해문제(1)–3개 이해문제(2)–5개
6세	문장 복창(16음절문) 두 얼굴의 아름다움 비교 친근한 사물의 용도에 따른 정의 동시에 내려진 3가지 명령의 실행 자신의 나이를 말함 오전과 오후의 구별	11세	불합리한 문장 비판 3단어를 하나의 문장에 사용 3분간 60단어 이상 들기 추상어 정의 어순을 고침
7세	그림에 빠져 있는 부분의 지적 손가락 수(10개)를 말함 견본의 문장을 따라 씀 삼각형과 마름모를 따라 그림 5숫자의 복창 그림 내용의 서술 13개 동전 세는 법 4종류의 통화 명칭	12세	7숫자 복창 음 맞추기 문장 복창(26음절문) 그림 내용의 해석 기사에 관한 문제
		13세	오려내기 문제 삼각형 치환

수(sou)

프랑스의 옛 구리동전으로, 1프랑(franc)의 100분의 1이 상팀(centime)이며 1수는 5상팀에 해당한다.

2) 지능의 집단검사

많은 사람을 대상으로 개별식의 지능검사를 하면 측정에 많은 시간이 소요된다. 미국의 오티스(Otis)가 비네검사를 집단으로 시행하는 시도를 하였다. 미육군은 제1차 세계대전에서 사관후보생 선발에 육군 α식이라는 언어성 검사와 영어를 이해하지 않아도 시행할 수 있는 육군 β식 검사를 채택하였다. 그 후 α식은 **언어성 검사**(A식), β식은 **비언어성 검사**(동작성 검사, B식)라는 지능검사의 유형을 나타내는 기초가 되었다.

3) 웩슬러의 지능검사

미국의 **웩슬러**(Wechsler)는 1939년에 정신장애를 진단하기 위해 '웩슬러 · 벨뷰 지능검사'를 발표하였다. 이 검사는 6종류의 언어성 검사와 5종류의 동작성 검사로 구성되며(표 6-3) 10세부터 60세까지를 적용범위로 하는 개별검사였다. 이 검사의 특징은 개인 내의 차이를 분명히 하기 위해 검사 배터리(test battery) 형식을 취한 점이다. 즉, 지능을 다면적이고 종합적으로 관찰하기 위해 여러 테스트(하위검사)를 조합하여 사용하였다. 그 후 개정을 거쳐 현재는 다음의 3가지 검사가 시행된다.

① 성인용(16세 이상) : WAIS(Wechsler adult intelligence scale)
② 아동용(5~15세) : WISC(Wechsler intelligence scale for children)
③ 유아용(4~6세 반) : WPPSI(Wechsler preschool and primary scale of intelligence)

표 6-3 WAIS의 문제 구성

언어성 검사	동작성 검사
언어(32)	회화 완성(24)
유사(19)	부호(133)
산수(21)	블록 모양(14)
숫자 암기(15)	행렬정리(26)
지식(27)	회화배열(11)
이해(18)	기호 찾기(60)
소리정렬(7)	조합(5)

3 지적장애(지적발달장애)

1. 지적장애(지적발달장애)란?

지적장애(지적발달장애, intellectual disabilities)는 논리적 사고, 문제해결, 계획, 추상적 사고, 판단, 학교에서의 학습, 경험에서의 학습과 같은 전반적 정신기능의 결함으로 특징지을 수 있다. 이들 결함은 가정 또는 지역에서의 의사소통, 사회 참가, 학업 또는 직업기능 및 자립을 포함한 일상생활 여러 상황에서의 자립, 사회적 책임 표준을 충족하지 못하는 적응기능의 장애를 가져온다. 전반적 발달지연(global developmental delay)이란 지적기능의 몇 가지 영역에서 기대되는 발달 기준에 도달하지 못하는 경우 진단된다(표 6-4).

지적장애의 생물학적 요인에는 그림 6-6과 같은 다양한 요인이 있지만, 원인 불명인 경우가 많다.

표 6-4 DSM-5에 의한 지적장애의 진단기준

지적장애(지적발달장애)는 발달기에 발병하여 개념적, 사회적 및 실용적 영역에서 지적기능과 적응기능 양면의 결함을 포함하는 장애이다. 다음의 3가지 기준을 충족해야 한다.
A. 임상적 평가 및 개별화, 표준화된 지능검사를 통해 확인되는 논리적 사고, 문제해결, 계획, 추상적 사고, 판단, 학교에서의 학습 및 경험에서의 학습 등 지적기능의 결함이다.
B. 개인의 자립이나 사회적 책임에서 발달적 및 사회문화적 수준을 충족할 수 없게 되는 적응기능의 결함이다. 계속적인 지원이 없으면 가정, 학교, 직장 및 지역사회와 같은 다방면에 걸친 환경에서 의사소통, 사회 참가 및 자립 생활과 같은 여러 일상생활활동의 기능을 한정한다.
C. 지적 및 적응기능의 결함은 발달기에 발병한다.

지적장애의 진단

지적장애의 진단에는 비네검사나 WISC-III 등의 지능검사가 사용된다. 지능지수(IQ)에 따라 경도, 중등도, 중도, 최중도, 측정 불능으로 분류된다. 표 6-4는 미국정신의학회(APA)의 정신질환진단·통계매뉴얼 DSM-5(diagnostic and statistical manual of mental disorders)의 진단기준이다.

국제질병분류(ICD-10)

WHO에 의한 세계 각국의 사망 및 질병통계에 사용되는 국제질병분류(international classification of diseases)의 제10회 수정판(ICD-10)이다. 정신보건에 관한 '정신 및 행동의 장애' 항목에서는 조현병 및 망상성 장애, 기분(감정)장애, 정신증성 장애·스트레스 관련 장애 및 신체표현성 장애 등 10개의 진단범주가 제시되어 있다.

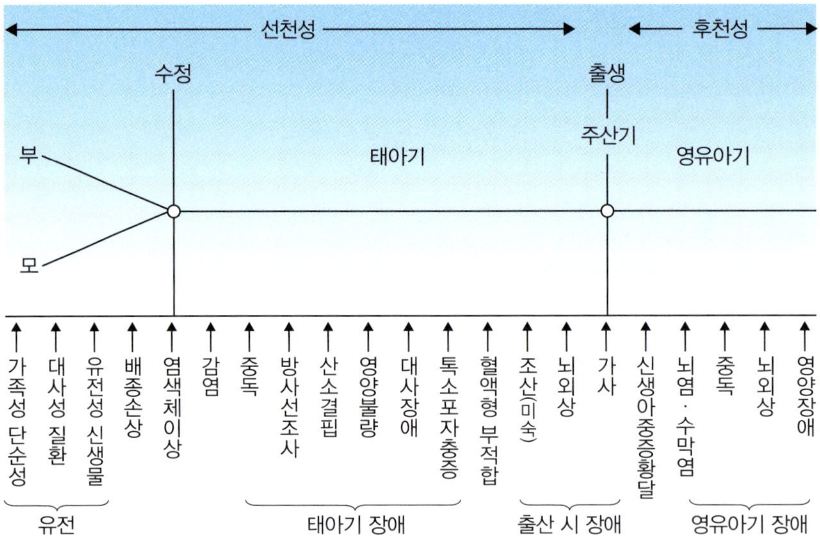

그림 6-6 지적장애를 일으키는 요인

톡소포자충증(toxoplasmosis)

원충의 하나인 톡소포자충(*Toxoplasma gondii*) 감염에 의한 사람이나 동물의 질환이다. 사람은 개나 고양이로부터 감염되는 경우가 많으며 태내 선천성 감염에서는 유산이나 수두증 등을 일으킨다.

2. 치매

1) 치매의 종류

치매(dementia)란 일단 정상적으로 발달한 뇌가 광범위하게 손상되어 지능이 단계적 또는 지속적으로 저하되는 것을 말한다. 노년기에 나타나는 특징적인 증상이며 주로 혈관성 치매와 알츠하이머 치매의 2가지가 있다.

① 혈관성 치매

뇌경색이나 뇌출혈로 뇌조직이 장애를 입어 기능이 손상됨으로써 일어난다(그림 6-7). 지능 저하의 내용은 뇌혈관장애가 일어난 뇌 부위에 대응한다. 기억 저하가 중심이며 여기에 운동마비, 구음장애 등을 동반하는 경우가 많다. 증상이 진행되면 지남력(시간, 장소, 자신 등에 대한 인식)이 상실되고 배설이나 섭식 등의 일상생활동작이 서툴러진다. 생활 전반에 대한 보살핌이 필요해지며 더 진행되면 거동을 못하는 상태가 된다.

② 알츠하이머 치매

1906년에 독일 의학자 알츠하이머(Alzheimer)에 의해 보고된 것으로, 신경원섬유 변화라고 불리는 뇌의 조직학적 이상과 관련이 있는 것으로 확인된다(그림 6–8). 뇌 전체의 위축과 뇌의 신경세포 탈락이 관찰된다. 지적장애는 심하며 지적기능은 전반적으로 저하된다. 진행되면 자신의 이름이나 나이조차 모르는 상황이 나타나며 말기에는 전혀 말할 수 없게 된다.

치매의 진행과 중증도에 대해서는 표 6–5에 정리하였다.

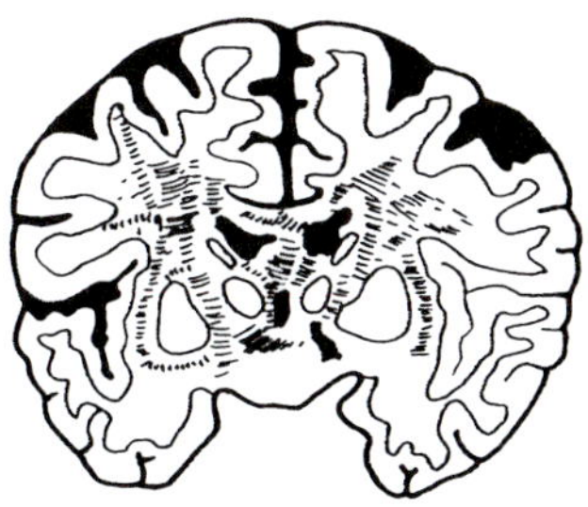

그림 6–7 혈관성 치매와 손상부위

대뇌피질 아래 백질, 기저핵 등에 병소(경색소)가 흩어져 있다. 즉, 대뇌피질(사령부에 상당)로 출입하는 정보나 명령의 통로가 손상된 형태이다.

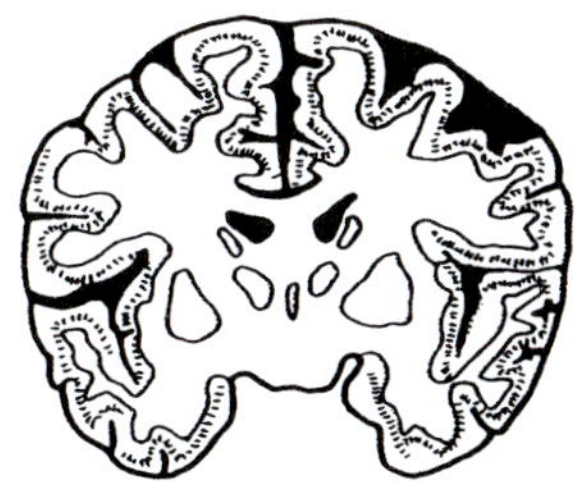

그림 6–8 알츠하이머 치매와 손상부위

백질, 기저핵에는 육안적인 병소가 없고 사령부에 상당하는 대뇌피질이 원발성으로 손상된 형태이다.

표 6–5 치매의 진행과 중증도

단계 I	건망증이 심하고 생각이 정리되지 않다는 호소를 한다(어느 정도 자각). 주의력 감퇴, 흥미 감퇴, 언어기능은 충분히 유지되며 대화나 대인관계를 형성할 수 있다.
단계 II	단기기억의 현저한 장애, 경도의 지남력 상실, 대화가 가능하지만 언어기능의 저하가 관찰되며 지적노동은 불가능하다.
단계 III	연령, 생년월일을 잊는다. 현저한 기억장애과 지남력 상실, 일상생활동작이 현저하게 어렵고 자립생활이 불가능하다.
단계 IV	언어기능은 거의 상실되어 대화곤란, 요실금, 변실금, 보행불안정, 일상생활에 보살핌이 필요하다.
단계 V	거의 말이 없다. 누워 지내는 경향이 현저하거나 굴곡성 양측마비를 나타낸다.

알츠하이머병의 진행단계는 일반적으로 3기(단계)로 나누지만, 치매 진단은 조금 더 세밀하게 5단계로 나눈다. 따라서 단계 I에서 치매를 진단하기는 어려운 경우가 있다. 가장 기간이 긴 것이 단계 III이다. 말기에는 두 다리를 구부린 채 펴지 못하고(굴곡성 양측마비) 음식물을 삼키기도 어려워진다.

2) 치매의 진단

치매를 진단하기 위해서는 정신의학적인 진찰과 함께 뇌의 영상진단이나 각종 치매검사의 결과를 종합적으로 판단한다.

① 뇌의 영상진단

CT(전산화단층촬영, computed tomography)나 MRI(자기공명영상, magnetic resonance imaging) 등에 의한 영상진단이다.

② 치매검사

지능평가검사와 행동관찰평가척도가 사용된다. 대표적인 지능평가검사에는 하세가와 치매척도(Hasegawa dementia scale)가 있다(표 6–6). 행동관찰평가척도는 일상생활의 행동이나 능력에 대해 가족이나 간병인으로부터 얻은 정보를 바탕으로 평가하는 것이다. 대표적인 것으로서 가라사와 노인지능의 임상적 판정기준이 사용된다(표 6–7).

표 6–6 하세가와 치매척도(개정판)

(검사일 : 년 월 일) (검사자 :)

성명 :		생년월일 : 년 월 일	연령 : 세
성별 : 남 / 녀	교육년수(연수로 기입) : 년	검사장소	
DIAG :	(비고)		

1	몇 살입니까? (2살까지의 오차는 정답)		0 1
2	오늘은 몇 년 몇 월 며칠입니까? 무슨 요일입니까? (연월일, 요일이 정답이면 각각 1점씩)	년 월 일 요일	0 1 0 1 0 1 0 1
3	우리가 있는 곳은 어디입니까? (자발적으로 대답하면 2점, 5초 기다렸다가 집입니까? 병원입니까? 시설입니까? 중에서 올바른 선택을 하면 1점)		0 1 2
4	지금부터 말하는 세 개의 단어를 말해보세요. 나중에 다시 질문할테니 잘 기억해두기 바랍니다. (다음 계열 중 하나로 채택한 계열에 ○표 해둔다.) 1 : a) 벚꽃 b) 고양이 c) 지하철 2 : a) 매화 b) 개 c) 자전거		0 1 0 1 0 1
5	100에서 7을 순서대로 빼보세요. (100–7은?, 거기서 또 7을 빼면? 하고 질문한다. 맨 처음의 대답이 틀린 경우 중단한다.)	(93) (86)	0 1 0 1
6	내가 지금부터 말하는 숫자를 거꾸로 말해보세요. (6–8–2, 3–5–2–9를 거꾸로 말하게 한다. 세 자리에서 틀리면 중단한다.)	2–8–6 9–2–5–3	0 1 0 1
7	앞에서 기억하게 했던 단어를 다시 한 번 말해보세요. (자발적으로 대답하면 각 2점, 만일 대답이 없는 경우 다음의 힌트를 주고 정답이면 1점) a) 식물 b) 동물 c) 탈 것		a : 0 1 2 b : 0 1 2 c : 0 1 2
8	지금부터 5개의 물건을 보여드리고 숨기겠습니다. 무엇이 있었는지를 말해보세요. (시계, 열쇠, 담배, 펜, 동전 등 반드시 서로 관계가 없는 것)		0 1 2 3 4 5
9	알고 있는 채소의 이름을 가능한 한 많이 말해보세요. (대답한 채소의 이름을 오른 칸에 기입한다. 도중에 막혀 약 10초가 지나도 대답하지 못하는 경우에는 중단한다.) 0~5 = 0점, 6 = 1점, 7 = 2점, 8 = 3점, 9 = 4점, 10 = 5점		0 1 2 3 4 5

합계 점수 :

표 6-7 가라사와 노인지능의 임상적 판단기준 예

<table>
<tr><th colspan="2">판정</th><th>일상생활능력</th><th>일상대화 · 의사소통</th><th>구체적 예시</th></tr>
<tr><td rowspan="2">정상</td><td>(–)</td><td>사회적, 가정적으로 자립</td><td>보통</td><td>활발한 지적활동 지속(우수 노인)</td></tr>
<tr><td>(±)</td><td>상동</td><td>상동</td><td>보통의 사회활동과 가정 내 활동 가능</td></tr>
<tr><td rowspan="4">비정상</td><td>경도
(+1)</td><td>• 보통 가정 내에서의 행동은 거의 자립
• 일상생활상 조언이나 보살핌은 필요 없거나 있어도 경도</td><td>• 거의 보통</td><td>• 사회적인 사건에 대한 흥미나 관심이 결핍
• 화제가 부족하고 한정
• 같은 것을 반복해서 말하고 물음
• 지금까지 할 수 있었던 작업(사무, 가사, 장보기 등)에 실수 또는 능력저하가 두드러짐</td></tr>
<tr><td>중정도
(+2)</td><td>• 지능저하로 인해 일상생활이 혼자서는 약간 불안
• 조언이나 보살핌이 필요</td><td>• 간단한 일상적 대화는 어떻게든 가능
• 의사소통은 가능하지만 불충분, 시간이 걸림</td><td>• 익숙하지 않은 상황에서 장소를 틀리거나 길을 잃음
• 같은 물건을 여러 번이고 사들임
• 금전관리나 적정한 약물 복용에 다른 사람의 도움이 필요</td></tr>
<tr><td>고도
(+3)</td><td>• 혼자서는 일상생활이 매우 힘듦
• 일상생활 대부분에 조언이나 보살핌이 필요 또는 실패 행위가 많아 눈을 뗄 수 없음</td><td>• 간단한 일상적 대화조차 불안
• 의사소통이 결핍되어 곤란</td><td>• 익숙한 상황에서도 장소를 틀려 길을 잃음
• 조금 전에 식사한 것, 조금 전에 말한 것조차 잊음</td></tr>
<tr><td>최고도
(+4)</td><td>상동</td><td>상동</td><td>• 자신의 이름이나 출생지조차 잊음
• 가까운 가족과 타인을 구별하지 못함</td></tr>
</table>

Column

마음의 지능지수(EQ)

골먼(Goleman, 1995)이 「정서적 지능 : 왜 그것이 IQ보다 중요한가?」라는 책을 출판하여 일약 베스트셀러가 되었다. 우리나라에서는 「EQ 감성지수」로 번역되었다. 한국어판 제목에 포함된 EQ가 원서에는 없다. 미국의 주간지 '타임'이 베스트셀러가 된 골먼의 책을 화제로 다룰 때 사용한 단어이다. 미국뿐만 아니라 우리나라에서도 이 EQ라는 단어가 유명해졌다.

골먼에 따르면 EQ에는 다음의 5가지 요소가 있다.

① 자기 자신의 정서를 안다 : 자기 자신의 감정을 모니터하는 능력
② 감정을 제어한다 : 자신의 감정을 진정시키고 불안이나 우울이나 분노를 떨쳐내는 것
③ 자신을 동기부여한다 : 목표를 달성하기 위해 자신의 기분을 분발시키는 것
④ 타인의 감정을 인식한다 : 타인의 욕구를 나타내는 신호를 민감하게 받아들이는 것
⑤ 인간관계를 잘 처리한다 : 사회적 지능을 발휘하는 능력

이러한 정서적 지능의 개념은 그 후에도 주목을 받고 있으며 앞으로의 연구동향이 기대된다.

Chapter 07
사고

학습목표

우리는 사물을 인식하거나 생각하고 추리하며 비판하고 상상한다. 나아가 새로운 것을 창조한다. 이러한 마음의 작용에 대해 깊이 이해해보자.

이 장의 학습목표는 다음과 같다.

❶ 생각이란 무엇인지를 이해한다.
❷ 문제를 해결하는 데는 어떠한 방법이 있는지를 이해한다.
❸ 새로운 것을 만들어내는 과정과 방법은 무엇인지를 학습한다.

1 사고

1. 사고란?

'인간은 자연계에서 가장 약한 한 줄기의 갈대에 불과하다. 하지만 그것은 생각하는 갈대이다'라고 언급한 사람은 프랑스의 철학자 파스칼(Pascal)이다. 확실히 우리는 다양한 것에 대해 생각하고 판단하며 추론한다. 심리학에서는 **사고**(thinking)를 '지식을 구성하고 구성한 지식을 새로운 상황에 적용하는 것'으로 널리 정의한다. 지식을 구성하고 적용하려면 지식 간의 관계를 이해하고 판단하며 추리할 필요가 있다.

지식(knowledge)이란 정보 처리 접근의 측면에서 보면 최종적으로는 장기기억에 축적된 것이다. 게다가 지식은 단편적인 기억의 집합이 아니라 의미적으로 정리되어 체계적으로 저장되어 있다. 방대한 양의 지식에서 필요한 상황별로 적절한 지식이 추출되고 적용되어야 한다.

피아제(Piaget)의 인지발달 개념에 따르면 지식은 전달되는 것이 아니라 환경과 상호작용하는 속에서 구성되는 것이다. 지식의 획득은 반복되는 경험에 의한 숙달, 사례로부터의 귀납적 추론, 관찰학습, 이미 가진 지식으로부터의 추론 등에 따른다.

파스칼(Pascal B., 1623~1662)

프랑스의 철학자, 수학자, 물리학자이다. 저서 「팡세(Pensées)」에서 사고하는 존재로서 인간의 본질을 표현하였다.

2. 수렴적 사고와 확산적 사고

수렴적 사고(convergent thinking)란 여러 단서를 이용해서 하나의 대답 또는 몇 가지 소수의 대답에 도달하는 사고이다. 집중적 사고라고도 한다. 산수 문제를 해결할 때의 사고가 그 대표적인 예이다.

한편, **확산적 사고**(divergent thinking)란 약간의 단서를 바탕으로 다양한 대답을 찾아내는 경우의 사고이다. 발산적 사고라고도 한다. 미지의 새로운 과제에 몰두할 때의 사고가 그 예이다(그림 7-1).

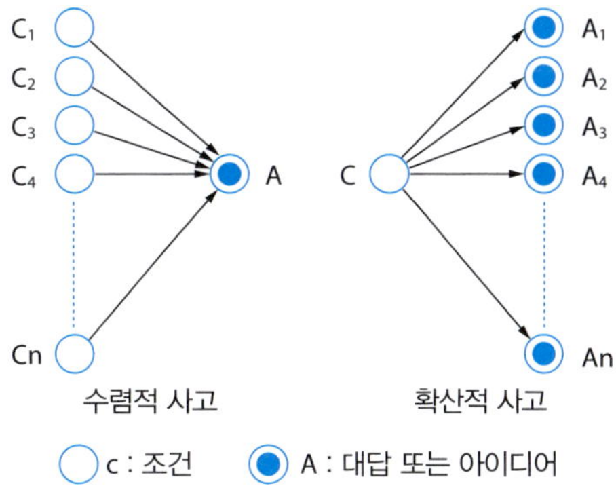

그림 7-1 **수렴적 사고와 확산적 사고**

3. 개념

개념(concept)이란 '개개의 사물 및 사상에 공통하는 성질을 추출하여 정리함으로써 생활체 내에 만들어지는 내적 표현'이다. 즉, 개개의 사물 및 사상의 특수성을 버리고 공통성만 꺼내어 만들어진다.

개를 예로 들어 보면 검은 개가 있으면 흰 개, 갈색 개, 소형견이나 대형견, 털이 복슬복슬한 것이나 털이 짧은 개 등 다양한 종류가 있다. 하지만 고양이와는 다른 공통의 특징을 가진다. 이 공통적인 특징의 집합이 개라는 개념이다.

개념은 계층적으로 조합된다(그림 7-2). 계층의 일정 장소에 위치한 하위개념은 그 상위개념을 안에 포함하는 것으로 인식된다. 개는 개과, 포유류, 동물, 생물로서 인식된다. 이러한 개념의 계층화를 통해 효율적으로 사고하게 된다.

범주 사례의 특징 정보를 추상화하여 통합한 것을 **프로토타입**(prototype; 원형)이라고 한다. 프로토타입은 가장 중심적이고 전형적인 것으로 범주 사례와 가장 많은 공통 특징을 갖는다. 예를 들어 새의 프로토타입은 날개가 있어서 하늘을 날고 알을 낳는 등의 특징이 있다. 사례의 범주화는 프로토타입과의 유사성에 의해 결정된다. 새의 사례에서는 비둘기나 참새는 프로토타입과의 유사성이 높아 쉽게 새라고 판별할 수 있다. 하지만 펭귄은 하늘을 날지 못하기 때문에 프로토타입과의 유사성이 낮아 새라는 개념에 좀처럼 들어가기 어렵다. 이처럼 프로토타입에 의해 범주화하는 경우가 많다.

개념은 구체적인 사물뿐만 아니라 언어가 가진 추상화 작용을 통해 '종교', '음악', '경제' 등과 같은 추상적인 개념까지 확대하여 생각할 수 있다.

또 같은 사물이라도 다른 개념을 이용하면 다른 추상화, 다른 분류의 대상이 되기도 한다. 무라다(Murada, 1987)는 다음과 같은 예를 들었다. 물은 〈마시는 것〉이기도 하고 〈차게 하는 것〉이기도 하며, 〈적시는 것〉이기도 하고 〈씻는 것〉이기도 하다. 즉, '물'이라는 개념은 그 용도에 따라 다른 범주로 분류된다.

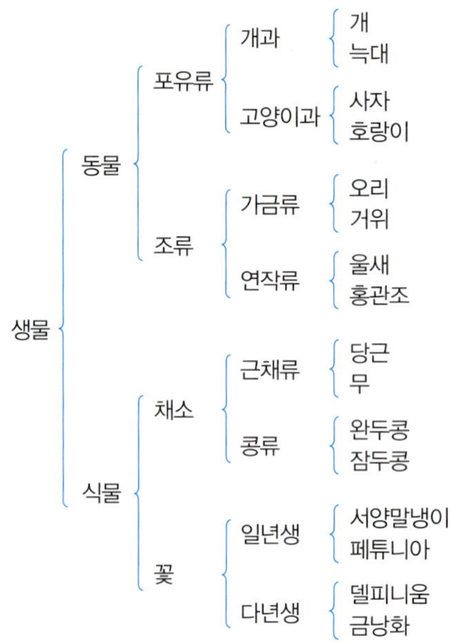

그림 7-2 **개념의 계층성**

2 문제해결

문제해결(problem solving)이란 눈앞에 있는 문제를 해결해야 하는 과제로서 파악하여 목표로 삼는 상태까지 유도하는 것이다. 즉, 현재의 문제가 되는 상태와 목표로 하는 상태와의 사이에 있는 격차(틈)를 어떠한 인지적 조작으로 채우는 것을 말한다.

1. 시행착오와 통찰

문제해결에 대한 고전적 개념으로 시행착오이론(trial and error theory)과 통찰이론(insight theory)이 있다.

손다이크(Thorndike)는 페달을 밟으면 문이 열려 밖으로 나갈 수 있는 구조의 문제상자라는 실험장치(그림 7-3)에 고양이를 가두었다. 고양이는 다양한 행동을 취하다가 우연히 페달을 밟아서 밖으로 나가는 경험을 하게 되었다. 이러한 시행을 반복하는 가운데 고양이는 문제상자에 가둬지면 바로 페달을 밟아 탈출하게 되었다. 고양이는 **시행착오**(trial and error)를 통해 문제해결 방법을 학습한 것이다. 문제해결에 도움 되는(효과가 있는) 반응을 하면 그 반응을 일으킨 자극과 그 반응 사이의 연합이 강해진다. 이것을 **효과의 법칙**(law of effect)이라고 하다.

퀼러(Köhler)는 침팬지를 우리 속에 가두고 우리 바깥의 손이 닿지 않는 곳에 바나나를 두었다(그림 7-4). 우리 안에는 막대기 하나가 놓여 있었다. 침팬지는 처음에는 우리에서 손을 뻗어보기도 하지만 머지않아 소란을 멈추고 막대기에 눈을 돌렸다. 잠시 지나 갑자기 막대기를 손에 쥐고 바나나를 가까이 당기는 행동을 취하였다. 이처럼 바나나를 얻으려는 목적을 위해 시행착오가 아니라 목적과 수단과의 관계를 직관적으로 파악하여 쓸데없는 행동을 취하지 않고 단번에 올바른 반응을 하였다. 순간적인 **통찰**(insight)을 통해 문제를 해결한 것이다(그림 7-5).

손다이크(Thorndike E.L., 1874~1949)

미국 콜롬비아대학 교수이다. 학습에는 동물의 능동적인 행동이 필요하다고 하는 연습의 법칙과 효과의 법칙을 제창하였다.

쾰러(K hler W., 1887~1967)

베르타이머(Wertheimer) 등과 함께 게슈탈트심리학의 중심인물 중 하나이다. 1913~20년까지 스페인령인 테네리페섬 유인원연구소소장으로서 침팬지 연구에 임했다.

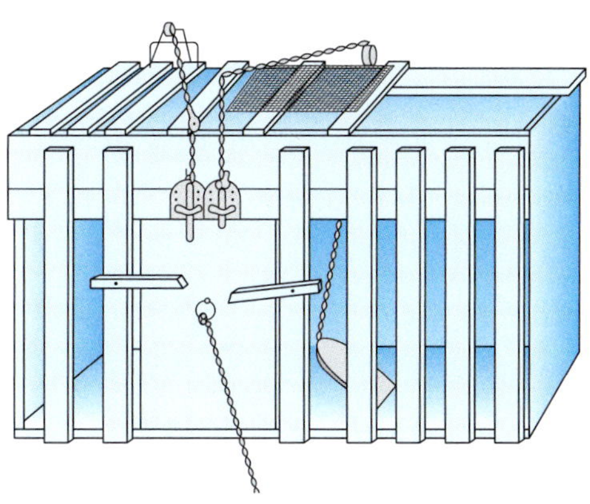

그림 7-3 손다이크의 문제상자

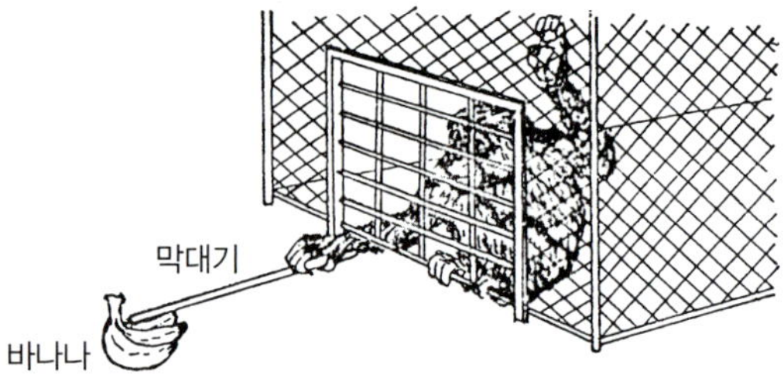

그림 7-4 **침팬지의 지식시험 실험 예**

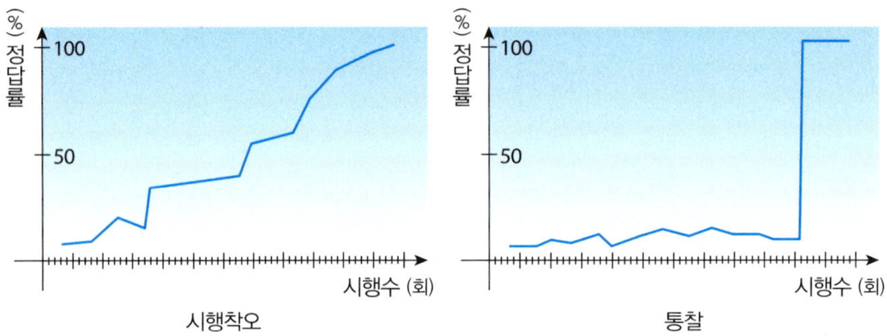

그림 7-5 **시행착오와 통찰**

2. 문제해결의 전략

인간이 문제해결을 위해 사용하는 전략은 크게 알고리즘과 휴리스틱으로 나눌 수 있다.

알고리즘(algorithm)이란 문제해결을 위한 일련의 규칙적인 절차를 말한다. 예를 들어 수학의 덧셈과 뺄셈은 일정한 순서에 따라 계산하면 반드시 정답을 맞출 수 있다. 정답에 이르는 순서가 정해져 있는 문제의 해결법을 알고리즘이라고 한다.

휴리스틱(heuristics; 발견적 탐색법)이란 어떠한 절차로 문제를 풀면 좋을지 예측할 수 없는 경우에 사용된다. 적당하다고 생각되는 방법을 실제로 시도하면서 얻은 결과를 평가하고 그것을 반복해서 목적에 다가가는 방법이다.

우리는 일상생활에서 다양한 문제를 만난다. 그 경우 대부분은 실용적이고 인지적 절약을 위해 휴리스틱의 해결방법을 취하는 경우가 많은데, 실수도 많다. 트버스키(Tversky)와 카너만(Kahneman)은 대표성, 가용성, 시뮬레이션, 기준점과 조정의 4가지 휴리스틱을 지적하였다(표 7-1).

표 7-1 주요 휴리스틱

명칭	인지사상	정의	적용 예
대표성 휴리스틱	확률판단	A가 B에 소속하는 확률은 A가 B를 대표하는 정도에 기초하여 판단된다.	어떤 사람(A)은 풍모나 행동이 당신의 예술가 고정관념에 들어맞기 때문에 예술가(B)가 틀림없다고 판단한다.
가용성 휴리스틱	빈도 또는 확률판단	어떤 사상의 빈도나 생기확률은 해당하는 사례의 가용성에 기초하여 판단된다.	이혼율을 추정하는 데 이혼 사례를 어느 정도 떠올리는지를 이용한다. 친구나 지인 중에 많이 있으면 이혼율이 높다고 판단한다.
시뮬레이션 휴리스틱	예기, 원인귀속, 인상, 감정경험	어떤 사상에 관한 시나리오를 마음속에서 시뮬레이션할 수 있는 정도에 따라 판단이나 인상이 결정된다.	복권 당첨번호와 하나가 틀려서 떨어졌을 때가 완전히 다른 번호일 때보다 당첨된 경우의 일이 쉽게 상상되므로 아깝다는 마음이 더 강해진다.
기준점과 조정 휴리스틱	어떤 사상의 위치 추측	한 사상의 추정에 어떠한 초기치를 설정하여 그것을 기준점으로서 새로운 사례에 대해 조정한다.	어떤 사람의 저축액을 판단하는 데에 자신의 통장잔고를 기준으로 한다.

3. 귀납적 추론과 연역적 추론

귀납적 추론(inductive inference)이란 몇 가지 사례에서 하나의 결론을 유도하는 형태의 추론이다. 가설검증형 사고에서는 이 귀납적 추론이 중요한 역할을 한다. 관찰한 사실이나 사상에 기초하여 그것을 일으키는 원인이나 법칙성을 추론한다.

한편, **연역적 추론**(deductive inference)이란 어떤 명제가 사실이라고 하는 전제 하에 구체적인 지식이나 가설을 유도하는 추론이다. 수학의 증명문제를 풀 때는 이 연역적 추론을 사용한다.

4. 일상적 추론

심리학에서는 우리가 일상적으로 행하는 추론을 다루며, 틀리기 쉬운 추론 과정이 검토된다.

왓슨(Wason)의 '4장 카드' 문제를 그림 7-6에 나타내었다. E, K, 4, 7이라고 적힌 4장의 카드가 있다. 모든 카드에는 한쪽 면에 알파벳이, 다른 면에 숫자가 적혀 있다. '『한쪽이 모음이라면 그 뒤쪽은 짝수이어야 한다』라는 규칙이 올바른지를 확인하려면 적어도 어떤 카드를 뒤집어 볼 필요가 있는가?'하는 문제이다.

대부분의 사람은 'E와 4' 또는 'E'라고 대답한다(표 7-2). 이는 모두 오답이다. 정답은 'E와 7'이며, 정답률은 불과 4%이다. 자음인 K는 뒷면을 확인할 필요는 없다. 4는 만일 뒷면이 모음이라면 규칙대로이며, 만일 자음이라도 문제는 없다. 규칙은 '모음이라면 뒷면은 짝수'이지 '자음이라면 뒤쪽은 홀수'라고 볼 수는 없다. 따라서 '4'도 뒤집어 조사할 필요는 없다. '7'의 카드를 뒤집어 보아야 하는 이유는 만일 뒤쪽에 모음이 적혀 있다면 이 규칙은 잘못되었기 때문이다.

이 예에서 왓슨은 '사람은 가설을 반증하는 증거를 찾으려 하지 않고 가설을 지지하는 증거만 찾는 경향이 있다'고 지적하고 이 경향을 **확증편향**(confirmation bias)이라고 하였다. 우리의 사고가 항상 논리적으로 작용하는 것은 아님을 알 수 있다.

문제 : "한쪽이 모음이라면 그 뒷쪽은 짝수이어야 한다"는 규칙이 올바른지 확인하려면 다음 4장의 카드 중 무엇을 뒤집어 조사할 필요가 있는가?

카드 : E K 4 7

그림 7-6 왓슨의 4장 카드 문제

표 7-2 4장의 카드 문제에 대한 결과

선택한 카드	선택한 인수(비율)
E와 4	59명(46%)
E	42명(33%)
E와 4와 7	9명(7%)
E와 7	5명(4%)
기타	13명(10%)

5. 확률판단

사람이 행하는 판단이나 추리에서 '절대로 그렇다'라고 말할 수 있는 경우는 적고 오히려 '아마 그렇다'든지 '50대 50이다' 등의 경우가 많다. '몇 가지 가능성을 생각할 수 있는 경우에 그 가운데 무엇의 가능성이 높은가?'를 생각하는 경우에서의 추리와 판단을 **확률판단**(probability determination)이라고 한다.

그림 7-7에 있는 '택시 문제'를 생각해보자. 많은 사람이 푸른 택시를 범인으로 생각하는 경향이 있으며 그 대부분은 80%의 확률이라고 답변한다. 정답은 푸른 택시가 뺑소니를 쳤을 확률은 50% 이하(정확히는 41%)이며, 오히려 초록 택시가 범인일 확률이 높다. 조건부확률의 베이즈 정리(Bayes' theorem)를 수학적으로 사용해서 풀면 **해답**과 같아진다. 일상적으로 무심히 행하는 직관적 판단과 합리적으로 생각할 수 있는 규범적인 답과는 많이 다르다.

트버스키(Tversky)와 카너만(Kahneman)은 이 '택시 문제'에 대해 기준비율의 무시가 오답의 원인이며, 잠재적인 확률(택시 대수의 비율)을 고려하지 않고 판단하는 경향이 있다고 지적하였다.

【이야기】
어느 거리에 초록 택시와 푸른 택시가 있다. 전체 택시 가운데 85%는 초록 택시이고, 나머지 15%는 푸른 택시이다. 어느 날 밤 택시가 뺑소니 사건을 일으켰다. 목격자가 나타나 '뺑소니를 친 것은 푸른 택시였다'고 증언하였다. 재판에서는 그 목격자의 증언이 얼마만큼 신뢰할 수 있는가를 보기 위해 사건이 일어났던 날과 비슷한 밤에 택시의 색상을 구별하는 테스트를 했다. 그 결과 80%의 경우는 올바르게 택시를 식별할 수 있음을 알게 되었다.

【질문】
① 자, 당신은 증언대로 푸른 택시가 뺑소니를 쳤다고 생각하는가? 그렇지 않다고 생각하는가? 하나를 골라 ○를 표시하시오.
(그렇게 생각한다 · 그렇게 생각하지 않는다)
② 다음으로 증언대로 푸른 택시가 뺑소니를 친 확률은 몇 % 정도라고 생각하는지 수치로 대답하시오.
[ ] %

【해답】
이 문제는 다음과 같이 4가지의 경우를 생각할 필요가 있다.
① 초록 택시가 범인이며 증언도 초록 택시인 경우(확률 $0.85 \times 0.8 = 0.68$)
② 초록 택시가 범인이며 증언은 푸른 택시인 경우(확률 $0.85 \times 0.2 = 0.17$)
③ 푸른 택시가 범인이며 증언도 푸른 택시인 경우(확률 $0.15 \times 0.8 = 0.12$)
④ 푸른 택시가 범인이며 증언은 초록 택시인 경우(확률 $0.15 \times 0.2 = 0.03$)
따라서 '목격자의 증언은 푸른 택시'인 경우(②와 ③의 합계 확률) 가운데 실제로도 푸른 택시가 범인인 경우(③의 확률)가 어느 정도 일어날 수 있는가를 생각하면 된다. 계산은 다음과 같다.

$$\frac{\text{③인 경우의 확률}}{\text{②인 경우의 확률} + \text{③인 경우의 확률}} = \frac{12}{29} \fallingdotseq 0.41$$

그림 7-7 택시 문제

3 창조성

1. 창조성이란?

창조성(creativity)이란 새롭고 희귀하며 독특하고 독창적인 것으로 파악되는 경우가 많다. 창조성이 발휘되는 분야에는 ①예술에서의 창작, 연주, 연기, 연출 등, ②과학 및 기술에서의 발명, 발견 등, ③사회문제를 해결하기에 이른 계획, 시스템 창립, 리더십 수행 등이 있다.

창조성의 내용을 성격의 일부로서 분류 정리하여 창조성의 구조를 나타낸 것이 그림 7-8이다. 이 그림에서는 창조성을 크게 창조력과 창조적 인격(태도)의 2가지로 나누었다.

또 길포드(Guilford)는 창조성의 요인이론으로서 7요인설을 제창하였다. ①과제에 대한 감수성, ②개념형성(사고)의 유창함, ③마음가짐의 유연함, ④개념형성(사고)의 참신성, ⑤통합능력, ⑥구조의 분석력, ⑦평가 능력의 7가지이다.

- 창조성
  - 창조력
    - 창조적 사고 (창조적 상상)
      - 확산적 사고(직관적 사고)
      - 수렴적 사고(논리적 사고, 분석적 사고)
    - 창조적 태도 …… 그 기초
      - 창조적 사고가 만들어내는 아이디어, 이미지
      - 기초적 표현기술 스킬
  - 창조적 인격 (창조적 태도)
    - 자주성(자발성, 주체성, 자율성)
    - 충동성(심적 에너지의 강도)
    - 고집성(심적 에너지의 지속성)
    - 탐구심(지적 호기심), 주의집중력, 자기통제력
    - 개방성(유연성, 다양성, 애매함의 관용성)

그림 7-8 **창조성의 구조**

2. 창조성의 단계

오리스(Oris)는 창조적 업적을 남긴 과학자와 예술가의 사고과정을 분석하여 4가지 단계로 나누었다.

① **준비기** : 이 단계에는 과거의 경험이나 이미 습득한 지식이나 기능을 총동원해서 문제해결에 임한다. 하지만 힘든 노력에도 불구하고 몇 번이고 실패한다.

② **부화기** : 이 단계에는 문제해결을 잠시 포기하고 문제해결과는 관계없는 산책이나 휴식 등 비활동적인 상태에 몸을 둔다. 무의식의 세계에서 창조적인 아이디어를 품고 있는 단계이다.

③ **계시기** : 한순간의 번뜩임에 의해 창조적인 해결방법이 도출된다. 그것은 강한 확신을 가지고 갑자기 찾아온다.

④ **검증기** : 도출된 해결방법을 다양한 각도에서 음미 및 검토하여 그것이 올바른지를 검증한다.

창조적 발상을 이끌어내려면 틀에 갇힌 사고양식에서 벗어나 문제와는 관계없는 활동을 하는 '부화기'의 단계가 중요하다.

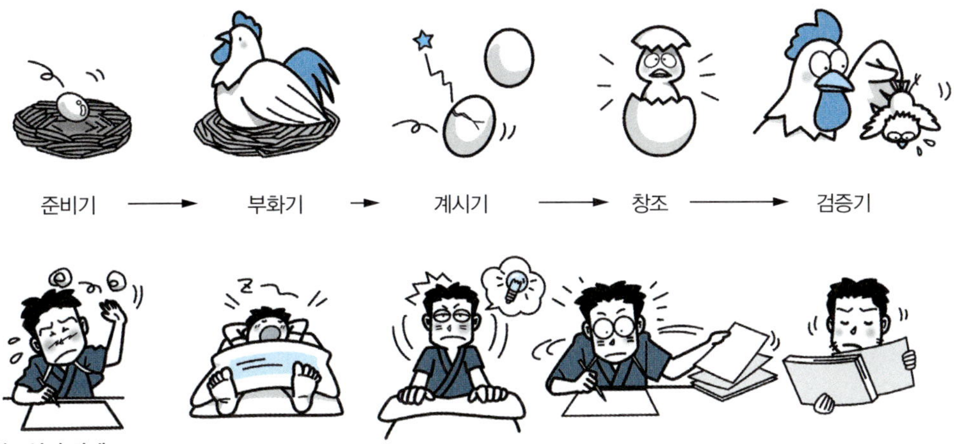

창조성의 단계

3. 창조성의 개발방법

1) 브레인스토밍(brain storming)

오스본(Osborn)이 개발한 집단적 창조사고법으로, 집단토의 형식으로 자유분방하게 아이디어를 나눈다. 핵심은 집단의 구성원은 어떠한 제약도 받지 않고 의견을 내고 또 다른 사람의 발언에 비판이나 부정을 하지 않는 것이다. 아이디어가 다 나온 단계에서 평가로 옮겨가 실제로 사용할 수 있는 아이디어를 추출해가는 방법이다.

브레인스토밍(brain storming)

기존 개념에 구애받지 않고 발상하여 독창적인 아이디어를 끄집어내기 위해 집단의 기능을 이용하는 방법이다.

브레인스토밍

2) KJ법(KJ method)

문화인류학자인 가와키타 지로(Kawakita Jiro)가 조사데이터의 정리법에 기초해서 제안한 방법으로, 맨 처음에 아이디어를 하나씩 '카드'(동일 크기의 작은 종잇조각)에 써넣는다. 다음으로 카드 분류를 반복하면서 최종적으로는 큰 종이에 도식화해서 정리한다. 이러한 과정을 거침으로써 문제의 구조와 요인 간의 상호관계가 명료해져 새로운 발상이나 발견이 촉진된다. KJ법은 제각각인 아이디어를 분류, 정리, 구조화함으로써 그것을 눈에 보이는 형태로 도식화하는 것이 핵심이다.

구체적으로는 다음과 같은 순서로 진행한다.

우선 브레인스토밍으로 도출된 아이디어나 이미 수집한 자료를 요약한 카드(라벨)로 만든다. 다음으로 큰 종이(바탕종이)를 펼쳐 그곳에 기록된 카드를 펼쳐놓는다. 그리고 카드놀이의 요령으로 참가자 전원이 보면서 관련이 있는 카드를 한 곳에 모은다. '관련이 있다'는 말은 공통되거나 관계가 있거나 비슷한 내용임을 뜻한다. 반대의 내용도 관련이 있으므로 한 곳에 정리해둔다.

한 그룹은 5~8장 정도의 카드로 구성되는 것이 바람직하다. 그 이상이 될 때는 다시 점검해서 그룹을 더 나눈다. 적은 쪽은 3장이거나 때로는 1장일 경우도 있다.

몇 차례 점검해서 카드 그룹이 안정되면 각 그룹이 무엇을 나타내지 짧은 표현으로 정리하고 새로운 카드(라벨)에 써서 해당 그룹 상부에 둔다. 이러한 그룹 간의 연관성을 생각해서 그룹을 바꾸어 배열한다.

카드 그룹의 배치가 결정되면 바탕종이에 풀로 붙이고 카드의 그룹을 원이나 타원으로 둘러싼 다음 각각 둘러싼 원 사이의 관계를 나타내는 선을 그려 넣는다. 한 원에서 다른 원으로의 흐름을 나타낸다면 한 방향의 화살표, 서로 관련되어 있다면 양방향의 화살표를 그려 넣는다.

이러한 순서로 자료나 항목을 정리하여 눈에 보이는 형태로 도식화한다.

심리학 미니실험

'4장 카드' 문제

목적 : 연역적 추론에서 의미내용의 효과를 검토한다.

방법 : 실험 참가자에게 다음의 2가지 '4장 카드' 문제를 제시하고 선택한 카드와 그 답을 기록한다.

문제 1 : '한쪽이 모음이라면 그 뒤쪽은 짝수이어야 한다'는 규칙이 올바른지를 확인하려면 적어도 어떤 카드를 뒤집어볼 필요가 있는가?

E	K	4	7

문제 2 : '만일 맥주를 마시고 있다면 그 사람은 20세 이상이어야 한다'는 규칙이 올바른지를 확인하려면 적어도 어떤 카드를 뒤집어볼 필요가 있는가?

맥주	콜라	22	16

결과 : ① 문제 1에서 확증편향이 관찰되었는지를 확인한다(p.106 참조).
② 문제 1과 문제 2의 어느 것이 정답률이 높았는지를 비교한다.

해설 : 문제 1과 문제 2는 완전히 같은 논리적 규칙이지만, 정답률은 문제 2에서 높아진다. 문제 2의 정답은 '맥주'와 '16'이다. 문제 2에서는 '음주를 허가하는가'라는 규칙을 이용해서 문제를 풀려고 한다. 따라서 '음주의 전제조건이 지켜지지 않은 상황'을 찾으려고 하여 '16'의 카드를 선택한다. 문제 1과 같이 단순한 숫자와 알파벳에서는 '허가하는가'와 같은 규칙은 활성화되지 않아 '7'의 카드를 선택할 필요성을 느끼지 않는다. 사람은 반드시 논리적 규칙만으로 연역적 문제를 푸는 것은 아니다. 올바르게 추론되는지는 문제의 의미내용에 영향을 받는다.

Chapter 08

발달(1) - 아동기까지

학습목표

사람은 태어나서 죽을 때까지 끊임없이 변화한다. 그 변화는 크기, 무게, 구조, 기능 등의 신체적 측면뿐만 아니라 지적인 측면, 정서적인 측면, 사회성과 같은 측면에서도 관찰된다. 인간의 일생 동안 일어나는 다양한 심리 및 행동 상의 변화인 발달에 대해 이해한다.

이 장의 학습목표는 다음과 같다.

① 발달에 영향을 미치는 요인은 무엇인지를 이해한다.
② 생애에 걸친 발달의 각 단계에서 달성해야 하는 과제는 무엇인지를 학습한다.
③ 영아기에서 아동기에 걸친 발달 모습은 어떠한 것인지를 이해한다.

1 발달

1. 발달의 의미

발달(development)이란 일반적으로 '개체와 환경의 시간 경과에 따른 상호작용을 통해 다양한 기능이나 구조가 분화되고 더 나아가 통합되어 개체가 기능상 더욱 유능하게, 또 구조상 더욱 복잡한 존재가 되어 가는 과정'이다. 발달은 가치관을 포함한 개념이다. 행동의 기능이나 구조가 변화했다고 해서 그 변화가 어떤 가치관과 맞지 않으면 발달이라고 하기 어렵다. 어떠한 변화가 발달이라고 할 수 있는지는 사회나 문화, 나아가 그 시대의 규범에 따라서도 다르다. 발달과 유사한 개념으로서 **성장**(growth)이 있는데, 이는 개체의 변화를 양적 증대라는 점에서 파악할 때 사용되기 때문에 가치적인 개념인 발달과는 다르다.

발달에 동반하는 변화는 청년기나 성인기에 끝난다는 개념에서 평생 발달은 계속된다는 개념으로 변화되었다. 1970년 무렵에는 아동심리학, 청년심리학 또는 노년학 등과 같이 연령별로 따로 분리하지 않고 인간을 발생에서 죽음에 이르기까지의 시간축 속에서 통일적으로 이해하는 **생애발달심리학**(life span developmental psychology)의 구상이 제시되었다.

생애발달심리학(life span developmental psychology)

랑그랑(Lengrand)이 1965년에 유네스코의 성인교육회의에서 '평생교육'의 중요성을 설명하였다. 심리학 분야에서도 한 평생 발달은 계속된다는 개념으로 바뀌었으며 1970년 생애발달심리학의 구상이 나왔다.

2. 발달의 규정요인

1) 「유전 × 환경」 논쟁

발달을 규정하는 것이 유전인가 환경인가에 대해서는 예전부터 논쟁이 반복되어 왔다. 크게 3가지 개념이 있다.

① 단일요인설

발달의 규정요인을 '유전과 환경' 중 어느 한쪽에서 찾는다는 개념이다(그림 8-1). 유전을 중시하는 개념을 생득설, 환경을 중시하는 개념을 경험설이나 환경설이라고 한다.

② **폭주설**(convergence theory)

발달에는 '유전과 환경'이 모두 관계한다는 개념으로, 슈테른(Stern)에 의해 제창되었다(그림 8-2).

③ **상호작용설**(interactionism)

발달 과정에서 유전과 환경은 서로 영향을 주고받음으로써 발달적 변화가 일어난다는 개념이다. 즉, 환경과 유전이 서로 어떻게 관련하여 발달에 영향을 미치는가를 문제로 삼는다. 젠센(Jensen)은 '환경은 역치요인으로서 작용한다'는 환경역치설을 주장하였다(그림 8-3). 최근에는 발달의 진행은 환경에 대해 수동적이지 않고 능동적이라는 개념이 형성되면서 시간축을 포함한 역동적이고 양방향적 영향이 협동하는 상승적 상호작용설이 제시되었다(그림 8-4).

경험설

18세기 영국의 철학자 로크(Locke)의 경험주의처럼 백지설(theory of tabula rasa)은 경험설의 전형이다.

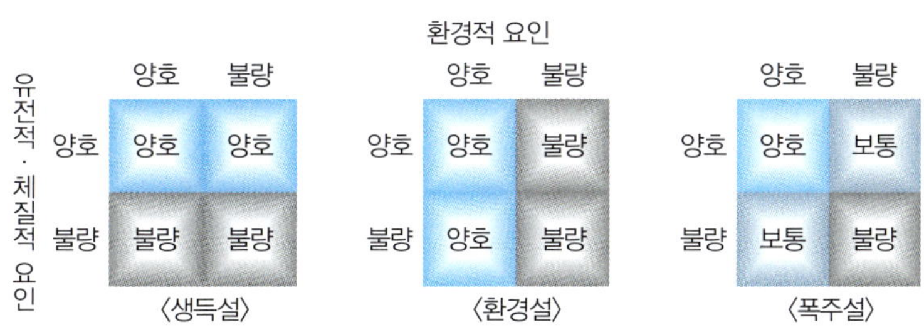

그림 8-1 발달의 단일요인설과 폭주설

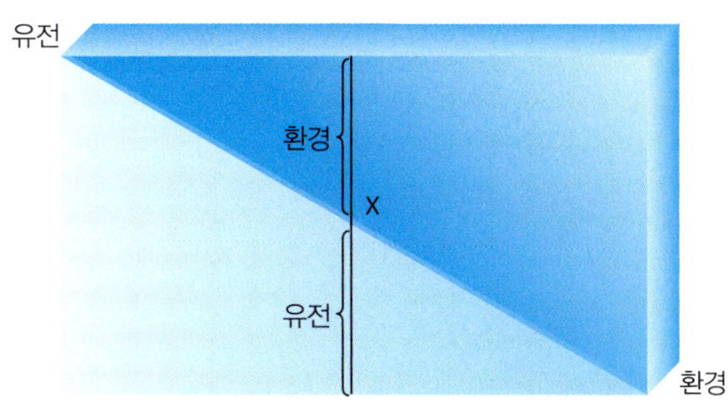

그림 8-2 유전과 환경의 폭주설 도식화

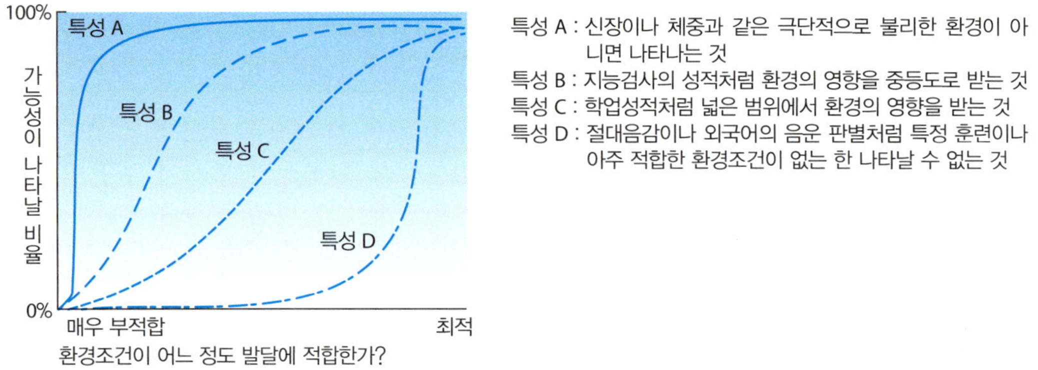

그림 8-3 젠센(Jensen)의 환경역치설 해설도

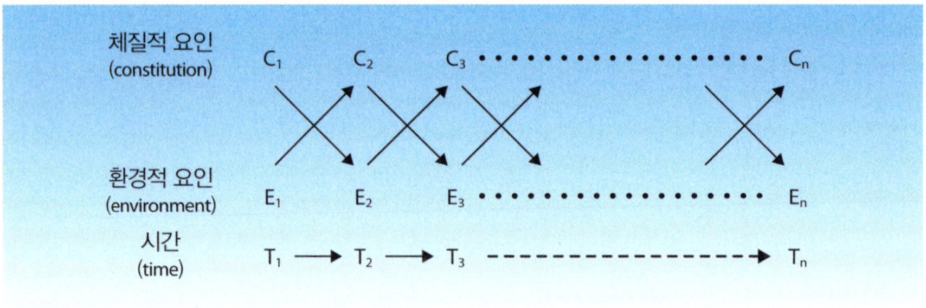

그림 8-4 발달의 상승적 상호작용모델

2) 생애과정의 개념

생애발달심리학을 제창한 발테스(Baltes, 1987)는 생애발달의 복잡성과 복수성에 대해 다음의 3가지 요인이 영향을 미친다고 지적하였다(그림 8-5).

① **연령에 동반한 표준 연령적 요인** : 대부분의 아이에게 동일하게 출현하는 연령적 · 성숙적 요인

② **역사에 동반한 표준 역사적 요인** : 어느 시대에 태어나 어떤 환경에서 자랐는가와 같은 세대적 · 문화적 요인

③ **일정한 기준이 없는 비표준적 요인** : 개개인의 삶과 생활방식, 성장사와 같은 그 사람 고유의 개인적 요인

그리고 어릴 때는 표준 연령적 요인이 최대이고, 청년에서는 표준 역사적 요인, 고령이 되면 비표준적 요인이 최대가 된다고 보았다.

엘더(Elder)는 '생애과정(life course)이란 연령에 따라 구분된 평생의 몇 가지 인생행로 즉, 생활사건(life event)에 대한 시기, 지속시간, 배치, 순서에 관찰되는 사회적 패턴이다'라는 개념을 제시

하였다. 어떤 시대에 살았는가 하는 그 시기의 사회구조는 발달과정의 구성요소로 보며, 개인의 생애과정을 형성할 때에 중요한 역할을 한다. 100년 전과 현재는 사회구조에 큰 차이가 있으며 그것이 그 사람의 인생행로에 영향을 미친다. 또 입학과 졸업, 취직, 결혼과 같은 생활사건을 어느 연령에 어떠한 순서로 경험하는가도 그 사람의 인생행로에 영향을 미친다. 즉, 인간의 발달을 사회문화적, 생물적 및 심리적 힘이 시간 흐름과 함께 상호작용하는 협동적 과정으로 보았다. 개개인은 역사적, 사회문화적 환경 속에서 행하는 선택이나 행동을 통해 자기 자신의 생애과정을 구축한다는 개념이다.

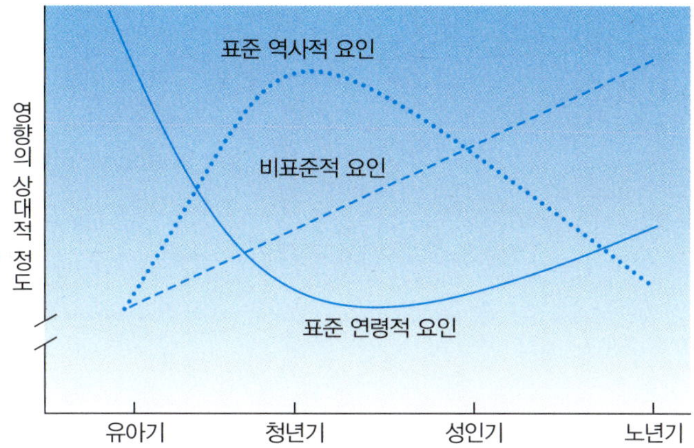

그림 8-5 각 요인이 발달에 미치는 정도

3) 행동유전학의 개념

지능지수나 성격 특징 등 실제로 발현된 측정 가능한 특성의 개인차에 대해 유전자형(환경과 상호작용하여 표현형을 유도하고 그 특성을 규정하는 한 사람 한 사람의 유전자 구성)의 개인차와 환경의 개인차가 각각 어느 정도, 어떻게 기여하는가를 밝히는 행동유전학(behavioral genetics)이라는 개념이 있다.

플로민(Plomin, 1990)은 쌍둥이, 부모, 양자 등 혈연관계의 차이를 유전자형의 변수로 하여 표현형의 유사성과 상관관계를 단서로 유전, 공유환경(가족 구성원을 유사하도록 작용하는 환경), 비공유환경(같은 가족이라도 다르도록 작용하는 각각에 고유한 환경) 등의 효과를 통계적으로 해석하였다. 지능지수는 유전분산(genetic variance)이 50% 정도로 추정되며 아동기까지는 공유환경의 효과가 크지만, 이후 고령에 이르기까지 유전과 비공유환경의 영향도 증가하는 것으로 보았다(그림 8-6). 또 외향성이나 정서적 안정성 등의 성격 측면에서는 유전의 영향이 50% 정도이며, 나머지 환경의 영향은 대부분 비공유환경임이 밝혀졌다.

행동유전학(behavioral genetics)

유전학의 한 분야로, 행동상의 변이를 유전학적으로 연구한다.

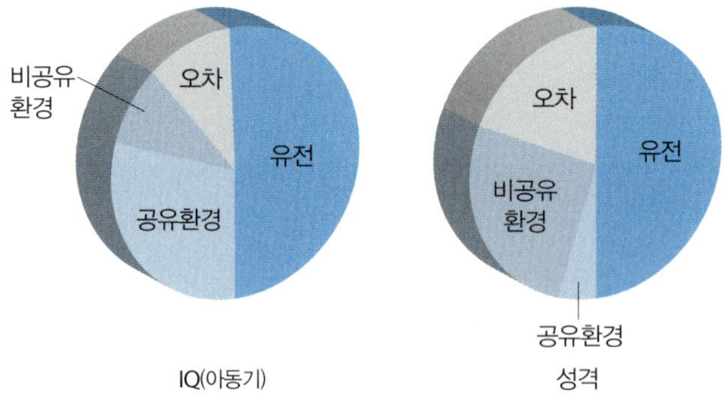

그림 8-6 유전과 환경의 기여율

2 발달단계와 발달과제

1. 발달단계

인간의 생애 발달과정은 어떤 시기에는 연속적이면서 완만한 변화가 관찰되는 한편, 어떤 시기에는 서로 이질적이고 비연속적인 변화가 관찰되기도 한다. 특정 시기의 어느 특정 기능의 특징이 전후 시기의 특징과 다른 경우, 그 시기를 하나의 단계로서 구분한 계열을 **발달단계**(developmental stage)라고 한다. 오늘날 관찰되는 단계 구분법은 대략 다음의 4가지로 정리할 수 있다.

① 사회적 습관이나 교육제도에 기초한 관점(예 : 초등학생, 중학생, 고등학생 등)

② 구체적 발달 등에 따른 관점(예 : 1차 성장기, 이차성징 등)

③ 특정 정신적 기능을 중심으로 한 관점(예 : 피아제의 인지발달단계 등)

④ 전체적인 정신구조의 발달적 변화를 기준으로 한 관점(예 : 뷸러의 객관화와 주관화 시기 등)

이러한 발달단계로 구분하면 특정 시기에 상당하는 그 사람의 전체적인 발달 모습이나 특징을 직관적, 인상적으로 파악할 수 있고, 특정 기능이 어떻게 변화되어 가는지 그 발달과정을 이해할 수 있다.

이지마(Iijima, 2001)가 생애과정의 시점에서 제안한 발달단계를 표 8-1에 정리하였다.

표 8-1 발달단계

발달단계와 그 특징		생활사건		연령 관련 행사	동반자
		생물학적 요인	사회적 요인		
		죽음	배우자의 죽음 형제의 죽음	백수 졸수 미수 희수 고희	배우자 자녀, 형제, 손자, 친척 친한 친구, 배우자의 대인관계 시설 직원, 상담사 주치의, 이웃사람
노년기 (65~) 성인 후기 (55~65)	인생의 수용	신체기능의 노화 운동기능의 노화	시설 입소 재취직 정년 부모의 죽음	환갑	배우자 자녀, 형제, 친척 친구 : 선배, 동기, 후배 상사
성인 중기 (30~55)	자기의 재음미	폐경	손자 출생 자녀의 독립	남성의 액년 여성의 액년	자녀 친구의 부모 배우자의 대인관계 상담사 주치의, 이웃사람
성인 전기 (22~30)	양성성 발달		조부모의 죽음 자녀의 출생 결혼		배우자 부모, 형제, 친척 친구 : 선배, 동기, 후배 상사*, 자녀의 교사 배우자의 대인관계 자녀 친구의 부모 상담사 주치의, 이웃사람
청년 후기 (18~22)	삶의 방식 선택		취직 대학, 전문대학 입학	성인식	부모, 조부모, 형제, 친척 친구 : 선배, 동기, 후배 상사, 배우자의 대인관계 상담사 주치의, 이웃사람
청년 전기 (12~18)	계획적 유능감	이차성징 출현	고등학교 입학 중학교 입학		부모, 조부모, 형제, 친척 특정 이성 친구 : 선배, 동기, 후배 부모의 친구, 친구의 부모 교사, 강사, 상담사 주치의, 이웃사람
			학원 참가 지역활동 참가 초등학교 입학		부모, 조부모, 형제, 친척 친구 교사, 강사 부모의 친구, 친구의 부모 주치의, 이웃사람

표 8-1 발달단계 (계속)

발달단계와 그 특징		생활사건		연령 관련 행사	동반자
		생물학적 요인	사회적 요인		
아동기 (6~12)	자기효능감				
유아기 (2~6)	자기주장, 자기실현, 자기억제	신체 · 운동기능 발달	유치원 입학 보육원 입학 유모차 탑승 공원 진출	생일	부모, 조부모, 형제, 친척 친구 보육자, 강사 부모 친구, 친구의 부모 주치의, 이웃사람
영아기 (0~2)	애착 형성	출생			부모, 조부모, 형제, 친척 부모의 친구
태아기		수정			산부인과 의사, 간호사, 이웃사람

* 조언자로부터의 자립, 친구 : 대학, 여가활동, 직장 친구, 매년 생일에 의한 자기 인지는 자기 발달을 규정한다. 개인별로 비표준적 생활사건(가족의 죽음, 질병, 사고, 재혼 등)이 있다. 인생의 선택에는 개인차가 있으므로 동반자, 생활사건 등 여기에 기입되지 않은 것도 있다. 아이의 출생, 부모의 죽음 등은 역할 변화의 시점에서 사회적 사건에 넣었다. 생일은 매년 있는 생활사건이다.

2. 발달과제

하비거스트(Havighurst, 1953, 1972)는 개인이 건전한 발달을 달성하기 위해 발달의 각 시기에 완수해야 하는 과제를 설정하였다. '살아가는 것은 학습이며, 성장하는 것도 학습이다'고 보고 그러한 **발달과제**(developmental task)에 대해 다음과 같이 설명하였다. '발달과제란 사람의 생애 각 시기에 생기는 과제로, 그것을 달성하면 그 사람은 행복해지고 다음 발달단계의 과제 달성도 쉬워지지만, 실패한 경우에는 그 사람은 불행해지고 사회에서 받아들여지지 못하며 다음 발달단계의 과제를 달성하기도 어려워진다.'

표 8-2에 하비거스트가 구체적으로 든 발달과제를 정리하였다. 각 과제는 ①보행 학습처럼 신체적 성숙과 관련된 것, ②읽기 학습이나 사회적으로 책임 있는 행동의 학습처럼 사회적 요청으로 생기는 것, ③직업 선택이나 준비, 배우자의 선택처럼 개인의 가치와 희망으로 생기는 것으로 구성된다.

에릭슨(Erikson)은 생애를 8가지의 생애주기(life cycle)로 나누고 자아 발달이론의 점성적 원리(epigenetic principle)를 제기하였다. 건강하고 활력 있는 성격 발달에 대해 각 시기에 해결 및 극복해야 하는 과제로서 심리 · 사회적 위기를 들고, 그것을 극복한 상태와 실패한 상태를 짝으로 나타낸 도식을 제안하였다(그림 8-7). 예를 들어 영아는 양육자와의 상호작용을 통해 신뢰감을 획득한다. 그렇지 않은 경우에는 불신감을 가지게 된다. 청년기에는 정체성(identity; 자신은 어떠한 사람인가 하는 실감)을 확립하는 것이 과제이며, 그에 실패하면 정체성 확산 상태가 된다. 초기 성인기에는 우정, 애정, 경쟁이나 협력을 통해 친밀감 확립과 고독감 극복이 이루어진다. 성인기에는 교육과 전통의 사상 흐름 속에 사회적 분업이나 가사의 공존 등으로부터 생산성 및 생식성(세대계승성) 확립과 자기흡수(침체감) 회피가 생긴다. 성숙기에는 늙어서 죽음에 직면할 때 후회를 이겨내고 자신의 인생을 받아들이는 것이 자아의 통합이며 이를 실패하면 혐오와 절망을 느낀다.

그 밖에 뉴먼(Newman, 1984) 등은 9가지 인생단계로 나누어 각 시기의 발달과제를 제시하였다(표 8-3). 이처럼 많은 연구자가 평생의 발달과제를 부여하였다.

하비거스트(Havighurst R.J., 1900~1991)

1924년에 오하이오주립대학교에서 물리화학을 전공하여 박사학위를 취득하였다. 그 후 전공을 바꾸어 1941년에 시카고대학교의 교육 및 인간발달학 교수가 되었다.

심리 · 사회적 위기

위기란 '위험'을 뜻하는 것이 아니라 오히려 갈림길인 '분기점'을 의미한다. 심리적으로나 사회적으로도 결단이 필요한 과제를 가리킨다.

에릭슨(Erikson E.H., 1902~1994)

독일 프랑크푸르트 출생으로, 고등학교 졸업 후 화가를 목표로 유럽을 돌아다녔다. 1927년 프로이트 정신분석연구소에서 훈련을 받고 1933년 미국으로 이주하여, 1942년에 캘리포니아대학교 교수, 1960년에 하버드대학교 교수가 되었다. 1950년에 발표한 점성적 원리는 그 후 많은 정체성 연구를 이끌어내었다.

표 8-2 생애의 발달과제

영아기 및 유아기	출생~ 거의 6세까지	1. 걷는 법을 배운다. 2. 단단한 음식 먹는 법을 배운다. 3. 말하는 법을 배운다. 4. 배설 조절하는 법을 배운다. 5. 성의 차이와 성과 관련된 진중함을 배운다. 6. 개념을 형성하고 사회적 현실과 물리적 현실을 나타내는 말을 배운다. 7. 읽기 위한 준비를 한다. 8. 좋은 것과 나쁜 것의 구별을 배우고 양심을 발달시키기 시작한다.
아동기	거의 6~12세	1. 보통의 게임을 하는 데 필요한 신체적 기술을 배운다. 2. 성장하는 생물로서의 자신에 대해 건전한 태도를 쌓아 올린다. 3. 동연배의 또래와 잘 어울리는 법을 배운다. 4. 남성 또는 여성으로서의 적절한 사회적 역할을 배운다. 5. 독서, 쓰기, 계산의 기본적 기술을 배운다. 6. 일상생활에 필요한 개념을 발달시킨다. 7. 양심, 도덕성, 가치기준을 발달시킨다. 8. 개인적인 독립성을 형성한다. 9. 사회집단과 사회제도에 대한 태도를 발달시킨다.
청년기	12~18세	1. 동성과 이성의 동년배 또래 사이에 새로운 그리고 지금까지보다 성숙한 관계를 만들어낸다. 2. 남성 또는 여성으로서의 사회적 역할을 획득한다. 3. 자신의 신체 모습을 받아들이고 신체를 효과적으로 사용한다. 4. 부모나 다른 어른으로부터 정서적 독립을 달성한다. 5. 결혼과 가정생활을 위해 준비한다. 6. 경제적인 경력을 대비하여 준비한다. 7. 행동의 기준이 되는 가치와 윤리 체계를 습득한다. 이데올로기를 발달시킨다. 8. 사회적 책임을 동반한 행동을 스스로 이루어낸다.
성인 전기	18~30세	1. 배우자를 선택한다. 2. 결혼한 상대와 함께 생활해가는 것을 배운다. 3. 가족을 형성한다. 4. 자녀를 키운다. 5. 가정을 관리한다. 6. 직장생활을 시작한다. 7. 시민으로서의 책임을 받아들인다. 8. 마음에 맞는 사교 그룹을 찾아낸다.
중년기	거의 30~ 60세 정도까지	1. 10대에 이른 자녀가 책임을 다하고 행복한 어른이 되도록 돕는다. 2. 성인으로서의 사회적 책임과 시민으로서의 책임을 다한다. 3. 자신의 직업생활에서 만족할 수 있는 업적을 올리고 그것을 유지해간다. 4. 성인에게 걸맞은 여가시간의 활동을 발전시킨다. 5. 자신을 한 사람의 인간으로서 배우자와 관계 맺는다. 6. 중년기에 생기는 생리적 변화에 적응하고 그것을 받아들인다. 7. 늙어가는 부모에게 적응한다.
성숙기	60세~	1. 체력이나 건강의 쇠퇴에 적응해간다. 2. 퇴직과 수입 감소에 적응한다. 3. 배우자의 죽음에 적응한다. 4. 자신과 동년배 사람과의 집단에 분명하게 들어간다. 5. 사회적 역할을 유연하게 받아들이고 그것에 적응한다. 6. 물리적으로 만족할 수 있는 생활환경을 만들어낸다.

(죽음에 대한 준비)

VIII 성숙기								통합성 대 혐오 · 절망
VII 성인기							생식성 대 자기흡수	
VI 초기 성인기					연대감 대 사회적 고립	친밀함 대 고독		
V 청년기	시간적 전망 대 시간적 전망의 확산	자기확신 대 자기의식 과잉	역할실험 대 부정적 동일성	달성기대 대 노동마비	정체성 대 정체성 확산	성적 동일성 대 양성적 확산	지도성의 분극화 대 권위의 확산	이데올로기의 분극화 대 이상의 확산
IV 학동기				생산성 대 열등감	노동 정체성 대 정체성 상실			
III 유희기		↑ (그 후 발현방법)	주도성 대 죄의식		유희 정체성 대 정체성 공상		← (그 이전의 발현방법)	
II 조기 유아기		자율성 대 수치 · 의혹			양극성 대 자폐			
I 영아기	신뢰 대 불신				일극성 대 조숙한 자기분화			
사회적 발달 / 생리적 발달	1 구순기 oral	2 항문기 anal	3 남근기 phallic	4 잠복기 latent	5 성기기 genitality	6 성인기 adult	(7 성인기 –	8 노숙기) –
중심이 되는 환경	모	부모	가족	이웃 · 학교	동료 · 외집단	애정 · 결혼	가정 · 전통	인류 · 친족
virtue 덕	hope 희망	will 의지력	goal 목표	competency 적격성	fidelity 성실	love 사랑	care 돌봄	wisdom 지혜

그림 8-7 에릭슨 정신발달이론의 점성적 원리

표 8-3 발달과제

인생단계	발달과제
영아기 (출생~2세)	1. 사회적 애착 2. 감각운동적 지능과 원시적 인과율 3. 대상의 영속성 4. 감각적 · 운동적 기능의 성숙
보행기 (2~4세)	1. 이동능력의 완성 2. 공상과 놀이 3. 언어의 발달 4. 자기제어
학동 전기 (4~7세)	1. 성의 동일시 2. 구체적 조작 3. 초기의 도덕성 발달 4. 집단놀이
학동 중기 (8~12세)	1. 사회적 협력 2. 자기평가 3. 기술 습득 4. 팀플레이
청년 전기 (13~17세)	1. 구체적 성숙 2. 형식적 조작 3. 정서 발달 4. 동료집단의 구성원 5. 이성관계
청년 후기 (18~22세)	1. 부모로부터 자립 2. 성역할 동일성 3. 도덕성 내재화 4. 직업 선택
성인 전기 (23~34세)	1. 결혼 2. 출산 3. 일 4. 생활방식
성인 중기 (35~60세)	1. 가정 경영 2. 육아 3. 직업 관리
성인 후기 (61세~)	1. 노화에 동반한 신체적 변화의 대응 2. 새로운 역할에 대한 에너지의 재방향성 3. 자기 인생의 수용 4. 죽음에 대한 견해 발달

3 영유아기에서 아동기

영아기, 유아기, 아동기 3시기의 특징과 그 대표적인 발달 측면을 대략적으로 설명한다. 가장 마지막에 이 시기에 나타나는 발달장애를 간단히 소개한다.

1. 영아기

1) 태아기 · 신생아기 · 영아기의 개요

영아기에 앞선 태아기나 신생아기에 대해 약간 설명하자면, 인간으로서 생명을 부여받은 수정란은 태내에서 약 40주간을 보내면서 인간다운 형태를 갖추고 몸 밖에서 생존할 수 있는 상태까지 성숙한다(표 8-4, 그림 8-8). 제8주부터 출생까지의 시기가 이른바 **태아기**(prenatal period)이며, 이 시기가 끝날 무렵에는 키 약 50cm, 체중 약 3,000g까지 자란다.

출생 후 일시적인 체중 감소가 관찰되며 그 회복과 탈락한 탯줄 흔적의 치유와 같은 생리적인 기준으로 신생아기를 구분하는 경우도 있다. 하지만 새로운 외부 환경에 우선 적응이 가능해지는 1개월까지를 **신생아기**(neonatal period)로 보는 것이 일반적이다. 신생아의 생활은 하루 약 80%가 수면으로 채워지며, 혼자의 힘으로 이동하는 것도, 영양을 섭취하는 것도 불가능해 부모들의 보살핌에 완전히 의존한다. 이러한 상태의 신생아를 일찍이 포트만(Portmann)은 '자궁외 태아기'나 '생리적 조산'이라는 단어로 표현하였다. 하지만 신생아는 결코 미숙하고 무력한 존재가 아니며 감각기관이 상당히 발달해 있고 행동 측면에서도 상당히 뛰어난 적응능력을 가져, 최근에는 '유능한 아기'라는 견해가 일반적이다.

신생아기 이후 1세부터 1세 반까지의 시기가 **영아기**(infancy)이다. 이 시기는 출생 후 평생 동안 가장 발달이 현저한 시기이다. 신체의 발달에서는 생후 1년간 키가 약 1.5배, 체중이 약 3배가 된다. 또 뇌의 무게도 출생 시 약 300g이던 것이 1년 후에는 약 800g이 되어 그 증가량은 약 2.7배로 두드러진다. 이러한 현저한 발달은 신체발달에 국한하지 않고 운동, 지각, 언어, 사회성 등 다양한 측면에서 관찰된다. 영아기가 끝날 무렵에는 걷기 시작하고 언어를 사용할 수 있게 된다.

표 8-4 태아기의 발달

	월수	주수	키(cm)	체중(g)	주요 특징
임신초기	1개월	최종 월경			최종 월경 제1일을 0일로 한다(WHO).
		1주			배란 수정(14일 후)
		2주			이 시기는 모체도 임신을 깨닫지 못하는 경우가 많다. 각 장기가 아직 분화되지 않았다.
		3주			
	2개월	4~7주	0.4~1.0		배아(임신 8주 미만). 주요 체외 · 체내 구조물의 원기가 발생하는 가장 중요한 시기이다.
	3개월	8~11주	2~3	4	태아(임신 8주 이후). 대체로 인간의 모습을 갖추게 되며 눈, 귀, 입이 분화한다.
	4개월	12~15주	7~9	20	성별 구별이 가능하다. 피부는 투명하고 내부 장기가 보인다.
임신중기	5개월	16~19주	16	120	지방이 피하에 침착하기 시작하고 머리카락과 손발톱이 생기기 시작한다. 태동을 느끼게 된다.
	6개월	20~23주	25	250~300	피부는 선홍색이며, 피지선이 관찰된다. 눈썹, 속눈썹이 생긴다.
	7개월	24~27주	30	600~700	피하지방의 발달이 불충분하기 때문에 주름이 많다. 이 시기에 조산한 경우 호흡기계가 아직 미숙하기 때문에 생존은 매우 어렵다.
임신후기	8개월	28~31주	35	1,000~1,200	솜털이 전신에 분포하고 머리카락은 잘 자라 있다. 폐 및 폐혈관계는 충분한 가스교환이 가능할 때까지 발육한다.
	9개월	32~35주	40	1,500~1,700	이 시기의 마지막 무렵까지 피부는 핑크색으로 주름이 없어지며 팔과 다리는 통통해진다. 32주 이상의 태아는 조산해도 생존이 가능하다.
	10개월	36~39주	45	2,000~2,500	성숙 태아가 된다. 성숙징후로서 손발톱이 손발가락 끝을 넘어 자란다. 황백색의 여드름이 코끝에만 국한해 있다. 뼈의 석회화가 충분히 이루어져 있다.
		40주	50	3,000~3,500	분만 예정일은 만 280일(40주) (및 수정 후 266일)

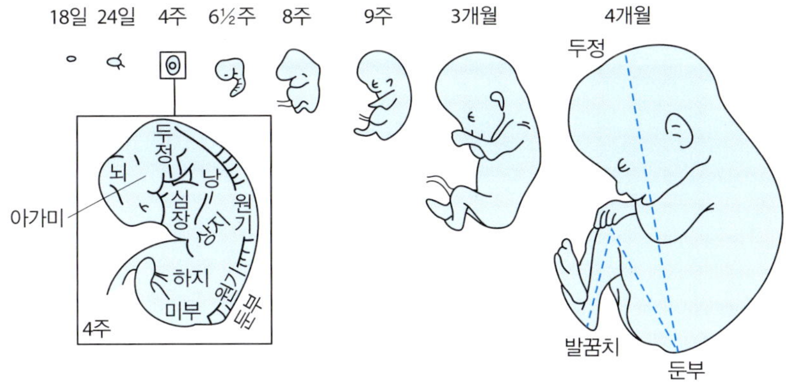

그림 8-8 태아기의 신체발달

2) 언어의 발달

신생아의 발성 행위 대부분은 울기이다. 그 울음은 내적 또는 외적 자극의 변화(배가 고프거나 기저귀가 젖는 등)를 반영한 기계적, 자동적인 것이다. 생후 1개월 무렵부터 기분이 좋을 때 등에 평온하고 조용한 발성을 하게 된다. 이러한 울음소리와는 다른 거의 같은 음높이의 발성을 초기 옹알이(cooing)라고 한다. 2개월부터 7, 8개월에 걸쳐 '맘맘마' 등 1회 발성시간의 장단이나 음높이, 조음 방법에 변화가 관찰된다. 이것이 이른바 **옹알이**(babbling)이며, 문화나 언어의 차이를 초월한 보편적인 현상이다. 첫돌을 맞이하기 조금 전 무렵에 영아는 활발하게 손가락질 행동을 하게 된다. 이것은 제삼자에게 자신이 표현하고 싶은 대상물을 손가락질함으로써 전달하려는 행동이다. 이 손가락질 행동과 거의 동시에 '맘마', '빠빠', '멍멍' 등의 의미를 가진 단어를 사용하기 시작한다. 한 단어이기는 하지만, 그 안에 다양한 의미가 포함되며, 한 단어로 의사소통이 완결되기 때문에 **1어문**이라고 한다. 1세 반 무렵에는 이른바 음성언어로서 2어문, 3어문을 말할 수 있게 된다. 예를 들어 '엄마 요리', '아빠 회사 갔어' 등이다.

3) 사회성의 발달

영아가 맨 처음으로 인간관계를 맺게 되는 사람은 주로 가족이다. 특히 양육자(보통은 엄마)와의 정서적인 유대는 그 이후의 사회성 발달에 매우 중요하다. 보울비(Bowlby)에 따르면 **애착**(attachment)이란 '다른 개체에 〈달라붙음〉으로써 안전감을 확보하려는 개인의 경향성'을 의미한다. 애착행동은 애착 대상에 대한 접근을 유지하고 접촉을 구하는 행동이다. 전조행동(울기, 미소 짓기, 소리 내기 등), 정위행동(주시, 뒤쫓기, 접근 등), 능동적 신체접촉행동(기어오르기, 끌어안기, 매달리기 등)의 범주로 분류된다. 보울비는 애착의 발달단계를 4가지로 나누었다(표 8-5).

보울비(Bowlby J., 1907~1990)

영국의 아동정신의학자이다. WHO의 위탁을 받아 시행한 시설아동 연구에서 모성적 양육 상실 개념을 주장하며 애착이론의 출발점이 되었다.

표 8-5 애착의 발달단계

단계		특징
제1단계	인물 변별을 동반하지 않는 정위와 전조행동 (출생~12주)	상대방 쳐다보기, 눈으로 쫓기, 움켜잡기, 손을 뻗기, 웃기, 옹알이하기, 사람의 목소리를 듣거나 얼굴을 보거나 안기면 울음 멈추기 등 인간 지향의 행동을 하지만, 아직 특정 인물을 식별하는 능력은 없다.
제2단계	한 사람(또는 여러 사람)의 변별 인물에 대한 정위와 전조행동 (12주~6개월)	인간 지향적인 행동은 더욱 명확하게, 더욱 빈번하게 나타내게 되며, 특히 모성적 인물에 대해 더 현저한 형태로 나타난다.
제3단계	변별 인물에 대한 전조행동 및 동작에 의한 접근 유지 (6, 7개월~2세)	엄마를 다른 사람과 확실하게 구별하고 외출하는 엄마를 따라가기, 귀가한 엄마를 기쁘게 맞이하기, 탐색활동의 기지로서 엄마를 이용하기, 낯가리기 등의 반응이 나타난다.
제4단계	목표 수정적 협조성 형성 (2세~)	엄마가 자신으로부터 독립해서 존재하는 것을 이해하고 엄마의 감정이나 행동의 목적 등을 간파하게 되며 서로 자립된 존재로서 안정적인 협조관계(파트너십)를 맺을 수 있게 된다.

2. 유아기

1) 개요

유아기(early childhood)의 아이는 상당히 활동적이며 지금까지 부모에게 의존하던 상태에서 점차 스스로 이것저것 행동하는 것을 시도하게 된다. 또 일상의 주변 사회생활에 필요한 기초적인 생활기능을 익혀가는 시기이기도 하다(표 8-6). 또한, 지적 호기심이 왕성하면서 자아가 싹터 발달하는 시기이기도 하며, 자기주장이 나타나는 반항기라고 불리는 현상이 관찰된다.

표 8-6 생활습관에 관계된 운동기능의 발달

연령	식사	수면	배설	옷 입기	청결
(세 : 월) 1:0	숟가락 사용, 컵을 잡고 마심		배변을 알림		
1:6			변의를 예고		
2:0				혼자서 벗으려고 함	
2:6	숟가락과 컵을 양손으로 사용, 식사 인사를 함		밤에 기저귀가 불필요	신발을 신음, 혼자서 입으려고 함	손을 씻음
3:0	젓가락을 사용, 대체적으로 흘리지 않음				
3:6	완전히 자립	더 이상 낮잠을 자지 않음	소변의 자립	양말을 신음, 바지를 벗음	
4:0		잠잘 때 인사를 함	대변의 자립, 자다가 소변을 싸지 않게 됨	모자를 씀, 앞 단추를 잠금, 양 소매를 통과함, 혼자서 벗음	입을 헹굼, 양치질, 얼굴을 씻음, 코를 풂, 머리를 빗음
4:6			대변의 완전 자립 (휴지 사용)		
5:0		잠옷으로 갈아입음		끈을 단단히 묶음	
6:0				혼자서 모두 입음	

2) 인지 · 사고의 발달

유아의 지각은 대상물을 객관적으로 파악하지 못해 대상물에 자신의 감정이나 인상을 개입시켜서 정의적, 표정적인 것으로 파악하는 경향이 있다. 베르너(Werner)는 이러한 지각 양식을 상모적 지각이라고 불렀다.

이 시기의 아이는 자타의 시점을 구별하기 어렵다. 타인의 시점에 서서 대상을 객관적으로 파악할 수 없으며, 자기 시점으로 중심화하게 된다. 피아제(Piaget)는 그림 8-9와 같은 '3개의 산' 문제를 사용해서 아이에게 A 지점에 있고 B 또는 C 지점에서 어떠한 풍경이 보이는지 물었다. 7~8세 아이라도 자신이 있는 지점에서 본 풍경은 올바르게 말할 수 있지만, B 또는 C의 지점에서 본 풍경도 자신이 있는 지점에서 본 풍경과 같다고 생각해버린다. 이러한 **자기중심성**(egocentrism)에 기초한 사고방식이 이 시기 아이의 큰 특징이다.

피아제(Piaget J., 1896~1980)

스위스의 뇌샤텔 출생이다. 1918년에 연체동물학 논문으로 박사학위를 취득하였다. 대학 재적 중에 자연과학과 철학을 연결하는 것으로서 심리학에 관심을 가져 아이의 지능이나 사고 발달에 관한 연구를 잇달아 발표하였다. 제네바 장자크루소연구소의 연구주임을 역임하고 발생적 인식론을 전개하였다.

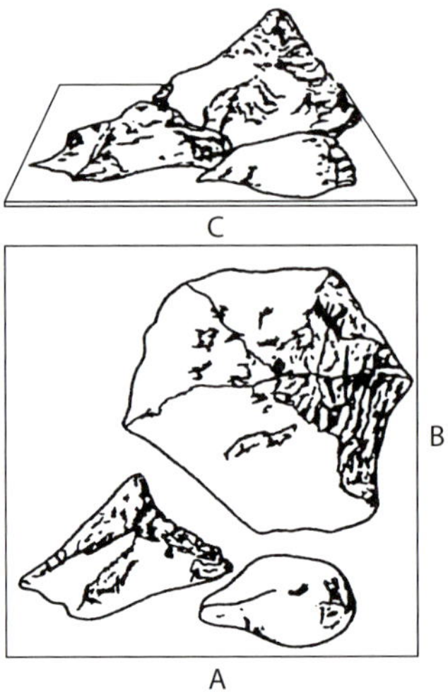

그림 8-9 3개의 산 문제

3) 사회성의 발달

영아기까지의 인간관계는 부모자식관계가 중심이었지만, 유아기가 되면 친구관계가 중심이 된다. 친구와의 놀이나 싸움과 같은 상호작용을 통해 아이는 사회성을 익혀간다.

에릭슨(Erikson)은 영아기 후반을 놀이의 시대라 부르며 '주도권을 획득하고 죄의식을 극복하는 단계'로 보았다. 이 시기의 집단놀이를 통해 자발성과 초보적인 도덕적 인식을 획득해간다.

지금까지 부모에게 순종적이던 유아가 갑자기 반항적인 태도를 보이고 자신의 요구를 관철시키려고 하거나 부모의 지시에 '싫어'하며 거부하게 된다. 또 자기 혼자서 다양한 것을 시도하며 부모가 도움을 주려고 하면 화내게 된다. 이것이 **제1반항기**이다. 자아가 싹트는 것으로, 이를 억누르는 것이 아니라 건전한 발달의 지표로서 긍정적으로 받아들일 필요가 있다. 독립 욕구를 충족하면서 사회적으로 적절한 행동 방법을 배우게 하는 것이 중요하다.

제1반항기는 자아가 싹틈

3. 아동기

1) 개요

6세부터 12세까지의 이른바 초등학교 6년간을 일반적으로 아동기(childhood)라고 부른다. 같은 초등학생이라도 1~2학년의 저학년 아동(전기)과 3~4학년의 중학년 아동(중기) 및 5~6학년의 고학년 아동(후기)에서는 심신의 발달 특징은 다르다. 아동기 전기는 유아기의 연장이며, 유아기의 특징을 남기면서도 급속도로 유아기에서 벗어난다. 아동기 중기는 심신이 모두 가장 안정된 시기이다. 아동기 후기는 청년기(사춘기)의 전조가 있으며 청년기로의 이행이 관찰된다.

아동기의 특징을 요약하면 순조롭고 평온한 성장을 이루는 시기이며, 논리적 사고가 발달하고 도덕의식에 눈뜨는 시기라고 할 수 있다.

2) 인지 · 사고의 발달

피아제(Piaget)는 사고의 발달단계를 크게 4시기로 나누고(표 8-7) 아동기의 사고를 **구체적 조작**(concrete operation) 시기로서 특징지었다. 보존과제를 예로 들어 설명해보자(표 8-8). 보존과제에서는 지각적 판단과 논리적 판단이 서로 대립하는 사태에 아이를 직면시킨다. 보존이란 물질의 양이나 무게, 길이 등은 더하거나 빼지 않는 한 겉모습이나 형태가 변화해도 같은 것을 말한다. 보존의 개념은 구체적 조작 단계가 되어 비로소 성립하며, 가역성(동일성 복원의 이해)이라는 내적인 조작에 따른다.

아동기에 획득되는 중요한 지적기능 중 하나에 **문자해독능력**(literacy)이 있다. 이른바 독서를 통해 다양한 정보를 접하며 아이가 인식하는 세계가 넓어지고 깊어진다. 자신이 흥미를 가진 일(운동이나 요리 등)에 대해 조사하거나 생각할 수 있게 된다. 더 나아가 장기나 트럼프 등의 지적 게임을 하게 되거나 말장난이나 끝말잇기 등 언어 놀이도 하게 된다.

표 8-7 피아제의 사고 발달단계이론

감각-운동기	출생~2세 무렵까지	감각과 운동적 활동을 통해 외부 세계의 사물을 인식하거나 새로운 환경에 적응한다. 아기는 빨기, 움켜잡기, 두드리기 등의 신체적인 활동을 통해 환경과 관계하며 활동을 체계화해간다.
전조작기	2~7세 무렵까지	표상적 사고가 가능해지며 외부의 자극과 직결한 인과관계의 인식이 가능해지지만, 애니미즘(animism; 무생물에 생물적인 성질을 갖게 함) 경향이나 자기중심성(egocentrism; 다른 사람도 자신과 마찬가지로 사물을 파악한다고 생각함)을 나타낸다.
구체적 조작기	7~11세 무렵까지	지각적인 특징에 좌우되지 않고 사물의 본질적인 특징을 판단할 수 있는 보존의 개념을 획득하며, 계열화나 계층구조에 의거한 분류 등이 가능해진다. 하지만 그것은 구체적인 대상이나 활동에 한정된다.
형식적 조작기	12세 이후	구체적인 사실과는 무관하게 추상적인 개념을 바탕으로 사고할 수 있게 된다. 논리적 추론이나 추상적 추론이 가능해진다. 이 시기 이후는 성인과 비슷한 사고를 하게 된다.

표 8-8 다양한 보존과제

	상등성 확정	변형조작	보존 판단
액체양	용기의 크기가 바뀌어도 그 안의 액체양은 변하지 않는다.		
		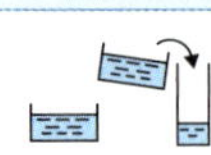 넣는다	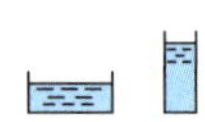
	같은 두 용기 안에 물을 같은 양만큼 넣습니다.	한쪽 물을 다른 용기에 전부 옮겨 담습니다.	자, 물은 모두 같은 양이 들어 있습니까? 아니면 어느 한쪽이 많습니까?
수	집합 내 요소의 배치가 바뀌어도 그 집합의 크기는 변하지 않는다.		
	○○○○○○○○ ●●●●●●●●	○○○○○○○○ ● ● ● ● ● ● ● ● ← 넓힌다	○○○○○○○○ ● ● ● ● ● ● ● ●
	같은 수의 흰 돌과 검은 돌이 있습니다.	검은 돌을 다시 배열하겠습니다.	자, 흰 돌과 검은 돌의 수는 같습니까? 아니면 어느 한쪽이 많습니까?
길이	물체의 형태나 위치가 바뀌어도 그 물체의 길이는 변하지 않는다.		
		 구부린다	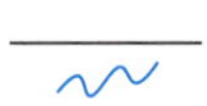
	두 개의 실은 길이가 같습니다.	한쪽 실을 뱀처럼 바꾸어보겠습니다.	자, 이번에도 두 실의 길이는 같습니까? 아니면 어느 한쪽이 깁니까?

3) 사회성의 발달

아동기의 아이는 초등학교 입학을 계기로 가정 내 수직의 인관관계에서 학교라는 새로운 사회 속에서 수평의 인간관계를 중심으로 한 생활을 하게 된다. **동료**(peer)란 자신과 나이가 비슷하고 신체적으로나 심리적으로, 사회적으로도 유사한 처지에 있는 사람들을 말한다. 동료관계는 동등성과 상호성을 갖춘 '수평' 관계이다. 이러한 동료집단 속에서 많은 것을 배워간다. 아동기 후기가 되면 마음 맞는 여러 명의 특정 친구들과 사귀게 된다. 이 시기의 이른바 '절친'이라 할 수 있는 친구는 동성인 경우가 많다.

무엇이 선이고 무엇이 악인가를 스스로 생각하고 판단하며 실행하는 것이 **도덕성**(morality)의 본질이다. 피아제는 도덕성의 발달을 어른의 구속에 의한 타율적인 도덕관에서 동료와의 협동에 의한 자율적인 도덕관으로 변화하는 것, 일방적인 존경에서 상호적인 존경으로 변화하는 것으로 파악하였다.

형제관계

부모자식의 '수직' 관계와 동료의 '수평' 관계를 모두 갖춘 '경사' 관계라고 불리기도 한다.

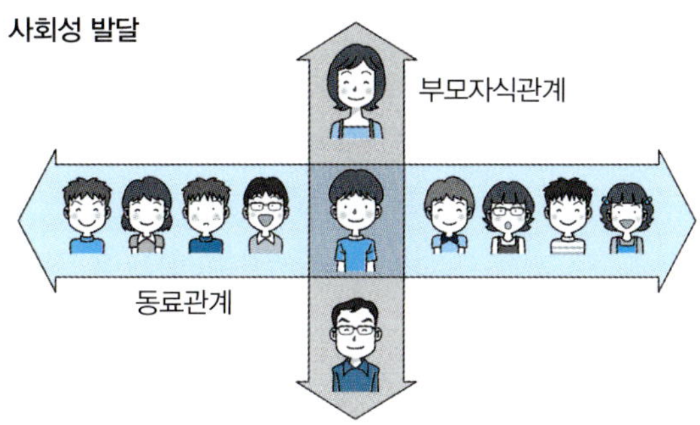

4. 신경발달장애

DSV-5에 따르면 '신경발달장애(neurodevelopmental disorder)란 발달기에 발병하는 일종의 질환이다. 이 장애는 전형적으로 발달기 조기, 종종 초중학교 입학 전에 나타나며, 개인적, 사회적, 학업 또는 직업에서의 기능장애를 일으키는 발달의 결함으로 특징지을 수 있다. 발달의 결함 범위는 학습 또는 실행기능의 제어와 같이 상당히 특이적으로 한정된 것에서부터 사회적 기능 또는 기능의 전반적인 장애에 이르기까지 다양하다'고 한다.

① 지적장애(지적발달장애, intellectual disability/intellectual developmental disorder)

진단기준에서는 인지적 능력(IQ)과 적응기능을 모두 평가하는 것에 역점을 둔다. 중증도는 IQ 수치보다 적응기능에 의해 결정된다(p.87 표 6-4 참조).

② 의사소통장애(communication disorder)

언어, 대화 및 의사소통의 결함, 언어장애, 구음장애 및 소아 말더듬이 포함된다. 또한, 언어성 · 비언어성 의사소통의 대인적 사용에 지속적인 어려움이 있는 사회적(실용적) 의사소통장애가 있다.

③ 자폐스펙트럼장애(austism spectrum disorder)

①대인 의사소통과 대인적 상호반응의 결함, ②행동, 관심, 활동의 한정적이고 반복적인 양식이라는 2가지 핵심적인 영역의 결함으로 특징지을 수 있다. 기존의 자폐성 장애(자폐증), 아스퍼거장애, 소아기 붕괴성 장애, 레트장애 및 광범성 발달장애를 포괄한다(표 8-9).

④ 주의력결핍/과잉행동장애(attention deficit/hyperactivity disorder, ADHD)

말 그대로 주의력 결핍(부주의), 과잉행동(과도한 움직임)과 충동성이 지속적으로 나타나는 상황으로, 기능 또는 발달에 방해가 된다.

⑤ 특정 학습장애(specific learning disorder)

장애의 행동적 징후와 관련하여 인지수준에서 비정상의 기반이 되는 생물학적 기원을 가진 신경발달장애이다. 글자를 읽고 판독하는 능력이 상실된 실독증(alexia), 수기호의 조작과 연산 능력이 완전히 상실된 실산증(acalculia) 등이 있다.

⑥ 운동장애(motor disorder)

DSM-5에는 다음의 운동장애가 새롭게 포함되었다.

① 서투름, 운동기능 수행의 느림과 부정확함에 의한 명백한 발달성 협조운동장애

② 반복하고, 강제되어 보이며 또 겉보기에 목적이 없는 운동행동의 상동운동장애

③ 돌발적, 급속, 반복성, 비율동성 운동 또는 발성의 틱장애

표 8-9 자폐스펙트럼장애 진단기준(APA, 2013)

A	여러 상황에서 사회적 의사소통 및 대인적 상호반응의 지속적인 결함이 있어 현시점 또는 병력에 따라 다음과 같이 나타나는 경우(다음은 일부 예임) ① 상호 대인적–정서적 관계의 결함. 예를 들어 대인적으로 비정상적인 접근법을 하거나 일반적인 대화가 불가능함, 흥미나 정서 또는 감정을 공유하기 어려움, 사회적 상호반응을 시작하거나 따를 수 없는 등이 있다. ② 대인적 상호반응에서 비언어적 의사소통행동을 사용하는 것의 결함. 예를 들어 정리되지 않은 언어적 · 비언어적 의사소통을 함, 시선을 맞추고 행동의 이상 또는 행동의 이해나 그 사용의 결함, 얼굴 표정이나 비언어적 의사소통의 완전한 결함 등이 있다. ③ 인간관계를 발전시키고 유지하며 그것을 이해하는 능력의 결함. 예를 들어 다양한 사회적 상황에 맞는 행동으로 조정하기 어려움, 상상 속의 놀이를 다른 사람과 함께 하거나 친구를 만들기 어려움, 동료에 대한 흥미 결여 등이 있다.
B	행동, 흥미 또는 활동의 한정된 반복적인 양식으로, 현재 또는 병력에 따라 다음 중 적어도 2가지가 나타나는 경우(다음은 일부의 예임) ① 상동적 또는 반복적인 신체의 운동, 사물의 사용 또는 대화(예 : 장난감을 일렬로 나열하거나 물건을 두드리는 등의 단조로운 상동행동, 반향언어, 독특한 대답) ② 동일성에 대한 고집, 습관에 대한 완고한 집착, 언어적 · 비언어적 예의의 행동양식(예 : 작은 변화에 대한 극도의 고통, 이행하기 어려움, 유연성이 결여된 사고양식, 예의와 같은 인사 습관, 매일 같은 순서를 취하거나 같은 음식물을 먹는 것에 대한 요구) ③ 대상에 대해 비정상적일 정도로 매우 한정되어 집착하는 흥미(예 : 일반적이지 않은 대상에 대한 강한 애착 또는 몰두, 과도하게 한정된 또는 고집하는 흥미) ④ 감각자극에 대한 과민함 또는 둔감함, 또는 환경의 감각적 측면에 대한 예외적 흥미(예 : 통증이나 체온에 무관심하게 보임, 특정한 소리 또는 촉감에 반대의 반응을 함, 대상을 과도하게 냄새 맡거나 만짐, 빛 또는 움직임을 보는 것에 열중함)
C	증상은 발달 조기에 존재해야 한다(하지만 사회적 요구가 능력의 한계를 넘을 때까지는 증상이 완전히 나타나지 않을 수도 있으며 그 이후의 생활에서 배운 대응법에 의해 숨겨지는 경우도 있음).
D	그 증상은 사회적, 직업적 또는 다른 중요한 영역에서 현재의 기능에 임상적으로 의미가 있는 장애를 일으킨다.
E	이들 장애는 지적장애(지적발달장애) 또는 전반적 발달지연으로는 잘 설명되지 않는다. 지적장애와 자폐스펙트럼장애는 종종 동시에 나타나며, 자폐스펙트럼장애와 지적장애의 병존 진단을 내리기 위해서는 사회적 의사소통이 전반적인 발달수준에서 유지되는 것보다 밑돌아야 한다.

주 : DSM-IV에서 자폐성 장애, 아스퍼거장애 또는 특정 불능의 광범성 발달장애 진단이 충분히 확정된 것에는 자폐스펙트럼장애 진단이 내려진다. 사회적 의사소통의 현저한 결함이 확인되지만, 그 이외에는 자폐스펙트럼장애 진단기준을 충족하지 않는 것은 사회적 의사소통장애로서 평가되어야 한다.

Chapter 09

발달(2) - 청년기 이후

학습목표

사람의 생애에 걸친 심신의 변화를 파악하고 마음의 발달과정을 이해한다.

이 장의 학습목표는 다음과 같다.

① 청년기 : 아이에서 어른으로 성장해가는 과정을 이해한다.
② 성인기 · 중년기 : 인생의 충실기와 전환기를 이해한다.
③ 고령기 : 상실과 쇠퇴, 성숙과 충실의 두 과정을 이해한다.

1 청년기

1. 개요

청년기(adolescence)는 영유아기와 함께 신체, 심리, 사회성의 각 측면에서 가장 변동이 심한 시기이다.

생물학적으로는 생식기관, 내분비계의 성숙에 동반하여 **이차성징**(secondary sexual character)이 발현하며, 이 급격한 변화는 청년의 심리를 강하게 동요시켜 불안정하게 만든다. 이러한 내적 불안정은 지적 활동을 자극하여 사고력을 비약적으로 발달시킴과 동시에 자기 내면에 대한 깊은 관심을 가진다. 또 부모를 비롯한 성인 세계의 현실을 다시금 살펴보면서 **정체성**(identity)을 확립해 나간다.

사회의 모순을 비판하고 이상을 실현하려고 하지만, 주관적, 자기중심적 색채가 강하기도 해서 좌절이나 실패도 많아진다.

이 시기에는 동성의 친한 친구나 선배뿐만 아니라 이성 친구도 사귀어 대인관계가 넓어지며 정신적 자립을 강력하게 바란다.

이러한 발달과정 속에서 때로는 적응에 실패해서 현실을 도피하는 비사회적 행동이나 사회에 적대적인 반사회적 행동이 나타나게 된다. 이 과정에서 일어나는 갈등이나 실패의 표현이 등교거부, 가정이나 학교에서의 폭력, 학업부진이나 유급 혹은 사회적 일탈행위 등의 문제행동으로 이어지기 쉽다. 또 이 시기는 조현병(정신분열증), 신경증 등 정신질환이 호발하는 연령이기도 하다.

청년기에 들어서면 자신에
대한 관심이 높아진다.

2. 어린이에서 어른으로 가는 과도기

청년기는 어린이에서 어른으로 가는 과도기이며, 사람에게만 있는 특유한 시기이기도 하다. 청년기의 시작은 급격한 신체적 발달 변화에 큰 특징이 있다. **급성장기**라는 급격한 체격의 향상과 이차성징의 발현이다. 신체적인 발달은 심리 · 사회적인 발달과 비교해서 빨리 나타나며 둘의 발달 사이에는 이 시기 특유의 차이가 존재한다.

청년은 이러한 급격한 신체적 변화를 받아들이고 어른으로서의 **신체적 자기**(신체상)를 형성해 가는데, 일반적으로 자신의 신체나 용모에 민감해져 이에 대한 고민이 생기기 쉽다. 이러한 신체에 대한 관심을 계기로 자기의 내면에 대한 관심도 높아져 내성적인 경향이 강해진다. 성적인 발달은 성적 관심을 높이기 때문에 성적 충동을 통제하고 성 역할(gender role)이나 이성에 대한 태도를 확립하는 것이 과제가 된다. 어른이 되는 과정에서 일어나는 다양한 신체적, 심리적 변화를 받아들이고 이들을 통합하여 앞으로의 전망을 세워가게 된다.

성 역할(gender role)

남녀의 생물학적 성에 부수하는 사회적인 역할로서 존재하는 성격적 특성이나 태도, 행동양식 등을 말한다.

3. 지적기능과 정서의 발달

1) 지적발달의 특징

지능의 발달을 살펴보면 지능검사 성적은 일반적으로 20~22세가 최대이며 청년기에 거의 최고 수준에 도달한다. 형식적 조작을 기초로 하는 논리적인 추상적 사고가 가능해진다. **형식적 조작**(formal operation)이란 피아제가 인지발달의 최고단계에 위치시킨 것으로, 구체적 내용에서 벗어나 추상적인 개념에 대해서도 '만일 이렇다면 이렇게 된다'와 같은 가설에서 일정한 결론으로 유도하는 가설 연역적 사고가 가능한 단계이다(p.123 그림 8-7 참조). 가치관이나 신념, 인생의 문제와 같은 추상적 문제에 대처할 수 있게 되며 내성적으로 바뀌는 것도 이 때문이다.

이러한 사고의 발달과 관련해서 예를 들어 보고들은 대로 통째로 암기하는 **기계적 기억**은 12~13세에 최대가 된 후 서서히 후퇴하여 대상을 의미 있는 것으로 체계화시켜 기억하는 **논리적 기억**이 우위가 된다.

하지만 이 시기의 사고는 논리적이면서 한편으로 이상주의적이고 현실에서 벗어난 주관적인 것이 되기 쉽다. 불합리한 것은 모두 틀리고, 자신이 옳다고 생각하면 아무리 다른 사람이 어떻게 생각하든 관습이 어떻든 절대로 옳다고 믿어버리는 경향이 있어 이것이 현실적인 어른 사회와의 충돌로 이어지기도 한다.

2) 정서의 특징

앞에서 설명했듯이 청년기는 아이에서 어른으로 가는 과도기이며 심신의 변화가 크기 때문에 대립이나 욕구좌절에 빠지기 쉽고 그로 인해 정서적 긴장감이 높아져 정서의 표출형식에도 다양한 특징이 관찰된다.

우선 정서의 표현이 격해진다. '낙엽만 굴러가도 웃는' 나이라고 하듯이 약간의 자극에 대해 과장되게 정서를 표출하거나 통제하기 어려워진다. 또 사소한 상황의 변화에 과민하게 반응해서 일희일비하거나 동일 대상에게 우월감과 열등감, 호의와 혐오, 의존과 거부 등 상반되는 정서가 나타나 일관성이 결여되는 경우가 많다. 또한, 이처럼 정서의 격렬한 표출은 사회적으로 인정되지 않는 경우도 많기 때문에 이를 의식적으로 억제하려고 하다가 **기분**으로서 지속되는 경향이 있다.

이러한 불안정한 정서로 인해 긴장이나 불안감을 내부에 가둬둘 수 없어 반사회적 행동이나 비사회적 행동으로 **행동화**(acting out)가 일어나기 쉬워진다. 청년기에 문제행동이 증가하는 것은 이 때문이다.

4. 사회적 발달

1) 자아개념과 정체성

에릭슨(Erikson, 1959)의 자아발달이론에 따르면 청년기에는 **정체성**(identity)의 통합이 과제가 된다(p.123 그림 8-7 참조). 정체성을 확립한다는 말은 '자신'의 확립이며, '나는 누구인가?', '나의 존재 의의는 무엇인가?', '나는 어디에서 와서 어디로 가는가?' 등에 대해 자신을 사회 속에 긍정적으로 위치시켜가는 것이다. 청년기에는 정체성 확립을 위해 다양한 가능성에 대해 시행착오를 할 필요가 있다. 그런 까닭에 청년기는 사회적인 책임이나 의무를 유예 받은 기간[에릭슨이 말하는 **유예기간**(moratorium)]으로 본다.

그런데 정체성은 개인이 의식하는 자신의 실체, 즉 자아개념 또는 자아의식을 기초로 형성된다. 청년기에는 급격한 성적 성숙이나 신체적 성장을 계기로 아동기까지 형성되어 온 자아개념이 흔들리고 어른으로서의 새로운 자아개념을 형성해가게 된다. 따라서 청년기는 자아개념의 전환기 또는 재구성기로 간주된다. 야마다(Yamada, 1989)는 아동기 후기부터 청년기 후기에 걸친 자아개념의 형성에 대해 20답법을 사용해서 검토하였다. 연령이 진행됨에 따라 자신의 외면적인 특징보다도 내면적인 특징에 대해 의식하게 되고, 환경 내 사물 · 사상이나 다른 사람과 자신과의 관계보다도 자신의 특성 자체를 의식하게 된다고 지적하였다. 자신의 내면으로 눈을 돌려 다양한 'ㅇㅇ로서의 자신'을 통합하여 근원적인 자신을 탐구해가는 것이다.

20답법

'나는…'에 이어지도록 해서 20개 문항의 단문을 완성시키는 방법이다. 자아의식을 조사하기 위해 자주 사용된다(p.81 참조).

2) 대인관계

청년기에는 자신은 더 이상 아이가 아니라는 의식이 강해져 정신적 자립을 몹시 바라게 된다. 부모의 전면적인 의존에서 점차 벗어나 독립된 생활을 목표로 하는 과정을 **심리적 이유**(psychological weaning)라고 한다. 심리적 이유가 진행되는 속에서 부모나 교사 등 주위 어른이나 사회적 권위, 제도나 관습에 대해 비판적이고 반항적인 태도가 강해지는 **제2반항기**가 나타난다. 이 모두는 하나의 독립된 성격을 확립하고자 하는 행동의 반영이다.

친구관계에서도 변화가 나타나 아동기까지와는 달리 서로 깊이 영향을 미치며 고민을 공유하고 서로 이해하는 정신적 유대감을 중시한 친구 선택이 이루어진다. 친구와의 관계 속에서 같은 입장에서 서로 이해하고 격려하며 심리적 안정감을 얻는 것이 중요해진다. 하지만 오늘날의 청년 중에는 많은 친구와 즐겁게 보내는 상태가 바람직하다고 생각한 나머지 대인관계에서 적당한 거리를 찾아내지 못해 **고슴도치 딜레마**(hedgehog's dilemma)로 비유되는 상태에 빠지는 사람이 있다. 일본의 NHK 여론조사부(1986)가 13~29세를 대상으로 진행한 친구와의 의사소통에 대한 조사에서는 '상대방의 사생활도 침해하지 않고 나의 사생활도 침해받고 싶지 않다(83%)', '상대방의 사생활에 깊이 관여하지 않으며 나의 사생활에도 깊이 관여하길 원하지 않는다(79%)', '대립하게 되는 화제는 피하려 한다(57%)' 등 표면적인 관계로 한정함으로써 상대방과의 거리를 유지하려는 경향이 이전부터 나타나고 있음을 알 수 있다.

심리적 이유(psychological weaning)

이 시기의 부모로부터 정신적으로 자립하는 과정을 영아기의 이유에 비유한 표현이다. 종종 부모에 대한 반항, 부모와의 갈등을 동반하며 일시적으로 부모자식관계를 불안정한 것으로 만들기도 하지만, 점차 부모와 최적의 심리적 거리를 확립해간다.

고슴도치 딜레마
다가가고 싶은 욕구도 있지만 상처받기를 두려워해서 일정 거리 이상은 다가가지 않는 심리이다.

5. 심신의 장애

앞에서도 설명했듯이 청년기는 아이에서 어른으로 넘어가는 이행기에 해당하며, 심신의 변화가 크고 불안정해지 쉽기 때문에 심신의 장애도 다양한 형태로 나타난다.

1) 학교 부적응

학교 부적응이란 어떠한 심리적 요인으로 인해 정상적인 학교생활을 할 수 없는 상태를 가리키며, 비행이나 학교폭력 등의 반사회적 행동과 등교거부 등의 비사회적 행동으로 크게 나뉜다.

등교거부는 아동기에도 관찰되지만, 청년기가 되면 증가한다. 학교생활 속에서 나은 성적을 올리거나 기대되는 역할을 해내거나 친구관계 속에서 자신의 입장을 확립하는 것이 큰 스트레스요인이 될 가능성이 늘기 때문이다. 학교에 갈 수 없다는 **일차적 반응**에 더해 두통, 복통 등의 신체증상, 가정 내 폭력이나 파괴 등의 공격행동, 밤낮의 뒤바뀜, 은둔형 외톨이와 같은 자폐적 행동 등 **이차적 반응**이 관찰된다. 학교에 갈 수 없다는 사실에만 집중하지 말고 그 배경에 있는 심리적 요인을 파악하여 스트레스에 대처하는 기술(coping skill)의 습득을 촉진하고 환경 조정을 꾀하는 등의 해결방법을 생각하는 것이 중요하다(p.62 참조).

또 대학생 등 청년기 후기 이후에는 학생 무감각증(student apathy)을 비롯한 특유의 의욕 감퇴 경향이 나타나기 쉬우며 장기 유급 등으로 이어지기 쉽다. 무기력이나 삶의 보람 상실 등은 자각되지만, 일상생활에서의 불안이나 초조, 우울 등은 별로 자각되지 않는다. 본업(학생이라면 강의에 출석해 학점을 취득하는 등)에는 큰 지장이 생기지만, 부업(아르바이트 등)에는 오히려 열심이다. 이로 인해 스스로 상담을 받거나 전문가의 조언을 구하는 일이 적다.

무감각증(apathy)
무감동, 무감정, 무관심, 감정둔마를 의미하는 무기력 상태를 말한다.

2) 정신질환

청년기를 호발연령으로 하는 마음의 질병에는 조현병(schizophrenia, p.78 참조), 신경증(neurosis, p.78 참조) 가운데 특히 불안장애(anxiety disorder)나 강박성 장애(obsessive compulsive disorder), 섭식장애(eating disorder, p.190 참조) 등이 있다.

조현병은 그 대부분이 청년기에 발병한다고 한다. 조현병은 의욕감퇴, 감정둔마(생동감 있는 감정을 잃는 것), 자폐경향 등을 기본증상으로 하며, 점차 진행되어 사고가 해체되고 기묘한 독자적인 세계에 매몰되어 고독한 생활에 빠지는 경우도 있다. 초기 증상은 청년기의 일반적인 심리적 특징과도 공통하기 때문에 정확한 진단을 위해서는 주의가 필요하다.

2 성인기

1. 개요

이 시기는 사회생활에서 일정한 지위나 기반을 확립하고 더한층 발전 및 확충될 것이 기대되며, 취직, 결혼 · 출산 · 육아, 가정이나 사회에 대한 의무 수행 등이 발달과제이다. 에릭슨은 성인기의 심리사회적 발달과제로 **생식성**(generativity)을 들었다. 이것은 말 그대로 '부모가 되는 것'과 함께 직업이나 교육을 통해 다음 세대를 돌보거나 기획 및 생산 등 창조하는 것에 대해 중심적 역할을 담당하는 의미를 가진다.

원숙함이 있는 연령대인 반면, 신체적, 정신적, 경제적으로도 직장이나 가정의 스트레스요인이 크다. 여기에 40대부터 서서히 나타나는 **노화현상**, 예를 들어 체력이나 시력 등 감각기능의 쇠퇴를 자각하게 되는 것은 심리적 문제를 일으키는 요인이 된다.

청년기가 끝날 무렵에 확립되었던 정체성도 중년기의 이러한 변화와 동반해서 장래에 대한 모색이 이루어지며 다시 전환기를 맞이한다. 오카모토(Okamoto, 1985)는 중년기의 정체성 재체제화

과정을 표 9-1의 4단계로 나타내었다.

이러한 문제와 함께 신경증, 우울증, 심신증 등의 정신적인 질병도 문제이다. 자살, 알코올의존, 약물의존도 이 시기에 많이 발생한다.

또 남성, 기업인과는 별도로 생각해야 하는 그룹은 중년 여성 및 주부이다. 양육에 관한 문제, 간병 문제 등도 정신적 불건강의 계기가 될 수 있으며 **갱년기장애**(menopausal disorder)라는 자율신경 실조상태는 대부분 심리적 요인과 맞물려 나타난다.

표 9-1 중년기의 정체성 재체제화 과정

단계	내용	
I	신체 감각의 변화 인식에 동반하는 위기기	• 체력 쇠퇴, 몸 상태의 변화를 깨달음 • 활력 쇠퇴의 인식
II	자신의 재음미와 재방향성을 위한 모색기	• 자신의 남은 인생에 대한 물음 • 장래에 대한 재방향화 시도
III	궤도수정, 궤도전환기	• 장래를 위한 생활, 가치관 등의 수정 • 자신과 대상과의 관계 변화
IV	정체성 재확립기	• 자기안정감 · 긍정감 확대

2. 신체적 변화

청년기에 마음보다 빨리 어른이 된 신체에는 마음보다 빨리 노화현상이 나타난다. 일반적으로 인간의 생리기능이 최대가 되는 시기는 20대 중반이며 성인기가 시작되는 무렵에는 이미 기능저하가 시작된다고 할 수 있다. 운동기능에 대해서도 최대일 때를 100으로 보면 30대에 약 90%, 40대에 75%, 50~60대에는 50% 정도로 저하된다고 한다. 이러한 노화현상은 중년기 이후에 명확하게 자각된다. 시력, 피로회복력, 머리카락이나 체형의 변화 등이 쉽게 자각되며, 정기검진에서 생활습관병의 징후를 지적받거나 실제로 자신이나 동연배의 가까운 사람이 질병을 체험하는 경우가 많아진다. 성인기에 나타나는 이러한 신체적 변화는 성숙과 동반하여 나타나는 '자연스러운' 변화에 더해 질병이나 생활환경의 영향에 의해 증가하는 변화도 추가되어 개인차가 커지는 것도 특징이다.

3. 직업생활

직업을 갖는 것은 경제적인 자립 수단임과 동시에 일을 통해 사회적인 역할을 맡아 책임을 다하는 것이다. 어떤 직업을 선택할지는 그 사람의 가치관이나 삶의 방식이 반영되며, 직업생활을 통해 새로운 성격의 특성이나 행동양식을 취득해가는 것이기도 하다.

청년기 후기부터 성인기 초기에 많은 사람은 직업을 선택하고 경험을 거듭하면서 직업을 통한 사회적 역할을 확립해간다. 점차 자율적으로 일을 해낼 수 있게 되어 전문성을 발휘하거나 책임이나 권한을 가지게 된다. 업무가 생활의 중심이 되며 일을 통해 **자아실현**(self-realization)을 해가는 것이 중요한 과제가 된다.

이러한 흐름 속에서 중년기 이후에는 직업생활에서도 다양한 변화가 많이 일어난다. 우선 일하는 방식이 변화된다. 관리 · 감독자로서의 방식은 부하로서의 방식과 같지 않다. 권한을 가지며 자신에게 부여된 일을 제대로 해낼 뿐만 아니라 부하 등 다른 사람의 업무에 대해 책임을 지는 지위에 놓인다. 승진 여부도 다양한 심리적 영향을 미친다. 또 부하와의 관계라는 새로운 인간관계가 생겨난다. 종신고용과 연공서열의 시스템이 붕괴되고 있는 오늘날 나이 많은 부하, 나이 어린 상사와 같은 관계가 큰 스트레스요인이 될 가능성도 높다. 해외발령이나 지방발령, 좌천, 정리해고와 재취업 등 일하는 환경에 큰 변화가 일어나는 일도 종종 있다. 머지않아 직업인으로서 가장 큰 사건 가운데 하나인 정년퇴직이 현실적으로 다가오게 된다. 우리나라에서는 '회사 인간'이라는 말이 있을 정도로 일과 자신의 생활이 일체화된 경우도 많다.

다양한 변화를 이겨내고 이러한 문제에 어떻게 대처해나갈지는 중요한 과제이다.

자아실현(self-realization)

개인 속에 존재하는 모든 가능성을 자율적으로 실현하여 스스로 사회적 사명을 달성하고 더 나아지기 위해 본래의 자신에게 향하는 것을 말한다.

직업생활
일하는 환경의 변화는 큰 스트레스요인이 될 수 있다.

4. 가정생활

성인기의 가정생활에서 나타나는 특징은 대부분의 사람이 결혼해서 새로운 가정을 꾸리고 아이를 양육하는 것인데, 이러한 상황에 점차 변화가 나타나고 있다. 통계청의 2019년도 인구동향 조사에 따르면 우리나라의 평균 초혼연령은 남성 33.37세, 여성 30.59세로 만혼화가 진행되고 있다. 출산 및 육아에 대한 의식도 크게 변화하고 있다. 표 9-2는 3세대에 걸친 여성의 양육을 둘러싼 심리적 상황을 조사한 결과이다. 현재 양육하고 있는 세대의 부모세대에서 이미 큰 변화가 나타났으며 자녀양육이 생활의 전부라고 생각하지 않게 되었다. 이러한 만혼화와 저출산 문제는 가족의 형태와 생활양식에 큰 변화를 가져오고 있다. 표 9-3은 4세대에 걸친 기혼 여성의 생활양식 모델을 나타낸 것이다. 저출산과 평균수명의 연장으로 자녀양육이 끝난 후 본인이 죽을 때까지 긴 '자녀양육 해방기'가 출현하게 되었다. 자녀가 독립한 후 정신적 고통이나 우울 상태가 나타나는 **빈둥지증후군**(empty nest syndrome)은 이 시기의 문제이다. 부모로서뿐만 아니라 한 사람의 인간으로서 어떻게 살아야 하는가도 문제가 된다.

신혼기부터 출산, 자녀의 양육, 교육, 독립이라는 여정에 동반하는 부모자식관계, 부부관계의 변화에 적응해가는 것이 중요한 과제이다.

표 9-2 기혼 여성의 심리적 상황

질문항목	A세대(%)	B세대(%)	C세대(%)
자녀양육은 뜻 깊고 훌륭하다.	74	60	40
삶의 보람과 자녀양육은 별개이다.	20	20	61
자녀양육은 여성의 의무이다.	56	51	18
자녀양육 중 왠지 모르게 화가 났다.	34	57	84
하고 싶은 일을 못해 초조해졌다.	16	37	45
세상에서 뒤처지는 느낌이 들었다.	16	37	45
육아 노이로제에 공감할 수 있다.	4	11	59

주) A세대 : 1920년대 육아　B세대 : 1940년대 초반에 육아　C세대 : 1960년대 중반에 육아

표 9-3 기혼 여성의 생활양식 (세)

	결혼	첫째 출산	막내 출산	사망
1905년생	23.1	25.5	38.0	63.5
1927년생	23.0	24.4	30.8	70.0
1959년생	25.5	26.6	29.0	81.4
1970년생	26.8	27.9	30.1	83.6

주) 이 모델의 출생년도는 1928년, 1958년, 1984년, 1996년의 평균 초혼연령에서 역산해서 설정

합계특수출생률(total fertility)

한 사람의 여성이 평생 동안 갖는 자녀의 수를 말한다.
1947년 : 4.54
1958년 : 2.11
1988년 : 1.66
2009년 : 1.37
2014년 : 1.42
2005년은 1.26이라는 최저치였다.

5. 중년기위기

앞에서 설명했듯이 중년기에는 신체적 변화나 직업, 가정 등 사회생활에서 큰 변화를 경험하는 일이 많아 심리적인 문제로 이어지기 쉬운 경향이 있다. 중년기 특유의 심리적 위험을 **중년기위기**(midlife crisis)라고 한다.

중년기위기에 나타나는 문제 가운데 특히 주목을 받는 것이 중장년 남성의 자살이다. 직업 환경, 경제 환경이 변화하는 속에서 궁지에 몰려 역할상실감이나 무력감에 사로잡혀 우울상태가 되는 경우도 적지 않다.

그 밖에도 심신증, 불안장애, 우울증, 갱년기장애에 동반하는 실조상태 등이 일어나기 쉬운데, 이 시기의 문제는 본인뿐만 아니라 가족이나 직장 등에도 영향을 미치기 쉽다.

3 고령기

1. 개요

우리나라에서는 빠른 속도로 평균수명이 연장되고 고령자를 둘러싼 사회 환경이나 고령자에 대한 가족이나 사회의 의식이 변화되면서 고령자의 심신 문제에 관심이 높아지고 있다. 우리나라의 65세 이상 인구비율은 1970년에는 3%였던 것이 2000년에는 7.2%를 넘고 2010년에는 10.79%, 2020년에는 15.7%로 큰 폭으로 증가하였다. 2025년에는 20.3%에 이르러 초고령사회로 진입할 것으로 예상된다. 이러한 고령기의 확대에 동반하여 우리나라에서는 75세까지를 전기 **고령기**, 75세부터를 **후기 고령기**, 85세 이상을 **초고령기**로 나누고 있다.

고령기에는 신체적 측면뿐만 아니라 심리사회적인 측면도 노화현상이 한층 현저해진다. 새로운 지식을 익히기 어려워지거나 새로운 사태에 대한 적응력이 저하되는 경향이 있다. 생활환경에도 변화가 일어나 사회나 직장에서의 은퇴, 그와 동반한 사회적 지위 상실, 수입 감소, 대인관계의 협소화나 가족관계의 변화, 질병 등이 발생하기 쉽다. 하지만 노화현상의 진행에는 개인차가 상당히 큰 것도 사실이다.

심신의 노화현상과 환경 변화의 영향으로 고령자의 심리는 불안, 고독, 우울에 빠지기 쉽다. 심리적인 위기 때문에 정신장애 발병률이 높아진다. 그중에서도 혈관성 치매나 알츠하이머 치매 등의 치매(p.94 참조)나 우울증 등이 대표적인 질환이다.

고령기에 안고 있는 문제는 많다.

2. 신체적 변화

중년기부터 점차 두드러지는 노화현상은 고령기가 되면 한층 더 현저하게 나타난다. 신체의 제반 기능이나 면역기능 저하로 질병에 걸리기 쉬워지고 또 회복에 시간이 걸려 만성화되기 쉬운 경향이 있다.

신체기능 중에서도 시각과 청각은 외부로부터의 정보를 받아들이기 위해 중요하다. 정보가 부정확하거나 결여되면 심리적인 불안감을 갖게 되고 이것이 심리적 위기로 이어지기 쉽다. 시각 가운데 책이나 신문 등 글자를 읽을 때의 **근거리 시력**에 대해 최대한 어느 정도 가까이까지 초점을 맞출 수 있는지를 살펴보면 40대부터 급격하게 거리가 늘어나 60세 무렵에는 80cm 정도가 된다. 또 일반적으로 시력표에서 측정되는 **원거리 시력**도 60세 무렵부터 저하가 현저해져 연령과 함께 건강시력의 출현율은 현저히 낮아진다. 청각에 대해 그 노화변화를 살펴보면(그림 9-1) 연령과 함께 청력손실이 관찰되고 특히 고음파를 알아듣기 어려워진다. 또한, 청력손실이 20dB 이상이 되면 생활에 지장이 나타나며 **난청**(hearing impairment)을 자각하는 수준이다.

데시벨(decibel, dB)

소리의 강도나 힘을 나타내는 물리학적 단위이다.

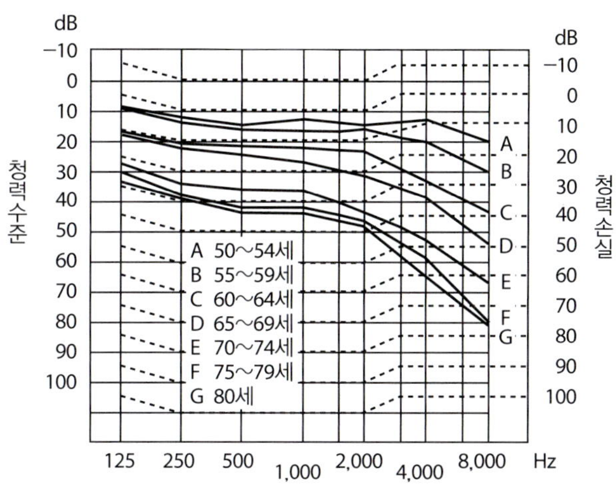

그림 9-1 정상인의 연령과 청력

3. 심리적 변화

1) 지적기능과 학습능력

고령기의 지능 변화에 대해서는 **결정성 지능**(crystallized intelligence)과 **유동성 지능**(fluid intelligence)으로 나누어 살펴볼 필요가 있다. 결정성 지능은 언어능력이나 그에 기초한 지식이나 경험, 실용적 추리 등의 인지능력과 관련이 있으며 경험, 교육, 경력 등을 반영한다. 유동성 지능은 새로운 정보를 받아들여 기억하고 필요에 따라 사용하는 정보처리나 문제해결 등의 과정과 관련이 있다(p.85 참조). 그림 6-3(p.86 참조)과 같이 유동성 지능은 성인기에는 안정적이지만, 고령기가 되면 저하된다. 한편, 결정성 지능은 60세 무렵까지 상승하며 그 이후의 저하도 완만하다.

기억의 변화에 대해 야마우치(Yamauchi, 1990)는 기억을 부호화, 저장, 검색의 3가지 과정으로 나누어 생각해보면 고령자는 부호화와 검색에 기능 저하가 일어나기 쉽다고 보았다. 특히, 기억해야 하는 정보를 제대로 장기기억에 담는 되뇌기(rehearsal)나 체제화를 위한 기억전략을 잘 수행할 수 없어 부호화에 시간이 걸린다고 지적하였다. 검색에 대해서는 재생과제(기억하는 것을 그대로 떠올림)와 재인과제(제시된 자극이 기억하는 것과 같은지를 확인함)의 성적을 비교해보면 재생과제에 비해 재인과제의 성적에는 변화가 별로 관찰되지 않는다. 저장은 제대로 이루어지고 있지만 그것을 끄집어내는 것이 어려워져 시간이 걸린다고 볼 수 있다.

2) 성격

고령기의 성격 변화에 대해서는 예전부터 부정적인 방향으로 변화한다고 지적되어 왔다. 나가시마(Nagashima, 1976)는 고령자의 성격 특징으로 ①자기중심성(고집, 완고, 융통성·유연성 결여 등), ②시기심(의심, 질투, 삐뚤어짐 등), ③보수성(신기한 것을 싫어함, 옛 습관·사고를 존중 등), ④건강염려증, ⑤푸념이 많음의 5가지를 들었다. 이미 설명했듯이 신체(특히 뇌나 감각기능)의 노화, 노화의 자각, 사회적 은퇴 등이 이러한 부정적인 방향으로 변화될 가능성은 충분히 생각할 수 있다.

하지만 이러한 부정적인 고령자의 성격관은 크게 바뀌었다. 실제 부정적인 방향으로의 변화가 거의 관찰되지 않고 연령과 함께 원숙한 안정적 성격을 형성하여 '**성공적 노화**(success aging)'라고 불리는 좋은 적응상태에 있는 경우도 많다. 시모나카(Shimonaka, 1988)는 고령자용 SCT(p.77 참조)를 이용하여 각 연령에서의 자아개념을 비교하였다(그림 9-2). 과거의 자신, 현재의 자신, 자기감정·자기성찰 항목에서는 노화와 함께 자신을 긍정적으로 받아들이는 반응이 증가하는 경향이 확인되었다. 신체적 자신에 대해서는 노화에 동반되는 변화는 거의 확인되지 않고, 미래의 자신만 부정적 방향으로 변화하고 있다. 고령자 자신은 자기를 젊은이 이상으로 매우 긍정적으로 파악하는 측면이 강조되었다.

고령자의 성격 변화
신체는 퇴화되지만 정신은 원숙하여 안정되는 경우도 있다.

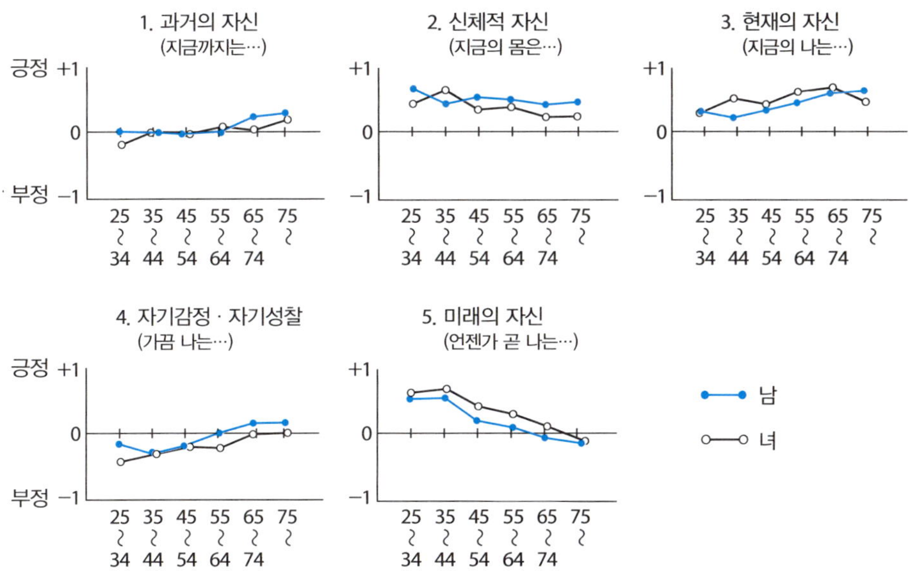

그림 9-2 자아개념의 연령 변화

4. 심신의 장애

고령기의 심리적 문제는 신체기능이나 사회 환경과의 연관성이 강한 경우가 많다. 감각기능이나 운동기능의 저하로 생활환경이 좁아져 행동이 가정 안이나 자신의 방 안으로 한정된다. 경우에 따라서는 '거동을 못하는 상태'가 되기도 하며 심리적인 적응에 큰 영향을 미친다. 뇌기능의 저하는 정신적인 질환으로 직접 이어지기 쉽다.

또 지역사회로부터의 격리나 가족과의 괴리 등에 의한 고독화도 일어나기 쉽다. 고령기의 정신질환 유병률이 젊을 때보다 높은 원인은 이러한 이유에 따른다. 뇌의 노화현상이 직접 발병으로 이어지기 쉬운 것은 치매성 질환(p.94 참조)이다. 그 밖에 우울증이나 **건강염려증**(hypochondria; 신체의 부조화나 건강상태에 집착해 강한 불안상태가 됨) 등이 고령기에 많이 발병하는 질환이다.

고령기의 우울증은 성인기까지의 우울증과는 다른 특성을 갖는 경우가 많다. 하세가와(Hasegawa, 1994)는 고령기 우울증의 특징으로 심한 불안 · 초조감, 심한 건강염려증상(미세한 신체증상이나 컨디션의 변화에 집착), 죄업망상 · 빈곤망상과 같은 망상 형성, 전신의 신체기능 저하, 의식장애 등을 동반하는 경우가 많으며, **가면우울증**(masked depression)의 형태를 취하는 경우가 많다고 지적하였다.

고령기의 정신장애는 여러 질환이 동시에 관찰되거나 다른 질환과 구별하기 어려운 증상이 나타나는 경우가 많은 점에 유의할 필요가 있다.

가면우울증(masked depression)

신체적 증상이 전면에 나타나 우울증으로서의 정신증상이 두드러지지 않는 우울증을 말한다. 전신권태감, 수면장애, 식욕부진, 통증, 두근거림 등의 신체적 자각증상이 있지만, 정신증상으로서의 우울은 없거나 있어도 깨닫지 못한다. 따라서 우울증임을 간과하기 쉽다.

Chapter 10
인간관계

학습목표

우리는 매일 다양한 사람과 만나 인간관계를 맺어간다. 사람과의 관계는 사람에게 반드시 필요한 것인데, 사람과의 관계 속에서 전개되는 행동에는 어떠한 특징이 있을까?

이 장의 학습목표는 다음과 같다.

① 사람은 다른 사람의 특징을 어떻게 파악하고 인상을 형성하는지를 이해한다.
② 자신이나 다른 사람의 행동에 대해 그 원인을 어떻게 파악하는지를 이해한다.
③ 사람을 좋아하게 되는 요인은 무엇인지를 학습한다.

1 대인지각

1. 대인지각과 인상형성

우리는 매일 다양한 사람을 만나 인간관계를 맺는다. **대인지각**(interpersonal perception)이란 인간관계를 맺을 때에 다른 사람에 대한 각종 정보를 단서로 그 사람의 성격이나 의도, 인간관계 맺는 법 등의 특징을 추론하는 작용을 말하며, 인간관계의 시작이다. 또 **인상형성**(impression formation)이란 대인지각의 주요 측면 중 하나로, 다른 사람의 얼굴이나 표정, 목소리 상태, 행동, 때로는 거짓말 등도 포함한 다른 사람으로부터 얻은 정보처럼 한정된 정보에서 다른 사람의 성격을 추론하는 것을 말한다.

우리가 처음 보는 사람을 만났을 때 매우 단편적인 정보만으로도 어느 정도 종합된 인상을 형성하는 것이 가능한 이유는 **암묵적 성격관**(implicit personality)이 있기 때문이다. 이는 사람이 막연한 형태로 품고 있는 성격에 대한 개념틀이며, 일상에서의 인상형성에 도움 되지만, 때로는 잘못된 대인지각의 원인이 되기도 한다. 혈액형에 관한 고정관념(stereotype)이나 용모편견 등의 고정관념도 하나의 예이다. 대인지각이나 인상형성에 생기기 쉬운 오류의 예로 표 10-1이 있다.

고정관념(stereotype)

전형적인 사고를 말한다. ㅇㅇ대학 학생은 우수하다거나, 공무원은 현명하다거나, 혈액형이 O형인 사람은 호쾌한 성격이라는 등 집단과 그 구성원에 대해 과도하게 일반화된 인지(신념이나 기대)를 할당하는 것을 말한다. 집단 구성원 전원이 같은 특징을 갖는다고 가정한 후 개개인을 인지하는 것이 행동을 예측하기 쉽다는 점에서 자주 사용된다.

표 10-1 대인지각이나 인상형성에 생기기 쉬운 오류

오류	내용
후광효과(halo effect)	사람을 한 번 좋다(나쁘다)고 판단하면 다른 모든 특정을 좋다(나쁘다)고 판단해버린다.
논리적 오류(logical fallacies)	일정한 특성을 가진 사람은 반드시 다른 일정한 특징도 가진다고 판단해버린다.
관대화 오류(leniency error)	다른 사람의 바람직한 특성을 더욱 호의적으로, 바람직하지 않은 특성을 그만큼 나쁘지 않다고 평가해버린다.
상정유의성	자신이 바람직하다고 생각하는 다른 사람은 실제 이상으로 자신과 매우 비슷한 좋은 특성을 가진다고 생각해버린다.
대비오류(contrast error)	자신이 가진 특성에 관련하는 다른 사람의 특성을 더욱 엄격하게 평가한다(예 : 시간에 엄격하여 절대로 지각하지 않는 사람은 시간 개념이 느슨한 사람을 엄격하게 평가한다).

2. 인상형성의 특성

인상형성은 부여된 정보의 단순한 조합으로 이루어지는 것이 아니라 단편적인 정보가 서로 영향을 미치면서 전체적인 인상을 형성한다고 판단된다.

애쉬(Asch, 1946)는 인물의 특성을 형용사 목록으로 제시하고 어떠한 정보가 인상형성의 단서가 되는지, 전체로서 어떠한 인상이 형성되는지를 연구하였다. 우선 어떤 인물의 특징에 대해 다음 예(a와 b)와 같은 두 종류의 형용사 목록으로 제시하고 형성된 인상을 비교하였다.

a. 지적인 – 쓸모 있는 – 근면한 – 따뜻한 – 결단력이 있는 – 실제적인 – 진중한
b. 지적인 – 쓸모 있는 – 근면한 – 차가운 – 결단력이 있는 – 실제적인 – 진중한

두 목록은 '따뜻한'과 '차가운'만 바뀌어 있지만, a가 좋은 인상이 형성되었다. 이 사실은 인상형성에서 부여된 각 형용사는 같은 무게를 갖는 것이 아니라 중심적인 역할을 하는 것과 그렇지 않은 것이 있음을 나타낸다. 사람은 정보 속의 중요한 부분(**중심 특성**)을 우선 주목하고, 중심 특성은 그 이외의 정보 인지에 영향을 미치면서 전체적인 인상을 형성한다. '따뜻한–차가운'처럼 **개인적 친밀감**에 관한 정보 외에 성격의 **사회적 바람직함**이나 **활동성 · 적극성**에 관한 정보가 중심 특성이 되기 쉽다.

또 다음 예(c와 d)와 같이 내용은 똑같고 제시 순서만 반대로 한 형용사 목록을 사용하여 비교한 결과 c가 좋은 인상이 형성되었다.

c. 지적인 – 근면한 – 충동적인 – 비판적인 – 완고한 – 질투가 많은
d. 질투가 많은 – 완고한 – 비판적인 – 충동적인 – 근면한 – 지적인

즉, 맨 처음 제시된 정보가 전체의 인상형성에 결정적인 역할을 하고 있음을(**초두효과**, primacy effect) 보여주며 인상형성에서 이른바 **첫인상**이 중요함을 나타낸다. 하지만 그 이후의 연구를 통해 사전에 전체적인 인상이 형성된 후에 그것과 완전히 모순되는 정보가 부여되면 처음의 인상이 파기되고 나중에 부여된 정보가 중요해진다는 **최신효과**(recency effect)도 지적되었다.

즉, 인상형성에는 정보가 의미하는 내용과 제시 순서의 작은 차이가 크게 영향을 미치며, 제삼자에게 사람을 소개할 때 등 약간의 배려가 그 사람의 인상을 크게 좌우할 가능성을 가진다.

애쉬(Asch S., 1907~1996)

폴란드 출생의 사회심리학자로, 1920년에 미국으로 건너와 프린스턴대학교 교수가 되었다.

3. 대인관계의 인지

자신과 다른 사람과의 관계나 다른 사람 간의 관계를 아는 것을 대인관계의 인지라고 한다.

위시(Wish, 1976)는 부모, 교사와 학생 등 다양한 2인 관계의 인지를 바탕으로 검토하여 대인관계의 인지는 호의적 · 협동적–경쟁적 · 대립적, 대등–비대등, 친밀적–표면적, 비공식적 · 정서적–공식적 · 과제지향적의 4가지 차원에서 이루어진다고 지적하였다.

또 하이더(Heider, 1958)는 자신(P)과 다른 사람(O), 그리고 이 두 사람과 관련한 제삼자나 사물(X)의 삼원 관계가 대인관계의 인지를 규정하는 것으로 보고 **균형이론**(balance theory)을 주장하였다. 균형이론의 **P–O–X 모델**에서 삼원 관계에는 균형 상태와 불균형 상태의 2가지가 있으며 불균형 상태에서는 삼원 관계가 불안정하기 때문에 균형 상태를 향하도록 동기부여된다고 보았다. 그림 10–1과 같이 두 사람 사이의 각 관계를 호의적 관계(+)와 비호의적 관계(−)로 나타내면 균형 상태는 3개의 부호를 서로 곱셈했을 때 플러스인 경우, 불균형 상태는 마이너스인 경우이다. 3가지 부호가 모두 플러스인 균형 상태가 가장 안정적이라고 할 수 있다. 예를 들어 자신은 축구를 좋아하고 친구는 축구를 싫어하는 경우 자신이 축구를 포기하거나, 친구가 어떻게든 축구를 좋아하게 되거나, 친구를 싫어하게 되는 등의 동기부여가 나타나 균형 상태가 되려고 한다는 것이다. 이 이론은 **태도 변화**(attitude change, p.176 참조)를 설명하는 데도 효과적이며, 뉴컴(Newcomb)의 **A–B–X 모델**이나 페스팅거(Festinger)의 **인지 부조화 이론**(cognitive dissonance theory)으로 발전하였다.

하이더(Heider F., 1896~1988)

오스트리아 출생의 미국 심리학자로, 1920년 그라츠대학교에서 박사 학위를 취득하였다. 1930년에 미국으로 건너가 1947년부터 캔자스대학교에서 교수를 역임하였고, 오늘날의 사회심리학 발전에 크게 공헌하였다.

A-B-X 모델

2명의 인물 A, B와 환경 내의 사물 X의 관계에서 AB 간에 X에 대한 태도에 차이가 존재하면 이를 해소하기 위해 양자 간에 의사소통이 발생한다고 보았다. 의사소통 행동의 발현과정을 이론화한 것이다.

인지 부조화 이론(cognitive dissonance theory)

자신의 생각과 실제 행동이 불일치하거나 2가지의 맞지 않는 사고를 가진 불협화 상태는 심리적으로 불쾌하기 때문에 사람은 이를 해소하여 어울리는 심리상태로 이행하도록 동기부여된다는 이론이다.

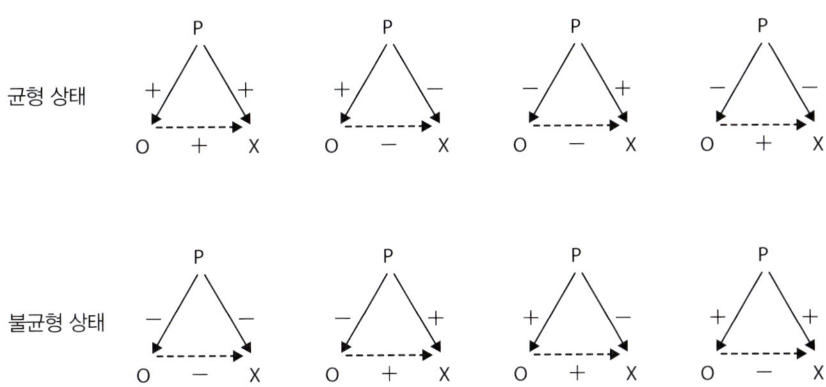

그림 10–1 하이더의 P–O–X 모델

2 귀속이론

1. 원인의 귀속

우리가 주변에서 일어나는 다양한 사건이나 자신과 다른 사람의 행동에 대해 그 원인을 추측하는 과정을 **원인의 귀속**이라고 한다.

켈리(Kelly, 1972)는 원인의 추측은 '사상의 원인은 그 사상이 생길 때 존재하며 그 사상이 생기지 않을 때는 존재하지 않는다'는 공변이론(covariation theory)을 사용하여 이루어진다고 보고, 다음과 같은 3가지의 정보 조합이 추측에 기여한다고 주장하였다. 즉, **일관성**(그 행동은 때와 장소에 관계없이 항상 일관되어 있는가?), **변별성**(그 행동은 일정 상황에서만 나타나는가?), **일치성**(그 사람의 행동은 그곳에 있는 다른 사람의 행동과 일치하는가?)이다. 3가지 기준이 모두 충족되는 경우는 행동의 원인은 환경 쪽에 있고(**외적 귀속**), 일관성의 기준만 충족되는 경우는 개인의 성격 등 내적 특성에 있다(**내적 귀속**)고 보았다. 이러한 분석은 심리학에서 자주 사용되는 통계방법인 분산분석(analysis of variance, ANOVA)(p.254 참조)과 유사하기 때문에 ANOVA 모델이라고도 불린다.

또 존스와 데이비스(Jones, Davis, 1965)는 행동을 그 사람의 내적 특성에 귀속시키는 경우에는 행동에 내적 특성이 어느 정도 직접적으로 반영되는지가 근거가 된다고 보았다. 학생의 봉사활동을 예로 들면 봉사활동이 학교의 학점으로 인정된다면 학생의 친절하고 정의감 강한 성격만으로 봉사활동을 했다고는 보기 어렵다는 것이다.

분산분석(analysis of variance, ANOVA)

어떤 변수의 수치 변동에 영향을 준다고 생각되는 요인이 종류나 범주와 같은 질적 변수일 때 이 요인의 효과 크기를 조사하기 위해 사용되는 통계적 방법의 하나이다.

2. 성공과 실패의 귀속

성공과 실패의 귀속과 관련하여 웨이너(Weiner)의 귀인이론(attributions theory, 1971)이 잘 알려져 있다. 이 이론에서는 성공, 실패에 관한 원인으로 4가지 요인(능력, 과제 난이도, 노력, 운)을 상정하고 통제의 소재(요인이 개인 내부에 있는가, 외부에 있는가), 안정성(요인이 안정적인가, 불안정하고 일시적인가)의 2가지를 조합하여 표 10-2와 같이 정리하였다. 또 이러한 귀속의 결과가 그 후의 동기에 미치는 영향에 대해서도 검토하였다. 성공의 원인을 자신의 능력에, 실패를 운에 귀속시키면 자존감이 유지되고 다음 기회에 대한 성공기대가 높아져 높은 달성 동기를 가지게 된다. 이에 반해 성공을 과제의 용이성이나 운에, 실패를 자신의 능력에 귀속시키면 자존감이 상처를 입고 다음 기회에 대한 실패 불안이 높아져 동기는 높아지지 않는다고 보았다. 또 노력에 귀속시키면 성공과 실패의 모든 경우 다음에도 노력하고자 하는 동기를 높일 수 있다. 그 후 웨이너(1979)는 이 이론을 발전시켜 통제 가능성(자기 자신이 통제할 수 있는 것은 무엇인가)을 추가하여 **표 10-3**과 같이 8가지의 원인을 나타내었다.

성공과 실패의 귀속
어디에 귀속시키는가에 따라 동기가 달라진다.

표 10-2 통제의 위치와 안정성에 따른 원인분석

통제의 소재	안정성	
	안정	불안정
내적	능력	노력
외적	과제의 난이도	운

표 10-3 통제의 소재, 안정성, 통제 가능성에 따른 원인분석

통제 가능성	내적		외적	
	안정	불안정	안정	불안정
통제 불가능	능력	기분	과제의 난이도	운
통제 가능	지속적인 노력	일시적인 노력	다른 사람의 편견	다른 사람의 지원

3 대인매력 - 호불호의 심리

다른 사람에게 느끼는 호의적 또는 비호의적인 태도를 **대인매력**(interpersonal attraction)이라고 한다. 어떠한 조건이 있을 때 사람은 다른 사람에게 호의를 느끼게 될까? 여기서는 대인매력을 규정하는 주요 조건에 대해 설명한다.

1. 근접성

근접성 효과는 집이 가깝다, 자리가 가깝다, 학번이 가깝다 등 공간적 · 물리적으로 가까운 사람에게 호의를 느끼기 쉽다는 말이다. 단순한 요인이지만, 대인관계의 초기 단계에서 자주 관찰된다.

페스팅거 등(1950)은 그림 10-2와 같이 학생 기숙사에 입주해서 처음 만난 학생이 서로 어떻게 친해지는가를 방의 위치관계로 검토하였다. 바로 옆방을 1, 1칸 건넌방을 2, 2칸 건넌방을 3으로 거리를 수치화해서 친구 선택률의 관계를 나타낸 것이 그림 10-3이다. 거리가 가까울수록 선택률이 높고 멀어질수록 선택률이 낮아짐을 알 수 있다.

공간적으로 가까운 것이 호의로 이어지는 이유에는 2가지가 있다. 첫 번째는 서로 모르는 사람 몇 명이 그곳에 있는 경우, 옆에 사람이 있는데도 일부러 멀리 있는 사람에게 움직이는 것은 부자연스럽기 때문이다. 가까이에 있는 사람에게 말을 걸면 서로에게 시간과 노력이 적게 들어 효율적으로 상호작용을 할 수 있다. 두 번째는 가까이에 있는 사람은 자연스럽게 만날 기회가 많아지기 때문이다. 자이언스(Zajonc, 1968)는 단순히 몇 번 만나기만해도 호의를 품게 된다는 **단순노출효과**(mere exposure effect)를 제창하였다. 사람은 일반적으로 미지의 사람에게는 불안감을 갖지만, 몇 번 만나는 동안에 상대방의 행동을 예측하기 쉬워지며 안심감을 갖게 되기 때문에 호의로 이어진다고도 보았다.

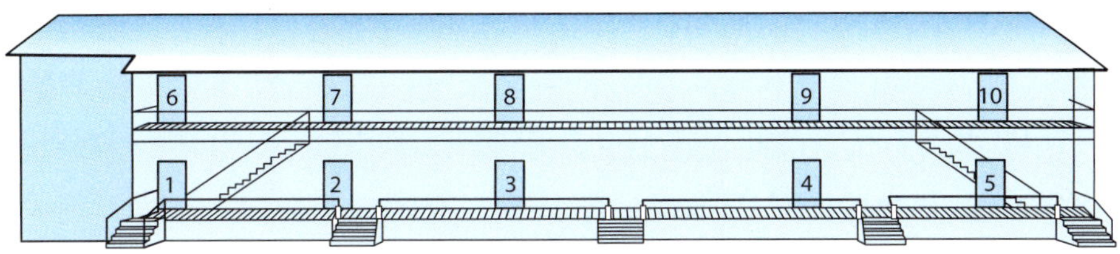

그림 10-2 학생 기숙사 개략도

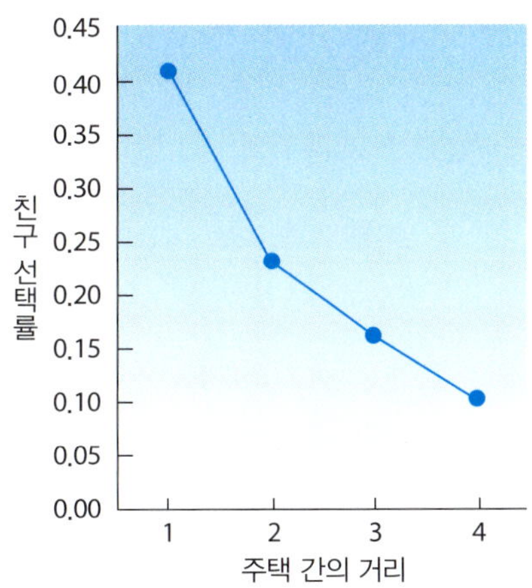

그림 10-3 주택 간의 거리와 친구 선택률

2. 신체적 매력

생김새나 용모 혹은 복장이나 화장 등도 포함한 외모도 대인관계의 초기 단계에는 대인매력의 중요한 요인이 된다. 우리는 다른 사람의 외모 호감도에 따라 그 사람의 전체적인 평가를 결정하는 경향이 있으며 '아름다운 사람은 좋은 사람이다'라는 고정관념(외모편견)을 가진다.

이러한 고정관념의 배경에는 2가지 요인이 있다. 첫 번째는 아름다운 풍경이나 꽃을 보고 감동하고 그것을 좋아하게 되는 것과 마찬가지로 외모의 아름다움도 우리에게 쾌감정을 불러일으켜 호의를 가지게 되는 것이다. 두 번째는 우리는 어릴 때부터 애니메이션이나 만화, 드라마나 영화 등을 통해 히어로나 히로인, 정의의 사도 등 바람직한 역할은 대체로 아름다운 외모를 한 인물로 그려지고, 원수나 악당 등 미움 받는 역할은 그다운 외모로 그려지는 것을 반복적으로 봐왔다. 이것이 보는 사람의 감정을 투영하기 쉽기 때문인데, 이러한 경험에서 '아름다움 = 선'으로 연결지어 학습하게 된 것이다.

신체적 매력에는 인간의 판단을 흐려지게 하는 영향력이 있음을 깨닫고 올바른 판단을 하도록 주의할 필요가 있다. 하지만 한편으로 면접 등과 같이 처음 대면하는 사람에게 잘 보여야 하는 경우에는 자신의 외모가 다른 사람 눈에 어떻게 비칠지를 배려해서 옷차림을 정돈하는 등의 **인상관리**(impression management)도 중요하다.

인상관리
외모에 현혹되어서는 안 되지만,
인상관리도 중요하다.

3. 유사성

인간관계가 약간 진전되면 자신과 상대방 간에 성격이나 능력, 가치관이나 의견, 태도 등이 어느 정도 유사한가 하는 상대방의 내면적인 특성에 대한 정보가 대인매력에 영향을 미치게 된다.

대인매력에서 특히 중요한 것은 태도의 유사성이다.

왜 태도의 유사성이 호의로 이어지는 것일까? 우리는 자신의 의견이나 행동의 정당성이 지지받기를 바란다. 취미나 기호가 같은 사람이나 일치한 의견을 가진 사람은 자신에게 동의해줄 가능성이 높다. 동의해주는 사람이 있으면 우리는 자신이 올바르다는 것을 확인할 수 있으며 이러한 사람의 존재는 안심감 등 강한 쾌감정을 일으킨다. 예를 들어 어떤 과목의 시험 전날 밤에 시험 범위의 70% 정도밖에 공부를 못했다고 하자. 다음날 아침 등교해서 누구에게 말을 걸게 될까? 완벽하게 공부했을 법한 사람이나 전혀 공부하지 않았을 법한 사람이 아니라 아마 자신과 비슷한 정도만 공부했을 법한 사람에게 말을 걸 것이다. '자신이 70%밖에 공부하지 않은 것'의 타당성을 확인하는 행동이며, 자신은 그것이 가능한 사람을 친구로 선택한다.

또 하이더(Heider)의 균형이론(p.156 참조)으로도 설명할 수 있다. 대상(사물 · 사상이나 제삼자)에 대해 일치하여 긍정적 태도 또는 부정적 태도를 갖는 상대방에게 호의를 가지면 삼원 관계를 나타내는 기호의 곱이 플러스가 되므로 균형 상태가 성립된다.

다만, 자신과 다른 사람이 너무 비슷하면 자신의 '독자성'이 위험해지기 때문에 오히려 역효과가 있다는 지적도 있다.

4. 승인 – 자신에 대한 평가

다른 사람으로부터 좋은 평가를 듣고 자신의 가치를 승인받으면 우리는 이러한 평가를 해준 다른 사람에게 호의를 가지게 된다. 사람은 자신을 긍정적으로 평가하고 자신의 존재를 인정받고 싶어 하는 욕구를 가진다. 자신에 대한 다른 사람의 좋은 평가는 이러한 욕구를 채워주기 때문에 자신에게 호의적인 다른 사람을 좋아하기 쉬운 **호의의 호혜성**(reciprocity)이 있다.

그런데 이러한 평가가 처음부터 끝까지 일관하는 경우와 평가가 도중에 변화하는 경우에는 호의의 형성에 변화가 있는가를 아론슨과 린더(Aronson, Linder, 1965)가 실험하였다. 피험자가 자신에 대한 평가를 우연히 듣게 되는 장면을 설정하고, 나중에 피험자를 평가했던 사람에 대한 호의도를 측정한 결과(표 10-4), 가장 호의도가 높은 것은 일관되게 좋게 평가한 경우가 아니라 나쁜 평가에서 좋은 평가로 바뀐 경우였다. 또 가장 호의도가 낮은 것은 일관되게 나쁘게 평가한 경우가 아니라 좋은 평가에서 나쁜 평가로 바뀐 경우였다. 좋은 평가의 획득이나 손실이 호의에 더 큰 영향을 나타냄을 알 수 있다(**획득-손실효과**).

표 10-4 상대방의 평가와 그 사람에 대한 호의도 순위

호의도 순위	평가의 변화
1	나쁨 → 좋음
2	좋음 → 좋음
3	나쁨 → 나쁨
4	좋음 → 나쁨

호의의 호혜성

Chapter 11
집단

학습목표

우리는 가족, 학교, 직장 등 다양한 집단에 소속해 있다. 사람은 집단 속에서 어떻게 행동할까? 또 집단은 사람에게 어떠한 영향을 미칠까? 집단의 특성과 집단 속에서 사람의 행동 특징에 대한 깊은 이해가 필요하다.

이 장의 학습목표는 다음과 같다.

❶ 집단의 특징에는 무엇이 있는지를 이해한다.
❷ 리더십이란 무엇이고, 효과적인 리더십이란 무엇인지를 이해한다.
❸ 집단이 사람의 행동에 미치는 영향에는 무엇이 있는지를 학습한다.

1 집단의 심리

1. 집단의 특성과 구조

집단(group)은 '2명 이상의 사람들에 의해 형성되는 집합체'로 정의된다. 또한, 다음과 같은 특징을 가진다.

① 집단 구성원 간의 의사소통 등 지속적인 상호작용이 있다.
② 구성원에게 공통의 목표와 그 목표달성을 위한 노력관계가 존재한다.
③ 지위나 역할이 분화되어 있다.
④ 구성원이 경험이나 가치관을 공유하고 규범의 형성이 관찰된다.
⑤ 구성원이 그 집단에 대한 소속의식을 가진다.

인간이 집단을 형성하는 이유는 다음과 같다.

① 집단에 의해 개인으로는 불가능한 과제 수행이 가능해진다.
② 협동 및 분업에 의해 과제수행이 더 효율적이다.
③ 혼자라는 불안을 줄이고 친화욕구를 충족할 수 있다.

집단의 대표적인 분류 중 하나에 공식집단과 비공식 집단이 있다. **공식집단**(formal group)은 어떠한 목표달성을 위해 구성원을 모아서 만들어진 집단으로, 구성원은 목표달성을 위한 효율적인 역할행동의 분담과 책임 수행을 위해 일정한 절차에 따라 배치된다. 기업이나 관공서의 조직이 그 예이다. 한편, **비공식 집단**(informal group)은 구성원의 개인적인 감정이나 욕구에 바탕하여 자연발생적으로 형성되는 집단이다. 친구, 동료 집단이 이 대표적인 예이다. 원래 공식집단인 기업 조직 내에도 자연발생적으로 비공식 집단이 형성되며, 때로 강력한 힘을 가지고 공식집단의 기능을 촉진하거나 방해하기도 한다.

사람은 보통 사회생활 속에서 여러 집단에 소속하게 되는데, 이들 집단 가운데 개인의 의견이나 태도, 행동 등 판단의 근거가 되는 **준거기준**(frame of reference)을 제공하는 집단을 **준거집단**(reference group)이라고 한다. 준거집단은 일반적으로 가족, 친구 등의 주변 집단이나 학교, 직장 등의 소속집단인 경우가 많다.

공식집단 비공식집단

2. 집단규범

집단 내에는 구성원으로서 서로 기대되는 판단 기준이나 행동양식이 있다. 이것을 **집단규범**(group norm)이라고 한다. 집단규범은 교칙이나 사칙처럼 명문화되는 경우도 있고, 구성원끼리 암묵적인 규칙으로서 존재하는 경우도 있다. 집단규범에 따라 구성원이 행동함으로써 집단으로서의 활동은 원활하게 전개된다. 하지만 어떤 구성원이 규범에서 벗어난 행동을 하려고 하면 그 행동을 억제하려고 직접적, 간접적으로 압력을 가하는 경우도 있다.

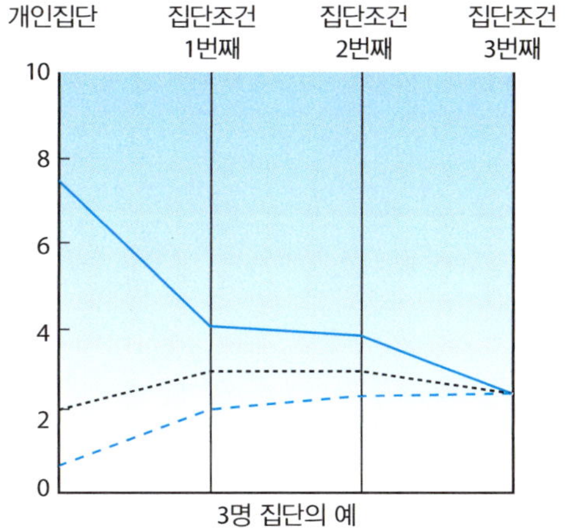

그림 11-1 광점의 이동거리

집단규범의 형성에 대해 셰리프(Sherif, 1935)는 자동운동[어두운 곳에서 광점을 바라보고 있으면 그것이 움직이는 것처럼 보이는 현상(p.14 참조)] 실험을 이용하여 제시하였다. 3명의 피험자에게 개인별로 이동거리를 보고하게 한 경우보다도 3명이 함께 보고하게 한 경우가 횟수를 거듭할수록 거리의 불균형이 줄어들어 판단이 일치해간다(그림 11-1). 집단 속에서 개인의 판단과는 다른 공통의 기준이 완성되어 감을 알 수 있다. 집단규범은 어떠한 집단에든 존재하지만, 앞에서 설명한 준거집단에서는 집단규범의 압력이 구성원인 개인에게 더 강력하게 작용한다고 할 수 있다.

3. 집단응집성

집단응집성(group cohesiveness)은 구성원을 자발적으로 집단 내에 머무르게 하도록 작용하는 힘의 총체를 말한다. 집단응집성을 높이는 요인에는 다음과 같이 다양한 것이 있다.

① 개개의 구성원이 집단 전체나 다른 구성원에게 느끼는 매력도가 높다.
② 구성원 간의 태도나 가치관에 유사성이 높다.
③ 구성원 간의 활발한 상호작용에 의해 상호 이해 및 수용이 진행된다.
④ 집단의 목표가 매력적이다.
⑤ 집단의 크기(인수)가 적당하다.
⑥ 집단 내의 역할분담이 잘 이루어진다.

집단응집성이 높으면 구성원은 그 집단에 소속하는 것에 가치를 찾으며 과제 수행에 대한 동기가 높아져 결과적으로 만족감도 높아진다. 하지만 한편으로 집단의 질서를 파괴하기 두려워 비판이나 대립을 피하는 경향이 높아져 집단 활동에 유연성이 결여되는 경우도 있다.

집단응집성
집단의 목표에 매력이 있으면 사람이 자연스럽게 집단 내에 머무른다.

2 리더십

1. 리더십

리더십(leadership)이란 집단의 목표달성이나 유지 및 강화를 위해 집단 구성원에 의해 이루어지는 영향력의 행사 과정을 말한다. 일반적으로는 집단의 리더가 구성원(팔로어)에게 발휘하는 영향력을 가리키는 경우가 많다.

리더십은 처음 '뛰어난 리더는 어떠한 특성을 가지는가?'를 탐구하는 **특성론적 접근**에 의한 연구가 활발히 이루어졌다. 대부분의 뛰어난 리더에게 어느 정도 공통된 특성으로서 지능이나 학식, 책임감, 활동성 및 사교성, 상황 판단력 등이 지적되었다. 하지만 예를 들어 봉사활동의 리더, 기업 경영자 혹은 야구팀 감독은 각각 요구되는 리더로서의 특성이 반드시 같지는 않다. 또는 하나의 집단에 여러 리더가 나타나 각자가 역할을 분담하는 경우도 있다.

그래서 다음으로 '뛰어난 리더는 어떠한 행동을 취하는가?'를 탐구하는 **행동론적 접근**이 이루어졌고, 나아가 집단의 특성이나 집단이 놓인 상황을 고려하여 검토하는 **상황론적 접근**이 활발하게 이루어지게 되었다. 여기서는 리더십이론 가운데 PM 이론과 우연성 이론에 대해 설명한다.

2. PM 이론

미스미(Misumi, 1984)가 제창한 PM 이론(PM Theory)에서 리더로서의 기능은 ①집단의 목표달성을 위해 계획을 세우거나 구성원에게 지시와 명령을 하는 **P 기능**(목표달성, performance function)과 구성원을 이해하고 집단 내에 우호적인 분위기를 만들어 집단의 단결을 유지 및 강화하는 **M 기능**(집단유지, maintenance)의 2가지로 구성된다고 보았다.

P 기능을 가로축에 M 기능을 세로축에 조합시켜 각각의 강약을 생각하면 그림 11-2와 같이 리더의 행동패턴을 4가지 유형으로 나눌 수 있다.

2가지 기능이 원래 강한 PM형, P 기능이 강하고 M 기능이 약한 P형, M 기능이 강하고 P 기능이 약한 M형, 2가지 기능이 모두 약한 pm형이다. 일반적으로 구성원의 의욕이나 만족도 및 과제수행의 효율이나 생산성은 PM형이 가장 높고 pm형이 가장 낮다고 한다.

리더십의 유형
리더에게는 2가지 기능이 있다.

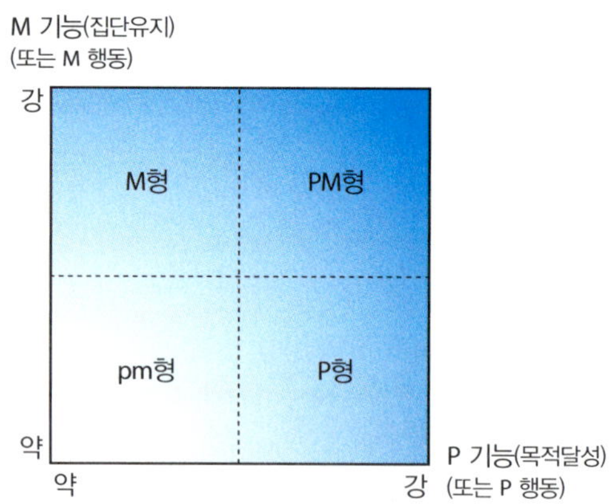

그림 11-2 PM 이론에서 리더십의 유형

3. 우연성 이론

우연성 이론(contingency theory)은 피들러(Fiedler, 1967)가 제창하였다. 최적의 리더십은 리더나 집단을 둘러싼 환경에 의해 변화한다는 이론이다.

피들러는 '함께 업무하는 경우 가장 불편한 업무 동료'(LPC)에 대해 18항목으로 구성된 LPC 척도(표 11-1)로 인물을 평가하게 해서 LPC 점수를 산출하고 이 LPC 점수를 리더십 스타일의 지표로 삼았다. LPC 점수 산출은 18항목의 평가치를 합계한다. 이 점수가 소속하는 집단의 평균치보다 높은 사람을 '고LPC 리더', 낮은 사람을 '저LPC 리더'라고 한다. 고LPC 리더는 불편한 업무 동료에게도 너무 엄격한 평가를 하지 않고 최대한 좋은 관계를 유지하려고 하는 **관계동기형 리더**이다. 저LPC 리더는 불편한 업무 동료를 엄하게 평가하며 때로 상대방과의 관계를 무시해도 과제 수행을 가장 중요시하는 **과업동기형 리더**이다.

적절한 리더십을 규정하는 리더나 집단의 상황요인으로는 ①리더와 구성원의 관계, ②업무의 목표나 수행을 위한 절차가 명확한가 하는 과제의 구조화 정도, ③리더의 지위세력의 3가지를 들었다. 이 세 요인은 조합되어 리더에게 가장 유리한 상황 1에서 가장 불리한 상황 8까지 8가지 상황이 구성된다(그림 11-3). 리더에게 집단을 통제하기 쉬운 유리한 상황과 반대로 불리한 상황에서는 저LPC(과업동기형) 리더가, 중정도로 유리한 상황에서는 고LPC(관계동기형) 리더가 효율적으로 높은 업적을 올릴 수 있음을 알 수 있다. 이처럼 2가지 리더십 스타일의 효과성은 집단이 가진 조건에 따라 달라진다.

표 11-1 LPC 척도

즐거움	8	7	6	5	4	3	2	1	즐겁지 않음
우호적	8	7	6	5	4	3	2	1	비우호적
거부적	1	2	3	4	5	6	7	8	수용적
긴장	1	2	3	4	5	6	7	8	이완
소원	1	2	3	4	5	6	7	8	친밀
차가움	1	2	3	4	5	6	7	8	따뜻함
지속적	8	7	6	5	4	3	2	1	적대적
지루함	1	2	3	4	5	6	7	8	재미있음
논쟁적	1	2	3	4	5	6	7	8	협조적
음기	1	2	3	4	5	6	7	8	양기
개방적	8	7	6	5	4	3	2	1	폐쇄적
겉과 속이 다름	1	2	3	4	5	6	7	8	충실한
신뢰할 수 없음	1	2	3	4	5	6	7	8	신뢰할 수 있음
보람이 있음	8	7	6	5	4	3	2	1	보람이 없음
더러움(비열함)	1	2	3	4	5	6	7	8	깨끗함(훌륭함)
느낌이 좋음	8	7	6	5	4	3	2	1	느낌이 나쁨
성실하지 않음	1	2	3	4	5	6	7	8	성실함
친절함	8	7	6	5	4	3	2	1	친절하지 않음

LPC(least preferred co-worker)

리더의 리더십 스타일 지표로서 피들러가 고안한 대인지각 경향성의 변수를 말한다.

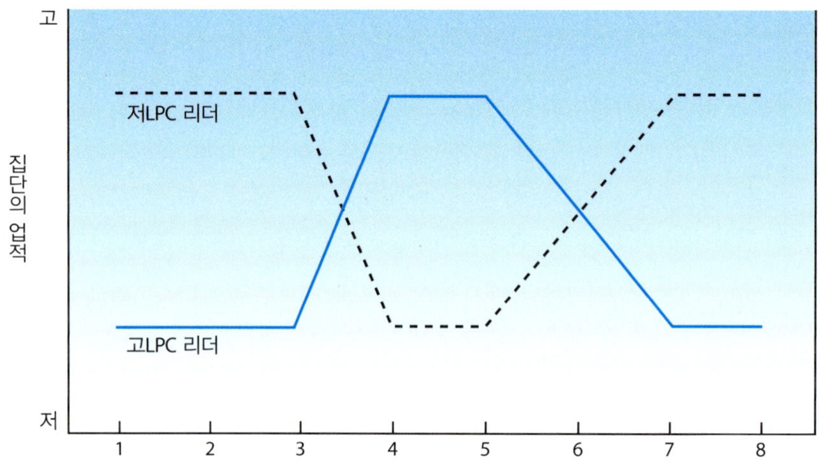

	1	2	3	4	5	6	7	8
리더와 구성원의 관계	좋음	좋음	좋음	좋음	다소 나쁨	다소 나쁨	다소 나쁨	다소 나쁨
과제의 구조화	구조적	구조적	비구조적	비구조적	구조적	구조적	비구조적	비구조적
리더의 지위세력	강함	약함	강함	약함	강함	약함	강함	약함
	유리한 상황 (고통제)			다소 유리한 상황 (중통제)			불리한 상황 (저통제)	

그림 11-3 리더의 LPC 점수와 8가지 집단상황의 연관성

3 사회적 영향

1. 사회적 촉진과 억제

혼자 공부하기보다도 주위에 사람이 있는 도서관에서 공부하는 편이 능률이 오르거나 동료와 여럿이서 식사하면 평소보다 식욕이 늘거나 한다. 이처럼 개인이 어떤 과제를 수행할 때 다른 사람의 존재 여부에 따라 행동이 촉진되는 현상을 **사회적 촉진**(social facilitation)이라고 한다. 또 업무의 종류에 따라서는 반대로 다른 사람이 존재함으로써 과제 수행이 억제되는 현상도 있으며 이를 **사회적 억제**(social inhibition)라고 한다. 사회적 억제는 복잡한 계산을 하거나 익숙하지 않은 용어를 암기하는 등 복잡한 과제나 경험해본 적 없는 과제를 수행하는 경우에 일어나기 쉽다.

이러한 현상이 일어나는 이유는 옆에 다른 사람이 있음으로써 개인의 각성수준(생리적인 흥분 정도)이 상승하는 것과 관련이 있다. 즉, 각성수준의 상승은 어떤 상태에서 가장 일어나기 쉬운 반응(우위반응이라고 함)을 쉽게 일으킨다. 우위반응은 단순한 과제나 익숙한 과제를 할 경우 과제 달성으로 이어지는 행동이며, 복잡한 과제나 익숙하지 않은 과제를 수행할 경우 과제 달성에는 부적절하거나 잘못된 행동이라는 것이다.

또 다른 사람의 존재뿐만 아니라 그 다른 사람이 자신의 행동에 대해 긍정적 또는 부정적인 결과를 예기시키는 존재일 경우 영향력은 더 커진다.

사회적 촉진
주위에 사람이 있어야 공부가 순조롭게 잘 되는 경우가 있다.

2. 사회적 태만

집단으로 협동 작업을 할 때 구성원 한 사람당 노력량이 혼자서 작업할 때의 노력량보다 저하되는 것이 **사회적 태만**(social loafing)이다. 일반적으로는 인원수가 많아질수록 사회적 태만 정도는 심해진다. 라타네(Latane) 등(1979)은 집단의 인원수를 달리하여 방음실에서 큰 소리를 내거나 박수를 치게 하면 인원수가 많아질수록 각 개인이 내는 목소리나 소리의 크기가 작아진다는 사실을 제시하였다. 사회적 태만이 일어나는 이유에는 많은 사람이 작업하면 혼자서 작업하는 경우와 비교하여 ①최대한 열심히 해야 한다는 개인에 대한 압력이 줄어들고, ②집단 전체의 성과에 개인의 노력량이 어느 정도 관여하는지 그 연관성을 파악하기 어려워지기 때문이다.

인원수가 적으면 개인의 노력량은 크다. 집단이 되면 개인의 노력량은 작아진다.

3. 동조

집단 속에는 집단규범이 형성되며, 집단 구성원은 집단규범에 따라 행동하도록 기대를 받는다. 사실은 이미 앞에서 설명하였다. 집단 구성원이 일정한 판단을 하려고 할 때 개인이 자신의 판단에 확신을 가지더라도 다른 다수 구성원의 판단에 영향을 받아 판단을 바꾸는 경우가 있다. 집단 속의 다수파에 의해 소수파의 의견이나 행동을 집단규범에 일치하는 방향으로 변화시키려는 압력이 작용하는데, 이러한 변화를 **동조**(conformity)라고 한다.

동조에 대해서는 애쉬(Asch, 1955)에 의한 유명한 선분 길이의 판단실험이 있다. 애쉬는 그림 11-4와 같은 자극을 제시하고 왼쪽 그림과 같은 길이의 선을 오른쪽 그림에서 고르게 하였다. 실험은 여러 명의 그룹으로 이루어지는데, 피험자 한 사람을 제외하고 다른 참가자는 실험 협조자이다. 실험 협조자는 순서대로 일부러 잘못된 답을 보고하고 맨 마지막에 피험자가 보고한다. 혼자서 판단하면 대부분 오류가 일어나지 않는 단순한 과제임에도 불구하고 판단수의 약 1/3이 오답이며 자신의 판단을 전혀 바꾸지 않았던 피험자는 1/4에 불과하였다. 하지만 실험 협조자 중 한 사람이 올바른 판단을 표명하면 잘못된 판단이 다수파라고 해도 동조는 일어나기 어려워진다. 자신과 같은 판단이나 행동을 하는 아군이 한 사람이라도 나타나면 집단규범에서 벗어난 행동이라도 취하기 쉬워지는 것이다.

이러한 집단은 다수파의 의견에 동조하여 지배되는 경우가 많지만, 때로는 소수파가 전체에 큰 영향을 미치기도 한다. 이것을 **소수의 영향**이라고 하는데, 확신을 가진 소수파가 일관된 판단을 계속 나타낼 때 집단 전체에 영향력을 미치며 집단규범이 바뀌기도 한다.

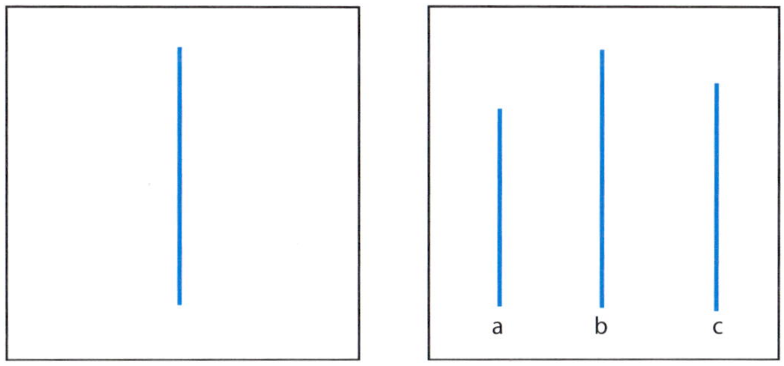

그림 11-4 애쉬의 실험에서 사용된 판단자극의 예

4. 태도

1) 태도와 그 기능

사람의 행동을 규정하는 중요한 요인 중 하나에 태도가 있다. **태도**(attitude)는 일상적으로는 '태도가 건방지다', '친근한 태도' 등과 같이 밖으로 나타나는 행동의 특징을 가리키는 경우가 많다. 심리학에서는 특정 대상에 대해 나타나는 호의 및 비호의의 감정을 기초로 한 개인 내부의 경향성을 말한다. 로젠버그와 호블랜드(Rosenberg, Hovland, 1960)는 태도를 구성하는 요소로서 다음 3가지를 들었다.

① 인지 성분 : 좋다–나쁘다, 바람직하다–바람직하지 않다 등의 가치판단

② 감정 성분 : 좋다–싫다, 유쾌–불쾌 등의 감정

③ 행동 성분 : 접근–회피, 지원–공격 등의 행동

또 카츠(Katz, 1960)는 태도의 기능을 다음의 4가지로 들었다.

① 적응기능 : 욕구를 만족시키거나 목표를 달성하기 위한 도구로서 작용한다. 예를 들어 취직을 희망하는 회사의 면접에서 회사에 대한 적극적인 호의나 입사를 희망하는 명확한 의사를 표명함으로써 채용 고지를 받아 만족한다.

② 자아방위기능 : 자신에게 위협을 주는 것이나 불쾌한 것에 대해 부정이나 거부의 태도를 표명함으로써 자신을 방어하거나 자존심을 지킨다.

③ 가치표현기능 : 자신의 중심적 가치를 표명함으로써 어떠한 사람인지를 나타낸다. 예를 들어 환경보호주의자가 유기농 채소를 고집하거나 브랜드를 좋아하는 사람이 특정 브랜드만 입는다.

④ 지식기능(이해기능) : 환경을 이해하기 위한 판단기준이나 준거틀로서 작용한다.

2) 태도 변화

태도는 대체로 일관적이고 지속적이지만, 새로운 경험을 통해 얻은 정보에 따라 변화한다. 이러한 새로운 정보는 자신의 행동으로 획득되기도 하지만, 다른 사람의 작용에 의한 **설득**(persuasion)으로 획득되기도 한다. 설득을 목적으로 이루어지는 언어적 작용(**설득적 의사소통**)의 효과에는 다음과 같은 요인이 있다.

(1) 효과적인 설득자

완전히 똑같은 내용의 메시지라도 신빙성이 높은 제공자로부터 보내온 메시지가 태도 변화가 크다. 메시지의 신빙성에 영향을 미치는 것은 ①전문성(제공자가 전문적 지식을 가짐), ②신뢰성(제공자의 성격을 신뢰할 수 있고 그 사람의 정보를 신뢰할 수 있음), ③권위(제공자의 사회적 지위, 직함 등에 가치가 있음), ④매력 및 호의(제공자에게 매력이 있고 호의를 가짐) 등이며, 메시지를 받는 사람이 이를 종합적으로 판단하게 된다.

TV 광고는 받아들이는 사람이 그 상품에 흥미를 가지고 구입하도록 태도 변화를 꾀하는 설득의 하나이다. 예를 들어 치약 광고에 치과의사를 기용하는 이유는 전문성을 이용하기 위해서이고, 인기 있는 연예인이 여러 개의 광고에 출연하는 이유는 이 사람의 매력 및 호의가 효과적이라고 판단하기 때문이다.

효과적인 설득자
신뢰성 높은 제공자가 보내는 메시지는 받는 사람에게 효과적으로 전달된다.

(2) 메시지 제시방법

① **일면적 메시지**(one-sided message)**와 양면적 메시지**(two-sided message)

일면적 메시지란 설득하려고 하는 내용만 제시하는 메시지이고, **양면적 메시지**란 설득하려고 하는 내용의 반대요소도 함께 제시하는 메시지이다. 메시지를 받아들이는 사람의 태도가 제공자와 반대일 때, 받아들이는 사람이 이미 어느 정도 지식이나 정보를 가지고 있을 때, 받아들이는 사람이 메시지를 받은 후 역방향의 설득을 받을 가능성이 있을 때 등에는 양면적 메시지를 제시하는 것이 더 효과적이다.

② **공포 소구**(fear appeal)

'메시지를 받아들여 태도를 바꾸지 않으면 큰 일이 생긴다'며 받아들이는 사람에게 공포심을 불러일으키는 제시 방법이다. 안전운전을 시키기 위해 비참한 교통사고현장의 영상을 보여주는 것 등이 좋은 예이다. 다만, 공포가 강하다고 태도 변화가 커지는 것은 아니다. 받아들이는 사람이 메시지에 대해 확실한 **자아관여**(ego involvement)를 가진 경우 너무 강한 공포는 설득에 역효과가 나기도 한다. 예를 들어 보통의 학생에게 '강의에 결석하면 학점을 받을 수 없다'고 하면 출석을 유도하는 효과를 가지지만, 거의 유급이 결정된 학생에게 이러한 메시지를 보내면 오히려 불안감을 더 높이거나 반발을 초래하기만할 뿐 출석을 유도하지는 못한다. 일반적으로 중정도의 공포 소구가 효과적이라고 한다.

자아관여(ego involvement)

개인이 어떤 문제나 인물 등에게 심리적으로 깊이 관여하고 있는 상태를 말한다. 대상이 자신의 중심적 가치와 일치거나 대상과의 동일시가 이루어진 경우에 자아관여가 생겼다고 말한다.

공포 소기

(3) 설득의 기술

① 면전에서 문 닫기 기법(door-in-the-face technique; **양보적 설득**)

처음에는 거부할만한 큰 요청을 해서 실제로 상대방이 거부하게 하고, 그 후 양보한 것처럼 처음보다 작은 원래의 요청을 하여 이를 받아들이게 하는 방법이다. 여기서는 처음에 일단 요청을 거부하게 하는 것이 핵심이다. 우리에게는 '빚은 갚아야 한다'는 의무감이 있다. 이를 **호혜성**(reciprocity)이라고 하는데, 상대방이 양보해줬으니 이번에는 자신이 양보할 차례라고 보고 태도를 바꾸게 된다.

② 문간에 발 들여놓기 기법(foot-in-the-door technique; **단계적 설득**)

사람에게는 태도나 행동에 **일관성**(consistency)을 유지하려는 경향이 있다. 문간에 발 들여놓기 기법은 일단 태도를 정하면 나중에 상황이 나쁘다고 밝혀져도 좀처럼 태도를 바꾸려 하지 않는 경향을 이용하는 것이다. 면전에서 문 닫기 기법과는 반대로 처음에 받아들이기 쉬운 작은 요청을 하고, 다음으로 더 큰 원래의 요청을 하는 방법이다. 일단 작은 요청을 받아들이면 심리적인 저항감이 경감하여 다음의 더 큰 요청을 받아들일 준비가 되는 것이다. 구경만할 생각으로 가게 안에 들어갔다가 권해주는 옷을 입어보고 예정하지 않았던 구매를 한 적이 많은 사람에게 있을 것이다. 문간에 발 들여놓기 기법은 정당한 세일즈 화술로서도 사용되는데, 무심코 자신도 모르게 태도를 바꾸어 부당하게 고액의 상품을 구입하는 일이 없도록 주의해야 한다.

③ **낮은 공 기법**(low-ball technique; **특전제거 설득**)

처음에 매우 좋은 조건을 붙인 후 요청을 받아들이게 하고 그 후 어떠한 이유를 대고 그 좋은 조건을 제거하여 좋은 조건이 없는 원래의 요청을 받아들이게 하는 방법이다. 상대방은 이미 자신에게 유리한 조건이 없어졌음에도 불구하고 처음에 요청을 받아들였기 때문에 조건이 바뀌어도 그것을 번복하기 어렵다. 앞에서 설명한 문간에 발 들여놓기 기법과 마찬가지로 일관성과 관련이 있다.

5. 정보의 보급과정 -유행과 소문

1) 유행

지금까지는 없던 새로운 옷차림, 머리 모양 등의 신변적인 것이나 언어, 행동패턴, 사고방식 등이 처음에는 사회집단의 매우 소수 구성원에게 받아들여졌다가 머지않아 비교적 단기간에 그 집단의 다수 구성원에게 받아들여져 공유되는 현상이 **유행**(fashion)이다. 유행 중에는 급격히 보급되어 나중에도 사회 속에 일정 수준으로 정착하는 것이 있지만, 대부분은 유행가나 유행어처럼 급격히 보급되어 지속되지 않고 급격히 사라진다. 또 유행 색상이나 패션처럼 예전 유행이 일정 기간을 두고 반복되어 나타나기도 한다. 유행은 자연발생적으로 나타나는 것도 있지만, 그 보급과정에는 매스미디어가 큰 영향력을 가진다. 기업 등이 매스미디어를 이용하여 의도적으로 유행을 일으키는 경우도 많다.

유행은 개인의 욕구나 동기에도 크게 의존하여 발생한다. 유행과 관련하는 욕구 중 대표적인 것은 자신은 다른 사람과 다르며 이를 과시하려는 욕구와 사회의 흐름에서 고립되지 않고 집단에 동조하려는 욕구이다. 유행의 초기 단계에는 새로운 것을 받아들여 '유행의 첨단'을 걸음으로써 자기를 나타내거나 자신의 가치를 높이는 욕구를 충족할 수 있다. 유행이 어느 정도 보급되면 '유행에 뒤떨어지는 것'을 피하고 집단으로부터의 고립을 피하는 욕구가 강하게 작용하게 된다.

2) 소문

정보가 사람들 사이에 전달되는 과정에서 그 내용이 사실임을 증명하는 구체적인 데이터가 없는데도 잇달아 사람 사이에 퍼져 믿게 되는 것을 **소문**(rumor)이라고 한다. 소문은 이러한 과정이 자연발생적으로 발생하는 경우를 말하지만, 정치적 목적 등을 위해 고의로 잘못된 정보를 흘리는 **데마고기**(demagogy)와는 일단 구별된다.

소문은 그 내용이 사람들에게 중요하고 강한 흥미를 일으키는 것이며, 또 내용의 진실성에 관해 충분한 정보가 없어 애매하기 때문에 불안으로 이어지기 쉬운 상황에 있을 때 잘 발생한다. 또 사람들 사이에서 전달되는 과정에서 그 내용이 쉽게 변화된다. 정보의 일부에만 주의를 기울여 그것만 기억되거나 과장되어 전달되거나(**강조화**) 사람들이 갖는 감정이나 사고 등이 일치하는 방향으로 재구성된다(**동화**).

소문을 사람 간에 말을 전하는 말전달 게임과 같은 과정으로서 파악하는 입장에 대해 시부타니(Shibutani, 1966)는 소문을 집단행동으로서 애매한 상황의 해석과정이라고 보았다. 애매한 상황에 직면했을 때 사람들은 그에 대한 납득이 가는 설명을 요구하여 전달 과정에서 계속해서 새로운 해석이 더해진다고 한다.

> **데마고기(demagogy)**
> 정보조작을 위해 흘리는 진실이 아닌 정보를 말한다.

소문 근거 없는 정보가 전달되면서 사람들이 믿게 된다.

Chapter 12
정신적 건강

학습목표

마음이 건강한 상태란 마음의 기능이 원활하여 일상생활에 지장을 일으키는 심리적 문제없이 잘 적응한 상태를 말한다. 마음의 건강이 손상되면 어떤 일이 나타나며, 그러한 상태에 대해 심리학에서는 어떠한 지원이 이루어질까?

이 장의 학습목표는 다음과 같다.

❶ 마음이 건강한 상태란 무엇인지 또 그것은 어떻게 측정되는지를 이해한다.
② 마음의 건강이 손상되면 어떠한 일이 나타나는지를 학습한다.
③ 심리적 문제에 대한 전문적 지원방법은 무엇인지를 이해한다.

1 정신건강

1. 건강한 마음

건강(health)의 정의에 대해 세계보건기구(World Health Organization, WHO) 헌장에는 '건강이란 단순히 신체에 질병이 없거나 허약하지 않는 것뿐만 아니라 육체적, 정신적, 사회적으로도 완전히 균형을 이룬 좋은 상태이다'고 나와 있다. 당연히 이 정의는 신체적 건강뿐만 아니라 마음의 건강에 대해서도 말할 수 있다.

마음이 건강한 상태란 단순히 정신적인 질병에 걸리지 않았을 뿐만 아니라 마음의 기능이 원활하여 일상생활에 지장을 일으키는 심리적 문제없이 사회에 '잘 적응한' 상태로 생활할 수 있는 것이다. **적응**(adaptation)이란 '개인이 환경과 조화를 이루는 것'인데, 그러기 위해서는 환경으로부터의 개인에 대한 요청과 개인의 욕구가 서로 조화를 이루어야 한다. 개인이 환경과 조화를 이루지 못하면 다양한 심리적 문제가 생겨 마음이 건강한 상태라고 할 수 없다. 즉, 부적응 상태가 된다. **라자루스**(Lazarus, 1984)는 부적응의 기준으로 다음의 4가지를 들었다.

① 심리적 불쾌 : 계속적인 불안, 우울, 고통, 비참함 등 평소와는 다른 기분

② 인지기능저하 : 현실 판단력 · 기능 저하, 지적 효율 저하나 실수 다발, 문제해결능력 저하 등

③ 신체기능저하 : 심인성 컨디션 불량, 심신증 등

④ 행동의 일탈 : 사회적 규범 · 기준에서 일탈하는 문제행동, 비행 · 범죄, 정신증상에 의한 행동 등

부적응 상태가 되면 이 가운데 하나 이상이 나타나며, 심리적 문제의 대부분은 이러한 적응-부적응 시점에서 이해할 수 있다.

2. 마음의 건강 측정

마음의 건강상태를 사정하기 위해 다양한 심리검사나 측정척도가 사용된다. 여기서는 p.73~77에서 설명한 각종 성격검사 외에 우울, 불안, 스트레스의 측정척도를 소개한다.

1) 우울척도

우울상태의 정도를 측정하는 척도로 벡(Beck, 1961)의 우울척도(Beck depression inventory, BDI)나 Zung(1965)의 자기평가 우울척도(self-rating depression scale, SDS)가 널리 사용된다. 이 척도들은 모두 최근 1주일 동안의 상태에 대한 자기평가를 4개의 보기에서 선택하여 종합점수로 우울상태의 중등도를 판정한다. 표 12-1은 BDI의 일부 내용이다.

표 12-1 벡의 우울척도 〈발췌〉

◇ 다음의 문항을 읽고 ( ) 안에 번호를 기입하시오.
01. ( ) 1) 나는 슬프지 않다. 2) 나는 슬프다. 3) 나는 항상 슬프고 기운을 낼 수 없다. 4) 나는 너무나 슬프고 불행해서 도저히 견딜 수 없다.
02. ( ) 1) 나는 앞날에 대해 별로 낙심하지 않는다. 2) 나는 앞날에 대해 용기가 나지 않는다. 3) 나는 앞날에 대해 기대할 것이 아무것도 없다고 느낀다. 4) 나는 앞날은 아주 절망적이고 나아질 가망이 없다고 느낀다.
03. ( ) 1) 나는 실패자라고 느끼지 않는다. 2) 나는 보통사람들보다 더 많이 실패한 것 같다. 3) 내가 살아온 과거를 뒤돌아보면 실패 투성이인 것 같다. 4) 나는 인간으로서 완전한 실패자라고 느낀다.
04. ( ) 1) 나는 전과같이 일상생활에 만족하고 있다. 2) 나의 일상생활은 예전처럼 즐겁지 않다. 3) 나는 요즘에는 어떤 것에서도 별로 만족을 얻지 못한다. 4) 나는 모든 것이 다 불만스럽고 싫증난다.
〈측정 내용〉 (1) 우울기분, (2) 비관성, (3) 실패감, (4) 만족감 결여, (5) 죄의식, (6) 징벌 예기, (7) 자기혐오, (8) 자기비난, (9) 자살충동, (10) 눈물을 잘 흘림, (11) 초조함, (12) 대인적 흥미의 감퇴, (13) 결단곤란, (14) 신체상의 변형, (15) 활동곤란, (16) 불면, (17) 쉽게 피곤함, (18) 식욕 감퇴, (19) 체중 감소, (20) 건강 염려, (21) 성욕 감퇴

2) 불안척도

불안의 정도를 측정하는 척도로 현재불안측정척도(manifest anxiety scale, MAS), 카텔의 불안척도(Cattel's anxiety scale, CAS), 상태불안척도(state-trait anxiety inventory, STAI) 등이 널리 사용된다. MAS는 MMPI(미네소타 다면인성검사, p.74 참조) 항목에서 집중력이나 업무의 지속성 저하, 초조감, 피로감, 긴장 회피 등의 정신적 징후와 두통이나 발한, 식욕부진 등의 신체적 징후와 같은 불안에 관한 항목을 추출해서 구성한 것으로, 말하자면 신경증적인 불안이 측정된다.

CAS는 단순히 불안의 정도를 나타낼 뿐만 아니라 불안을 구성하는 5가지 요인(자아통제력 결여, 자아의 약함, 의심의 깊이 · 피해망상 경향, 죄의식, 긴장)별로 점수가 산출되어 불안을 구조적으로 파악할 수 있는 것이 특징이다.

STAI는 개인이 지금 현재 어느 정도 불안한가(**상태 불안**)와 상태 불안을 야기하기 쉬운 경향,

즉 스트레스 상태가 되었을 때 개인이 어느 정도 불안해지는가(**특성 불안**)의 2가지를 측정하는 척도로 구성되며 일상적인 불안 측정에 사용된다.

MMPI(Minnesota multiphasic personality inventory)

550개 항목으로 구성된다. 질문지법에 의한 성격검사로, 심기증, 히스테리, 우울, 정신병적 편향, 편집증, 신경쇠약, 조현병, 경조증의 각 경향을 측정하는 임상척도에 추가하여 피험자의 검사 태도를 측정하기 위한 타당성 척도도 포함된다.

피해망상 경향

의심이나 다른 사람에 대한 불신감, 경계심이 강한 경향을 말한다. 굴욕감에 대한 과민성과 공격성, 감정 표출을 제한하여 다른 사람으로부터의 침입을 거부하는 경향을 가지는 경우도 있다.

3) 스트레스척도

스트레스에 관한 척도에는 스트레스를 일으키는 자극이나 일상에서 일어나는 사건(생활사건)과 같은 **스트레스원**(stressor)을 측정하는 것, 스트레스 상태의 자각을 측정하는 것, 스트레스에 대한 **대처**(coping)를 측정하는 것, 스트레스에 의한 스트레스반응을 측정하는 것 등 다양하게 있다.

여기서는 현재 스트레스 상태의 정도를 정신적인 징후와 신체적인 징후 양 측면에서 측정하는 가장 간편한 척도 중 하나인 이치게(Ichige, 1989)의 **스트레스척도**(stress inventory)를 소개한다(표 12-2).

스트레스 확인 A에서는 8점까지가 평균 수준, 9~12점이 다소 주의 수준, 13점 이상이 상당히 주의를 요하는 수준이다. 항목 1~5의 점수가 높은 경우는 스트레스 상태에서 도피적 · 비관적으로 대응하기 쉬운 경향이 있다. 또 항목 6~10의 점수가 높은 경우는 마찬가지로 공격적으로 대응하기 쉬운 경향이 있다.

스트레스 확인 B에서는 12점까지가 평균 수준, 17점까지가 다소 주의 수준, 그 이상이 상당히 주의를 요하는 수준이다. 항목 1~5는 자율신경계 징후, 항목 6~10은 근긴장계 징후, 항목 11~15는 소화기계 징후이다.

스트레스원(stressor)

스트레스 상태를 일으키는 환경 변화에 동반하는 요인을 말하며, 추위, 더위, 소음 등 물리화학적인 것, 공복 · 수면부족 · 피로 등 생물학적인 것, 인간관계 악화 · 업무 부담 등 심리사회적인 것을 들 수 있다.

표 12-2 스트레스척도

◇ 최근 1개월간 있었던 일을 떠올려 각 항목에 대답해주세요. '항상'이라고 느끼면 3점, '종종'이라고 느끼면 2점, '간혹'이라고 느끼면 1점, '전혀' 느끼지 않는다면 0점에 ○를 표시하세요.

[스트레스 확인 A]				
(1) 새로운 일이나 어려운 문제를 피했다.	3	2	1	0
(2) 불안이나 외로움을 느꼈다.	3	2	1	0
(3) 침울함이나 포기를 느꼈다.	3	2	1	0
(4) 고민거리가 머리에서 떠나지 않았다.	3	2	1	0
(5) 주위 사람에게 뒤처진다고 느꼈다.	3	2	1	0
(6) 가만히 있지 못해 여기저기 다녔다.	3	2	1	0
(7) 주위 사람에게 안타까움을 느꼈다.	3	2	1	0
(8) 지하철을 탈 때나 운전 중 다른 사람이 끼어들어 화가 났다.	3	2	1	0
(9) 아무리 말해도 이해 못하는 사람이 많다고 생각했다.	3	2	1	0
(10) 기다리게 해서 화가 났다.	3	2	1	0
(1)~(5)의 합계점 : 점 (6)~(10)의 합계점 : 점 모든 합계점 : 점				

[스트레스 확인 B]				
(1) 두근거림	3	2	1	0
(2) 숨쉬기 힘듦	3	2	1	0
(3) 어지러움	3	2	1	0
(4) 숙면할 수 없음	3	2	1	0
(5) 손발 차가움	3	2	1	0
(6) 목 · 어깨 결림	3	2	1	0
(7) 눈의 피로 · 통증	3	2	1	0
(8) 요통	3	2	1	0
(9) 두통	3	2	1	0
(10) 손발 저림	3	2	1	0
(11) 피로감	3	2	1	0
(12) 변비	3	2	1	0
(13) 복통	3	2	1	0
(14) 설사	3	2	1	0
(15) 소화불량	3	2	1	0
(1)~(5)의 합계점 : 점 (6)~(10)의 합계점 : 점 (11)~(15)의 합계점 : 점 모든 합계점 : 점				

2 임상심리의 대상

1. 임상심리의 역할

임상심리(clinical psychology)란 마음의 기능이 원활하게 작동하지 않아 어떠한 심리적 문제(정신질환이나 부적응 상태)가 있는 사람들에게 심리학의 지식이나 기술을 이용하여 전문적으로 지원하는 것을 말한다. 임상심리의 업무는 심리치료 등의 전문기법을 활용한 지원뿐만 아니라 심리평가(psychological assessment), 집단 · 지역 속에서의 다른 직종 전문가와 협력해서 행하는 지원, 심리적 문제의 발생과 회복 과정이나 사정기법의 개발 및 연구조사 등 다방면에 이른다. 임상심리가 실천되는 장소도 표 12-3과 같이 다양하다.

심리평가(psychological assessment)

진단면접이나 심리검사를 하여 증상이나 심리적 장애의 특징을 평가하고 분류하는 것을 말한다. 해당 개인의 발달적인 특징, 성격의 특징이나 구조, 심리사회적인 상황 등 다양한 측면에서 문제를 이해하고 적절한 치료법을 선택하며 목표 설정, 예후 예측을 한다.

표 12-3 임상심리가 실천되는 영역과 장소

영역	장소
교육	학교교육상담, 학교상담, 학생상담 등
복지	아동상담소, 사회복지사무소 등
사법 · 교정	가정법원, 소년분류심사원 등
의료	병원(정신과, 신경과, 심료내과, 소아과, 기타 각 진료과) 등
산업	산업상담, 교육연수 등
지역	정신보건센터, 모자보건센터 등
기타	개인 개업의 상담소 등

2. 임상심리의 대상

임상심리의 대상인 정신질환이나 심리적 문제는 상당히 다방면에 이르는데, 이들을 분류하고 진단하기 위해 ICD-10이나 미국정신의학회의 DSM-5가 널리 사용된다. 표 12-4는 DSM-5의 질환 분류를 정리한 것이다.

표 12-4 DSM-5의 질환 분류

1. 조현병 스펙트럼장애 및 기타 정신장애
2. 신경발달장애
3. 양극성 및 관련 장애
4. 우울장애
5. 불안장애
6. 강박 및 관련 장애
7. 외상 및 스트레스 관련 장애
8. 해리장애
9. 신체증상 및 관련 장애
10. 급식 및 섭식장애
11. 배설장애
12. 수면-각성장애
13. 성기능장애
14. 성불편증
15. 파괴적, 충동통제 및 품행장애
16. 물질 관련 및 중독장애
17. 신경인지장애
18. 성격장애
19. 성도착장애

DSM-5

미국정신의학회(APA)의 정신질환 진단 및 통계 매뉴얼(diagnostic and statistical manual of mental disorders) 제5판으로, 세계적으로 널리 사용된다. 임상상의 기술로 각 정신장애를 정의하고, 여러 가지 특징적 병상의 확인 여부로 진단하는 조작적 진단방법이 제시되어 있어 진단의 객관성 및 공공성을 높일 수 있다.

1) 기분장애

기분장애(mood disorder)는 조증과 우울증의 기분 변동을 주요 증상으로 하는 정신질환으로, 흔히 조울증이라고 불린다. 조증의 병상과 우울증의 병상을 반복하는 양극성 기분장애와 우울증만 반복하는 단극성 기분장애로 나뉜다.

우울증의 증상은 표 12-5와 같이 정신증상과 신체증상이 나타난다. 정신증상으로는 우선 감정이나 의욕 장애이며, 우울감이나 비애감, 외로움, 권태감, 불안감, 초조감 등이 지속된다. 활동성이 극단으로 저하(정신운동성 제지 또는 억제)되며 무엇을 하기에도 귀찮은 상태가 된다. 한편, 긴장이나 초조로 인해 불안하고 다동 경향이 나타나기도 한다. 또 자기평가가 매우 저하되어 때로 죄업망상이나 심기망상이 관찰되기도 한다. 신체증상으로는 잠들지 못하고 숙면할 수 없으며 일찍 눈이 떠지는 등 수면장애가 두드러지는데, 그 밖에 전신권태감이나 식욕저하, 두근거림, 손발 저림, 두통 등 다양한 증상이 나타난다. 우울증 중에 신체적인 증상만 강하게 자각되는 것을 **가면우울증**(masked depression)이라고 한다(p.152 참조). 우울증에서는 심한 자책감이나 절망감 때문에 자살하려는(자살기도) 경우도 종종 있으므로 주의가 필요하다.

조증 상태에서는 기분이 고조되어 자신감 과잉이나 다변다동 경향이 관찰되며 약간의 자극에 반응해서 쉽게 화를 내거나 억제가 저하된다. 따라서 쾌락적 행동이나 일탈행동이 나타나기도 한다.

표 12-5 주요 우울장애(major depressive disorder) 진단기준

A. 다음 증상 가운데 5가지(또는 그 이상)가 같은 2주일 동안 존재하고 병전 적응력의 변화를 일으키고 있다. 이들 증상 가운데 적어도 하나는 다음의 (1) 우울기분 또는 (2) 흥미 또는 기쁨의 상실일 필요가 있다. (1) 그 사람 자신이 말하거나(예를 들어 슬픔, 공허함 또는 절망을 느낌) 다른 사람의 관찰에서(예 : 눈물을 흘리는 것처럼 보임) 나타남. 거의 하루 종일, 거의 매일 우울기분 (2) 거의 하루 종일, 거의 매일 모든 활동에서 흥미와 기쁨이 현저하게 감소 (3) 식사요법을 하지 않은데도 불구하고 현저한 체중감소 또는 체중증가 (4) 거의 매일 불면 또는 수면과다 (5) 거의 매일 초조감이나 행동속도의 둔화(정신운동제지) (6) 거의 매일 피로감 증가 또는 기력 감퇴 (7) 거의 매일 느껴지는 자기평가 저하, 자신에 대한 무가치감, 과도한 죄책감 (8) 사고력이나 집중력 감소 또는 결단곤란이 거의 매일 확인 (9) 반복적인 죽음에 대한 생각, 특별히 계획하지는 않았으나 반복적인 자살염려, 자살기도
B. 위의 증상으로 인해 일상생활(사회적, 직업적 또는 다른 중요한 영역)에 현저한 어려움을 겪는다.
C. 증상은 물질의 생리학적 작용 또는 다른 의학적 질환에 따른 것이 아니다.

우울증 증상

2) 불안장애

불안장애(anxiety disorder)는 기존에 신경증으로 간주되던 질병을 병형에 따라 4가지로 다시 분류한 것 중 하나이다. 불안장애는 다시 공황장애, 범불안장애, 공포장애, 강박장애, 외상 후 스트레스장애(PTSD) 등으로 분류된다. 이들 증상의 특징은 다음과 같다.

① **공황장애**(panic disorder)

두근거림, 호흡곤란, 발한, 현기증, 흉부 압박감 등이 갑자기 생기는 공황발작을 반복한다. 공황발작 시에는 심한 불안감과 공포감을 동반하기 때문에 한번 발작을 경험하면 또다시 이 발작이 일어나는 것은 아닐까 하는 예기불안(anticipatory anxiety)이 심해져 악순환이 된다.

② **범불안장애**(generalized anxiety disorder)

직장이나 학교 등 매일의 생활에 대한 과도한 걱정과 불안이 만성적으로 지속된다.

③ **공포장애**(phobic disorder)

보통은 그렇게 무서워할 필요가 없는 대상이나 상황에 심한 공포를 느낀다. **광장공포**, 사회공포, 특정 공포증(고소공포, 폐쇄공포 등)이 있다.

④ **강박장애**(obsessive compulsive disorder)

자신도 불합리하다고 알고 있는 생각이나 이미지가 반복되어 나타나 심한 불안이나 고통을 일으키는 강박관념과, 강박관념에 의한 불안이나 고통을 중화시키려고 하여 반복되는 강박행동(손을 씻음, 확인함 등)을 특징으로 한다.

⑤ **외상 후 스트레스장애**(post traumatic stress disorder, PTSD)

본인 또는 다른 사람의 생명을 위협하는 강력한 공포감을 동반하는 사건 후에 심한 공포나 무력감, 외상적 사건이 반복되는 듯한 체험(플래시백 등), 수면장애 등이 지속하는 증상이다.

광장공포

공황발작 등 곤란한 일이 일어났을 때 피하기 어려울지도 모르는 장소에 대한 불안감을 말한다. '광장'뿐만 아니라 집 밖에 혼자 있거나 혼잡함 속에 있을 때도 발생하기 쉽다.

3) 섭식장애

섭식장애(eating disorder)는 식사 행동의 이상을 특징으로 하는 장애로, 신경성 식욕부진과 신경성 폭식증으로 나뉘며 사춘기부터 청년기 여성에게 많이 발병한다.

신경성 식욕부진(anorexia nervosa)은 마른 체형을 몹시 원하여 이미 충분히 야윈 상태(DSM-5의 진단기준에서는 '현저한 저체중이란 정상 하한보다 낮은 체중'으로 봄)임에도 불구하고 여전히 더 말랐으면 좋겠다고 생각하는 등 자신의 신체와 체중에 대한 비뚤어진 인식(신체상의 왜곡)을 가진 사람에게서 관찰된다. 체중의 증감이 그대로 자기평가에 영향을 미친다. 극단적인 식사 제한을 하는 제한형과 폭식하고는 배출행동(자기유발성 구토나 설사 · 이뇨제 남용)을 하는 폭식/배출형이 있다. 저체중임에도 불구하고 과도한 운동이나 활동성이 관찰되는 것도 특징이다. 극단적인 식사 제한이나 잘못된 배설행동에 의한 저체중은 전신기능의 저하를 일으켜 여성의 경우 무월경이 되기도 한다. 발병 계기는 다이어트나 심리적 스트레스 등 일상적인 것이며, 야윈 것을 문제시하지 않는 경우도 많지만, 신경성 식욕부진의 20%는 만성화하여 사망률이 9%에 이른다는 보고도 있으므로 적절한 대응이 필요한 증상이다.

신경성 폭식증(bulimia nervosa)은 과식을 반복하는 증상으로, 일단 먹기 시작하면 멈출 수 없고 자신을 제어할 수 없게 된다. 또 과식 후에 종종 배출행동이 관찰된다. 과식이나 배출행동은 숨어서 하는 경우가 많다. 과식행동이 자기평가를 저하시켜 우울기분이나 자기혐오감이 심해져 자상행위 등의 문제행동이 나타나기도 한다.

비뚤어진 신체상

4) 적응장애

적응장애(adjustment disorder)는 명확히 특정되는 사회심리적 스트레스원에 반응해서 정서적 또는 행동적인 증상이 나타나며 이러한 증상이 그 스트레스원에 대한 반응으로서 예상되는 것을 훨씬 뛰어넘는 고통을 동반하거나 또는 사회적 · 직업적(학업 상의) 기능에 현저한 장애를 미치는 것을 말한다. 스트레스원은 '업무에서의 큰 실수' 등 단일 사건인 경우도 있고 여러 스트레스원이 중복된 경우도 있다.

증상으로는 우울기분, 심한 불안감, 학업 소홀 · 파괴 · 무모한 운전 · 법적 책임을 지지 않는 등 행위장애, 사회적 은둔형 외톨이, 직업상(학업상) 부적응 등이 있다.

5) 물질 관련 장애

물질 관련 장애는 정신에 작용하는 물질(약물)의 의존이나 남용을 문제로 하는 **물질 사용장애**와 물질에 의해 야기되는 중독이나 금단을 문제로 하는 **물질 유발성 장애**로 나눌 수 있다. 원인이 되는 물질은 알코올이나 니코틴, 카페인 등의 일상적인 것에서부터 수면제, 항불안제, 마약, 각성제, 유기용제(시나 등) 등 다방면에 이른다. 이러한 물질의 섭취는 종종 내성을 일으켜 점차 대량으로, 또 장기간에 걸쳐 섭취해야 하며 자신의 의지로는 제어할 수 없게 된다. 사회생활이나 가정생활에 지장이 생기거나 금단증상이 일어나거나 뇌에 기질적인 변화가 관찰되기도 한다.

6) 심신증

심신증(psychosomatic disease)은 DSM-5의 분류에는 포함되지 않지만, 그 발병이나 치료 과정에 스트레스 등 심리사회적 요인이 크게 관여하는 신체적 질환을 말한다. 근긴장성 두통, 자율신경 실조증, 소화성 궤양, 과환기증후군, 과민성 대장증후군, 본태성 고혈압, 기관지천식, 자기냄새 공포 등 다양한 질환이 심신증으로서 발병한다. 하지만 이들 질환 중에는 심리사회적 요인이 전혀 관여하지 않는 경우도 있으며 이는 심신증이 아니다.

심신증의 증상은 성실함, 일중독, 노력형, 부탁 받으면 거절하지 못하는 등의 경향이 관찰되는 '과잉적응'과의 연관성이 지적된다. 치료에는 신체적 치료와 심리치료를 함께 시행하는 것이 효과적이다.

자기냄새공포
양치질을 몇 번이나 했는데도 입 냄새가 없어지지 않는다고 믿는다.

3 다양한 심리치료

1. 행동치료

행동치료(behavior therapy)는 실험적으로 확립되어 온 학습이론(p.20 참조) 또는 행동이론에 근거하여 부적응 행동을 제거하고 적응 행동을 형성하기 위한 기법을 일컫는다. 객관적으로 파악할 수 있는 행동을 치료 대상으로 하며 증상이나 문제행동을 '자극과 반응의 관계'라는 관점에서 이해하여 현재 증상이 어떻게 형성되었는지, 증상을 일으키는 현시점의 조건은 무엇인지를 분석하고 그것을 조작해 나간다.

행동치료의 기법에는 다양한 종류가 있으며 대표적인 방법은 다음과 같다.

1) 계통적 둔감화(systematic desensitization)

울페(Wolpe)가 개발한 기법으로, 불안장애 등의 치료에 많이 사용된다. 어떤 자극에 대해 올바르지 않은 반응(불안이나 공포 등)이 연결되어 있을 때 같은 자극에 대해 그 반응과는 양립하지 않는 길항반응(이완 등)을 동시에 일으킴으로써(둔감화) 그 반응을 단계적으로 제거해가는 방법이며, 다음과 같은 순서로 진행된다.

① **내담자**가 느끼는 불안의 길항반응으로서 이완반응을 습득시킨다.

② 내담자에게 불안을 일으키게 하는 구체적인 장면을 열거하게 한다. 또 그 불안이 유발되는 장면에 대해 주관적인 불안 강도의 정도를 점수화시킨다. 그리고 점수 순으로 10~15단계 정도의 불안이 유발되는 장면을 나열하여 **불안 계층표**를 작성한다. 표 12-6은 불안 계층표의 예이다.

③ 불안 계층표의 가장 낮은 장면부터 내담자에게 떠올리게 하고 불안을 느끼면 그것을 이완반응으로 소실시키는 훈련을 한다. 이 훈련을 반복하여 1단계씩 불안 정도가 높은 장면으로 진행해간다. 마지막에는 이미지로만 자극하는 것이 아니라 현실 상황에서 적응적으로 행동할 수 있도록 한다.

울페(Wolpe J., 1915~1998)

남아프리카연방 출신의 정신과의사이다. 파블로프의 조건형성 원리를 신경증 치료에 응용하였다. 「신경증의 행동치료」가 대표적인 저서이다.

표 12-6 불안 계층표 : 대인공포에 동반한 등교거부의 예

불안 계층	SUD
(1) 1교시 수업 중 조용해졌을 때	100
(2) 통학버스 안에서 같은 연령의 남자가 집단으로 있을 때	95
(3) 2교시 수업 중 조용해졌을 때	90
(4) 학교 교문을 들어설 때	90
(5) 등교 전 집에서 아침을 먹을 때	85
(6) 아침에 옷을 갈아입을 때	80
(7) 아침에 이불 속에서 학교에 대해 생각할 때	75
(8) 동급생에게 전화가 걸려왔을 때	60
(9) 3교시 수업을 받을 때	55
(10) 집에서 학교 이야기를 할 때	40
(11) 밤에 방에서 학교의 일을 생각할 때	30
(12) 4교시 수업을 받을 때	20
(13) 학교에서 귀가했을 때	10
(14) 방에서 음악을 들을 때	0

주) SUD : 주관적인 불안감의 정도를 나타내는 점수

2) 조작적 조건형성법(operant conditioning)

조작적 조건형성(p.22 참조)의 원리에 따라 목표가 되는 행동을 강화하거나 강화하지 않는 절차를 기본으로 시행되며, ①바람직한 행동을 증가시키는 방법, ②바람직하지 않은 행동을 제거하는 방법, ③새로운 적응행동을 형성하는 방법의 3가지로 분류된다. ①의 예로는 바람직한 행동이 관찰되었을 때에 가짜 보수(토큰; 스탬프나 스티커 등)를 주고 일정 수량에 도달했을 때 보수(갖고 싶은 물건이나 활동 등)와 교환하는 **토큰 경제**(token economy) 등이 있다. ②의 예로는 아이가 패닉을 일으켰을 때에 부여되던 강화요인(기분을 맞추는 등)을 아이가 울며 소리 질러도 무시하고 부여하지 않는 **소거**(extinction) 등이 있다. 또 ③의 예로는 목표행동에 조금이라도 유사한 행동이 나타나면 우선 그것을 강화하고 조금씩 단계적으로 목표와 더 가까운 행동을 강화해나가 마지막에 목표행동을 형성하는 **조성**(shaping) 등이 있다. 양치질 훈련에서 칫솔을 쥐고 → 칫솔을 입에 넣으며 → 칫솔을 움직이고 → 올바르게 닦는 등의 단계를 밟아 강화해가는 방법으로, 장애아나 장애인의 일상적 동작훈련 등에 효과가 있다. 또 자폐아의 언어형성에도 적용된다.

3) 바이오피드백법(biofeedback)

심리적 긴장이나 불안 등에 동반하는 생리적인 반응(뇌파, 심박, 근긴장 등)을 내담자에게 단서로서 제시하고 그것을 자각적으로 제어하여 안정된 상태가 되도록 연습시키는 방법이다. 생리적 반응은 빛이나 소리 등의 이해하기 쉬운 정보로 치환하여 제시하는 경우가 많다. 자율신경계 질환이나 불안 및 스트레스 등의 자기제어법으로서 효과가 있다. 또 운동선수의 **심리훈련**(mental training) 등에도 이용된다.

4) 모델링법(modeling)

모델의 행동을 관찰하거나 모방하게 하여 부적응 행동을 제거하거나 적응 행동을 획득시키는 방법이다. 실제 모델을 내담자에게 직접 보여주는 방법 외에 모델의 행동을 비디오 등으로 보여주어도 좋다. 또 서서히 완전한 행동이 되어 가는 과정을 보여주는 대처 모델링과 처음부터 완성된 행동을 보여주는 마스터 모델링이 있다.

모델링법(modeling)

반두라(Bandura)에 의한 관찰학습을 말한다(p.23 참조).

5) 혐오치료(aversion therapy)

고전적 조건형성(classical conditioning, p.20 참조)의 원리를 응용하여 부적절한 행동에 대해 고통이나 불쾌한 체험(혐오자극; 구토제나 전기충격 등)을 연결시켜 부적절한 행동을 일으키지 않도록 학습시키는 방법이다. 음주나 흡연 등의 기호습관, 의존증, 성적 부적응 등의 치료에 사용된다.

2. 인지행동치료

인지행동치료(cognitive behavioral therapy)란 앞에서 설명한 행동치료와 인지치료 2가지를 바탕으로 한다. 행동치료에서는 행동을 치료 대상으로 삼고 문제행동을 자극과 반응의 관계에서 이해한 데 반해 인지행동치료에서는 행동은 인지와 깊은 관계가 있다고 보는 입장에 근거한다. 부적응적 행동의 배경에는 습관화된 부적절한 인지가 있다고 보고 여기에 작용하여 인지의 왜곡을 시정하는 방법이다.

벡(Beck) 등은 이러한 인지왜곡(cognitive distortion)에 대해 다음의 내용을 들었다.

① **정신적 여과**(mental filter) : '자신을 싫어한다고 생각하니 그 사실만 신경이 쓰이는' 등 자신이 관심 있는 사항에만 주의를 기울여 결론을 내린다.

② **성급한 결론**(jumping to conclusions) : '한동안 친구들에게서 연락이 없으면 자신을 싫어한다고 생각하는' 등 뒷받침될만한 충분한 증거가 없는데도 독단적으로 생각하고 판단한다.

③ **흑백논리**(all-or-nothing thinking) : 애매한 상태에 견디지 못해 있거나 없거나, 희거나 검은 것으로 결정 내린다.

④ **과장과 축소**(magnification and minimization) : 어떤 것을 과대평가하거나 극단적으로 낮게 평가한다.

⑤ **과잉 일반화**(overgeneralization) : '단 한 번의 실패에서 자신은 무엇을 하든 안 된다고 생각하는' 등 사소한 사실을 모든 상황에 해당한다고 결정해버린다.

⑥ **개인화**(personalization) : 제대로 된 근거가 없는데도 사건을 자신과 관련지어 생각한다.

성급한 결론 과잉 일반화

인지왜곡 습관화된 부적절한 인지를 하는 경우가 많다.

3. 놀이치료

놀이치료(play therapy)는 놀이를 주요 표현이나 의사소통의 수단으로 하여 이루어지며, 주로 언어에 의한 자기표현이 충분하지 않은 아이에게 적용된다. 아이에게 놀이는 자신의 내면을 있는 그대로 표현하는 수단이며, 아이는 놀면서 성장한다. 놀이의 치료적 가치에 대해 히로나카(Hironaka, 2002)는 표 12-7의 8가지 기능을 들었다.

놀이치료가 가장 효과적인 것은 정서적 부적응 문제에 대해서이다. 보통 '놀이치료실(playroom)'

이라는 안전성과 쾌적성을 배려한 전용 실내에서 이루어진다. 놀이치료에서 사용하는 놀이기구는 특별히 정해진 것은 없으며 최대한 다양한 놀이기구를 준비한다. 활발한 신체적 운동을 유도하는 것(트램펄린이나 미끄럼틀 등), 공격성을 유도하기 쉬운 것(총이나 칼, 펀치볼 등), 자기 자신이나 가족과의 관계를 투영하기 쉬운 것(인형, 소꿉놀이 도구 등), 치료자와의 관계를 형성하기 쉬운 것(공이나 전화기, 게임 등), 조형적인 놀이가 가능한 것(블록이나 점토, 도화지 · 물감, 만들기 재료 등) 등이다.

놀이치료에서는 최대한으로 자유로운 분위기와 수용이 중시되며 놀이를 통해 아이의 자기표현을 촉진하지만, 치료의 시작과 종료시간을 지키고, 놀이치료실 밖으로 놀이도구를 가지고 나오지 않으며, 비품이나 시설을 고의로 고장 내지 않고, 치료자나 다른 아이에 대한 신체적 공격을 하지 않는 등 최소한의 제한은 설정된다.

표 12-7 놀이의 치유적 기능

기능	내용
관계의 유대	놀이를 활용함으로써 치료 관계가 맺어지고 유지되며 깊어진다.
소중히 여겨지는 체험	아이의 놀이를 소중히 다룸으로써 아이는 자신이 인정받고, 소중히 여겨진다고 느낀다.
관계의 투영	여러 중요한 인간관계가 놀이 속에 투영된다.
카타르시스 · 보상행동	단순한 카타르시스뿐만 아니라 현실에 추구하기 어려운 희망과 충동을 놀이의 형태로 달성시킨다.
표현	놀이에 담긴 메시지는 말로는 다 표현하기 힘든 것까지 표현한다.
마음의 작업	아이가 안고 있는 내적 과제가 놀이라는 심적 활동 속에서 다루어진다.
전개념적 체험	놀이라는 의식과 무의식의 중간 영역에서 자아의 변화를 일으키는 결정적인 체험이 생긴다.
보호	아이의 행동이 '놀이의 틀'에 가둠으로써 놀이치료의 장소가 치료적으로 지켜진다.

카타르시스(catharsis)

그리스어로 '정화'를 의미한다. 브루어(Breuer)가 히스테리 치료 중에 처음 이 용어를 사용하였다.

4. 가족치료

가족치료(family therapy)는 가족을 하나의 통합된 시스템으로 파악하고, 그 가족시스템을 치료나 지원 대상으로 하는 다양한 심리치료를 일컫는 말이다. 가메구치(Kameguchi, 1992)는 가족시스템을 '가족을 하나의 통합된 생명시스템으로서 파악한 개념이다. 생명시스템은 유기적으로 연결된 몇 가지 부분(서브시스템)으로 구성된다. 가족시스템에서는 부부, 모자, 부자, 형제 및 자매가 각각 서브시스템을 형성한다. (중략) 이것은 다양한 속도로 성장 및 변화하면서도 전체적으로는 통합성을 잃지 않고 유지된다'고 정의하였다.

가족치료에서는 문제를 개인만의 것으로 생각하지 않는다. 내담자는 가족 전체의 문제를 대표하여 증상이나 문제를 나타내는 가족 구성원이라는 의미에서 지목된 환자(identified patient, IP)라고 불린다. IP 개인뿐만 아니라 IP의 가족 전체를 치료와 지원 대상으로 삼아 가족 간의 정서적 관계나 상호작용을 중시한다. 바꾸어 말하면 IP가 나타내는 증상은 가족 전체가 제대로 기능하지 않음을 뜻하는 사인으로 파악하고, 가족 전체의 상호작용을 조정해서 문제가 되는 가족시스템에 변화를 일으키도록 개입하는 것이다.

가족치료에는 다양한 접근법이 있는데, ①구조적 가족치료, ②의사소통론적 가족치료, ③다세대 가족치료가 대표적이다(나카무라, 1999). ①에서는 가족 구성원 각자의 역할과 지위, 가족의 규칙, 구성원 간 심리적 거리 등 가족의 구조 문제를 실제 면접 상황 중에 명확히 밝혀 개입한다. ②에서는 가족을 의사소통의 상호작용시스템으로 파악하고 문제는 문제행동 자체가 아니라 그것을 지속시키려고 하는 올바르지 않은 패턴의 의사소통이 이루어지는 것으로 본다. 그리고 가족 간의 의사소통 문제점을 명확히 밝혀 가족이 자유롭고 명확한 의사소통을 할 수 있도록 한다. ③에서는 문제를 몇 세대에 걸친 가족의 역사와 발전의 흐름 속에서 이해하여 냉정하고 객관적인 판단이나 행동을 지원함으로써 장래의 가족관계에 변화를 가져오도록 한다.

Column

문제 상황에도 예외가 있다

집단따돌림을 당하는 중학생의 예를 생각해보자.

한 아이가 '모두가 날 무시한다'고 호소하였다. 그래서 A 교사는 아이를 안정시킨 후 그 학생 반의 출석부와 빨간 펜을 준비해서 '너를 괴롭히지 않는 친구 이름에 동그라미 쳐보자'고 말했다. 막상 표시하려니 대부분은 자신을 괴롭히지 않는다는 사실을 깨닫고 스스로 교실로 돌아갔다(하세가와, 2001).

해결지향 접근법의 중심이 되는 개념에 '예외'가 있다. 아무리 어려운 문제를 안고 있더라도 어떻게든 해결할 수 있다. 평소와 달리 실망하지 않은 날, 부모와 말다툼하지 않은 날, 수업을 잘 들은 날이 있지않았는가? 그런 날은 '평소'와 무엇이 다른 것일까?

'요즘 뭘 해도 잘 안 돼'라고 느낀다면 문제나 불만 속에 있는 예외를 찾아보면 어떨까?

Chapter 13
상담

학습목표

일상생활에서 고민을 느끼지 않는 사람은 없다. 고민이 있을 때마다 스스로 생각하거나 주위 사람과 상담해서 대부분은 고민을 해결한다. 이때 상대방이 상담 전문가는 아니지만, 그 사람에게 말하는 것만으로도 마음이 편해지거나 구체적인 충고를 들음으로써 해결되는 경우가 많다. 하지만 고민이 심각해지면 전문가가 아니면 대응할 수 없는 것도 사실이다. 상담에는 어떠한 의의, 종류, 이론이 있을까?

이 장의 학습목표는 다음과 같다.

❶ 상담의 정의와 성립을 이해한다.
② 상담의 의의와 상담 마인드를 학습한다.
③ 상담의 이론과 기법을 이해한다.

1 상담의 정의와 성립

1. 상담이란?

상담(counseling)이라는 용어는 심리상담이나 교육상담 등 다양한 영역에서 사용되며 카운슬링이라고도 한다. 카운슬링의 counsel은 라틴어의 *consilium*(회의, 충고, 상담)에서 유래하며 애초에 counselor는 변호사 등의 의미로 사용되었다고 한다. 그 후 심리치료나 교육의 상담활동에서 사용되면서 몇 가지 유파와 입장이 탄생하고 각각의 개념에 근거하여 정의가 이루어지고 있다. 오늘날에는 '적응상의 문제를 가지고 그 해결에 도움을 필요로 하는 개인과 전문적 훈련을 받아 조력자로서의 자질을 갖춘 전문가가 면접하여 주로 언어적 수단을 통해 심리적 영향을 끼치며 문제해결을 돕는 과정'(구라이시, 1966)이라는 정의가 널리 받아들여지고 있다.

상담은 주로 미국에서 발전되었다. 1908년 보스턴 직업보도국(Boston Vocational Bureau) 설립에 힘쓰고 '특성 및 요인이론'을 제창한 파슨스(Parsons) 등의 직업지도(vocational guidance)가 상담의 기원이다. 그 이후의 세계대공황이라는 경제 불황 속에서 직업지도는 취업의 기회나 조건을 제공하는 교육적 기능을 하였다. 1940년대 후반에 접어들어 사회가 서서히 안정되면서 직업지도보다 심리치료로서의 관심이 높아졌다. 수퍼(Super, 1955)가 '직업지도에서 상담심리학으로'라는 논문을 정리하고, 로저스(Rogers)에 의해 상담은 개인의 적응상 문제해결과 인격의 성장에 관한 심리치료 가운데 하나로 명확하게 자리 잡았다.

로저스(Rogers C. R., 1902~1987)

일리노이 출생이다. 1924년 위스콘신대학교 역사학과, 1931년 콜롬비아대학교 대학원을 수료하고 심리학 학위를 취득하였다. 이후 아동상담 임상에 종사하며 1940년에 오하이오주립대학교 심리학 교수, 1957년 위스콘신대학교 심리학 및 정신의학 교수로 취임하였고, 미국응용심리학회 회장을 역임하였다.

2. 상담의 분류

1) 지시적 상담(directive counseling)

원래 **지시적 상담**이라는 파가 존재한 것은 아니지만, 로저스가 당초 비지시적 상담을 주장한

데 대해 그 차이를 명확히 하는 과정에서 지시적 상담이라고 불리게 되었다. 손(Thorne)의 지시적 심리치료나 생활지도(guidance) 이론을 제창한 윌리엄슨(Williamson)의 지시적 상담이 대표적이다.

이 지시적 상담이라는 입장은 전문적 입장, 정보, 경험을 가진 상담자(counsellor)가 상담자 책임 하에 '적재'와 '적소'를 연결한 것이다. 상담자와 **내담자**의 **라포**(rapport; 신뢰관계)나 상담자의 수용적 태도는 비지시적 상담과 마찬가지로 필요하다.

2) 내담자 중심 상담(client-centered counseling)

우리나라에서는 상담이라고 하면 대부분의 경우 이 **내담자 중심 상담**을 가리킨다. 자세한 내용은 나중에 설명하겠지만, 미국의 로저스에 의해 제창된 방법이다. 로저스는 내담자의 자가 치유력을 신뢰하는 입장에서 상담의 주도권은 내담자에 있다고 보았다. 따라서 지시하지 않는 것이 특징이기 때문에 당시에는 비지시적 상담이라고 표현하였으나 내담자의 자가 치유력을 신뢰하여 듣는 입장을 명확히 하기 위해 내담자 중심 상담이라는 표현으로 바꾸었다. 이 입장에서는 상담자는 내담자의 현재 감정을 받아들이고 공감하며 그것을 내담자에게 전달해주어야 한다. 따라서 상담자는 우선 경청하는 것이 중요하다.

이 내담자 중심 상담을 응용해서 로저스는 대면집단(encounter group)의 집단치료를 전개하여 틀이 없는 그룹 체험을 통한 이해 확대와 인간관계의 통찰을 통한 인간성 성장을 꾀했다. 젠들린(Gendlin)은 감정이 몸의 느낌으로서 체험되는 체험 과정에 주목하여 **포커싱**(focusing) 기법을 개발하였다.

3) 절충적 상담(eclectic counseling)

로빈슨(Robinson, 1950)으로 대표되며 지시적 상담과 내담자 중심 상담을 절충한 입장이다. 내담자의 행복감이나 적응감 향상, 환경에 대한 적응 개선, 부적응감 제거를 목표로 한다. 상담자의 태도는 내담자 중심 상담에 근거하지만, 내담자가 직면한 현대사회의 다양한 문제를 해결하기 위해 경우에 따라서는 전문가로서 심리적 사정 결과나 의견 등을 설명하고 지도력을 발휘함으로써 상담을 진행한다.

2 상담의 의의와 상담 마인드

1. 상담의 이론적 근거

1) 자기이론(self theory)

로저스(1951)는 내담자 중심 상담의 이론적 근거로 자기이론을 발표하였다. '개인은 모두 자신이 중심인 곳의 경험 세계에 존재하며, 장소에 대해 그 장소를 지각하는 대로 반응한다'는 것을 전제로 개인에게 경험되는 세계와 자신에 대해 체제화된 개념인 자기개념의 일치도에 따라 개인의 심리적 안정도를 설명하였다(그림 13-1). 개인이 경험하는 세계는 객관적, 절대적인 것이 아니라 개인이 사실로 지각한 현상적 장소이다. 개인이 사실로 지각(경험)한 자기와 이미지로서 체제화되어 있던 자기개념의 일치도가 높으면 그 개인은 심리적으로 안정되며, 일치도가 낮으면 불안정해진다고 한다.

로저스는 인간의 성격에 대해 '인간은 본질적으로 자신의 개인적, 주관적 세계에 살고 있으며 과학, 수학 등과 같은 가장 객관적인 기능이라 할지라도 주관적인 목적과 주관적인 선택의 결과이다'(1959)라고 설명하고, 개인의 현상학적 사적 세계를 중시하여 성격 변화의 본질을 유동적, 수동적으로 체험해가는 과정이라고 보았다. 또 내담자는 스스로 자기개념과 경험의 **불일치**를 자각하고 그 불일치를 **일치**시켜 심리적 적응 상태로 진행하는 능력을 가지며, 상담에서 내담자는 불일치 상태에서 일치 상태로 변화한다고 설명하였다.

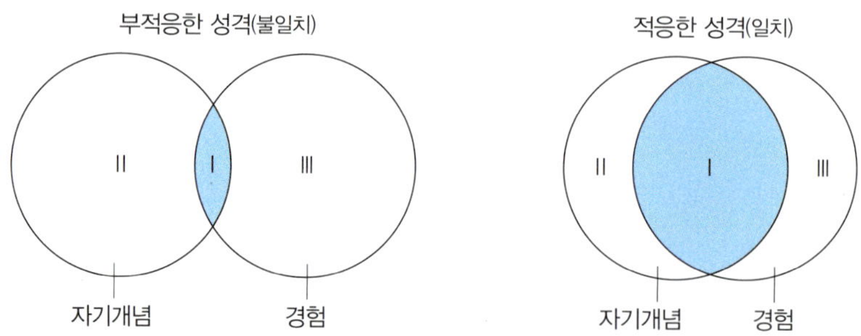

그림 13-1 **자기이론의 일치와 불일치**

2) 해피엔드증후군

유즈리(Youzuri, 1996)는 모든 인간에게 공통하는 심리적 특징을 해피엔드증후군으로 지적하였다. 해피엔드증후군은 다음과 같이 정의할 수 있다.

인간은 자신에게 행복으로 느껴지는 상태를 항상 탐구하며, 획득한 행복감이 언제까지나 지속되기를 고집한다. 이 행복으로 느껴지는 상태는 자신의 기대나 생각으로 이루어진 자기개념에 사실이 일치함으로써 획득된다고 착각하는 것에 해피엔드증후군의 특징이 있다. 생각대로 사실을 경험하면 행복을 느끼는 것은 인간의 본능이지만, 생각을 변화시키는 것이 아니라 생각은 그대로 두고 생각대로 사실을 획득함으로써 행복을 느끼려는 부분에 해피엔드증후군의 본질이 있다. 바꾸어 말하면 인간은 모두 해피엔드증후군이기 때문에 인생의 목표를 향해 노력할 수 있는 것이다.

예를 들어 '젊네요'나 '바쁘신 중에 감사합니다'와 같은 겉치레 말은 인간이 해피엔드증후군임을 나타내는 일례이다. '실제 나이보다 어려 보이고 싶다', '나는 유능하니까 모두의 기대를 받아 바쁘게 일하고 싶다'는 생각이 인간에게 있기 때문에 사실이 어떻든 그 생각을 충족하는 말이 겉치레 말이 되는 것이다.

신년인사, 계절인사, 액땜 등의 의의도 해피엔드증후군으로 설명할 수 있다. '……하기를' 기원하는 말은 자신의 생각을 실현하기 위해 하느님이나 부처님을 이용하는 것이 아닐까? 생각대로의 사실을 획득하기 위해 노력도 하겠지만, 그것만으로는 불안하니까 하느님, 부처님, 조상을 받들고 그 실현에 가담하게 하는 것이 신앙이라고 생각하는 사람도 있을 것이다.

2. 상담의 의의

1) 카타르시스(정화)

인간은 정서를 느끼고 긴장하며 그 긴장을 정서에 대응한 희로애락 등의 감정으로 표출함으로써 긴장을 줄인다. 이 표출이 잘 되지 않아 긴장이 지속되는 것을 **스트레스**(stress)라고 한다(제4장 3. 참조). 우리는 일상생활에서 스트레스를 느끼면 대부분은 가까운 누군가에게 그 감정을 표출하여 해소한다. 상담을 받는 내담자는 일상생활에서 이 감정표출을 잘 못하는 상태에 있다고 볼 수 있다. 따라서 상담의 의의는 우선 첫 번째로 마음의 변비해소라고도 할 수 있는 **카타르시스**(catharsis)를 달성하여 일상생활에서 표출할 수 없었던 감정을 표현하는 데 있다.

2) 일상생활에서 벗어남

내담자가 일상생활에서 스트레스를 제대로 해소할 수 없는 경우 상담은 일상생활과 다른 인간관계, 세계, 가치관을 만들어 내담자의 감정표출을 촉진한다. 그러기 위해서는 상담자는 철저한 비밀유지의무를 다하여 경청하며 내담자의 감정을 무조건적으로 수용할 필요가 있다. 상담자의 이러한 태도에 의해 일상생활과는 다른 세계를 경험하여 스트레스 표출이 촉진되며 내담자의 심리적 세계가 불일치에서 일치로 변화한다. 이것이 두 번째의 의의이다.

3) 거울 기능

상담은 종종 거울이나 캐치볼에 비유된다. 우리는 매일 아침 거울에 비친 자신의 얼굴을 확인하고 하루를 시작한다. 거울에 비친 자신의 얼굴을 보고 판단하여 어떤 사람은 화장을 하고 어떤 사람은 수염을 깎는다. 거울과 마찬가지 기능으로서 내담자의 감정에 대해 행하는 것이 상담이다. 내담자의 감정을 받아들이고 받아들인 감정을 내담자에게 다시 전달한다. 또 둘 사이를 여러 차례 오가는 내담자의 감정을 공이라고 하면 상담은 캐치볼로도 비유할 수 있다. 공을 잘 받는(수용) 상담자에게 내담자는 안심하고 어떤 공(감정)이든 던질 수 있다. 그리고 받아든 공(감정)을 상담자는 부드럽게 내담자에게 다시 던져준다. 이처럼 감정을 무조건적으로 받아들이고 내담자에게 다시 전달하는 것이 상담의 세 번째 의의이다.

거울은 있는 그대로의 상을 비추고, 캐치볼에서는 받아든 공을 그대로 던진다. 거울이 지시하는 일은 없으며 캐치볼에서 받아든 공을 다른 공으로 바꾸어 던지는 일도 없다. 내담자의 감정이 중시되며 상담자의 지시가 섞이지 않는 것이 상담이다.

거울 기능

4) 자기통찰

인간을 해피엔드증후군으로서 이해할 때 상담의 네 번째 의의는 인간의 생각에 부응하는 것이 아니라 '해피엔드증후군인 까닭에 자신이 잘못 생각하고 있었다'는 내담자의 자기통찰을 지원하는 것이다. 내담자는 상담자에게 감정을 무조건적으로 받아들여지고 그대로 다시 전달받음으로써 비로소 그 감정과 마주할 수 있다. 일상생활 속에서 상처를 입고 자신을 혐오하며 불안에 빠져 마주할 수 없었던 감정에 상담자의 무조건적인 받아들임을 통해 마주할 수 있게 된다. 그리고 감정을 음미하여 자기통찰이 이루어지게 된다. 이 자기통찰을 통해 '인간으로 태어나 살아가는 의의와 기쁨은 자신의 생각을 충족시켜야 달성할 수 있는 것이라고 잘못 생각하고 있었다'며 내담자가 실감하고 고민에서 해방됨으로써 일상성 속에서 자기 현실을 향해 다시 시작할 수 있는 것이다.

3. 상담 마인드

상담 마인드는 상담자에게 필요한 마음가짐이나 태도를 의미한다. 마음가짐으로서 자각하고 경계하지 않으면 반드시 잘못을 범하는 것이 인간이기 때문에 상담 마인드는 중요하다. 학교 교사의 상담 마인드는 상담 상황의 상담자가 아니라 학교 교사로서 일상생활의 수용적인 태도나 쉽게 말할 수 있는 배려 등 교사의 마음가짐이나 태도를 의미한다. 여기서는 상담 상황에서 상담자에게 필요한 상담 마인드에 대해 유즈리(Youzuri, 2005)의 시점에서 설명한다.

1) 비밀을 지키는 마음

상담자에게 **비밀유지의무**는 상당히 중요하다. 임상심리사는 이 의무를 위반하면 자격이 박탈된다. 그만큼 내담자 상담 내용의 비밀유지의무는 중요하다. 임상심리사뿐만 아니라 상담을 했다면 그 내용을 다른 사람에게 누설해서는 안 된다는 사실은 누구나가 알고 있다. 그러면 왜 일부러 상담 마인드로서 지목하고 있을까? 그것은 머리로는 알고 있어도 절대 아무에게도 누설하지 않는다고 단언할 수 없는 것이 인간이기 때문이다. 일상생활에서 '우리끼리만 알고 있어야 해. 절대 아무한테도 말하지 마'하며 전제를 깔고 어떤 비밀을 털어놓는 행동을 대부분 경험했을 것이다. 내담자의 상담 내용이 상담자에게 충격적인 경우에는 누군가에게 말하고 싶은 충동이 상담자에게 생기는 것도 사실이다. 따라서 머리로 비밀유지의무가 있다고 이해하는 것만으로는 확실하게 비밀유지의무를 수행하기에 불충분하다.

확실하게 비밀유지의무를 수행하려면 '반드시 누군가에게 말하고 싶어질 것 같으니 자신은 믿을 수 없다'고 하는 자각이 필요하다. 다른 사람에게 말하는 것을 회피하는 수단으로 상담 후 상담기록을 쓰는 것은 효과적이다. 문장을 씀으로써 누군가에게 이야기하고 싶은 충동도 상당히 완화되고, '자신을 믿을 수 없으니 비밀유지의무를 잊어서는 안 돼'하며 자각을 재확인할 수 있다. '나는 비밀을 누설하지 않으니 괜찮아'가 아니라 '나야말로 믿을 수 없어'라는 자각을 통해 실제로 비밀유지의무를 다할 수 있다.

하지만 비밀유지의무에 예외가 없는 것은 아니다. 생명 우선의 대응이나 학교 등에서의 교내 연계를 위한 내담자의 양해를 얻어 다른 교원에게 상담 내용을 전하는 경우 등이 해당한다.

2) 이야기를 잘 들어주는 마음

일반적으로는 **경청**이라고 표현된다. 상담은 내담자의 감정을 듣고 수용함으로써 내담자의 문제 해결이나 인격 성장을 돕는 것이다. 내담자의 이야기를 듣고 감정을 느끼며 있는 그대로를 받아들이는 것이 중요하다. 인간은 상대방이 이야기를 들어주면 마음이 가벼워진다. 일상생활에서 '이 사람은 좋은 사람이다'라고 느끼는 것은 자신의 일처럼 들어주는 사람이며, 불교의 설법을 전파하는 사람은 아니다. 내담자가 상담 받으러 오는 이유는 일상생활에서 자신의 일처럼 이야기를 들어 주는 사람이 없기 때문이다. 그러므로 상담자는 우선 순수하게 열심히 들어주어야 한다.

또 이야기를 듣고 마음이 안정되는 것은 상담자도 마찬가지이다. 상담 관계에서 상담자는 이야기를 들려주고 싶어지는 자신을 자각하고 안정적으로 듣는 것에 전념할 수 있는 자신을 찾을 필요가 있다. 종종 삶에 자신감을 가진 사람은 상대방이 이야기를 들어주면 기분 좋아지는 경향이 있다. 상담자가 자신의 의견을 내담자에게 밀어붙이고 개운해진 기분을 느끼는 경우 그것은 내담자에게 바람직한 상담이 아니다.

3) 마음의 거울

우리는 자신의 얼굴을 스스로 볼 수 없기 때문에 매일 거울을 본다. 거울의 중요한 기능은 사실을 비추는 것이다. 거울을 보는 인간은 다양한 생각으로 거울을 보는데, 거울은 반드시 사실을 비춘다. 사실을 비추는 것이 거울의 중요한 기능이며, 신뢰받는 까닭이다. 매일 아침 거울에 비친 얼굴을 보고 스스로 판단해서 화장을 하거나 수염을 깎거나 얼굴을 씻는다. 그리고 '이제 됐어'하며 거울로 확인하고 하루의 생활을 시작한다. 거울이 무언가를 지시하는 일은 없다.

상담은 이 거울의 기능과 유사하다. 내담자는 혼란스럽고 상처를 입은 그대로의 감정을 상담자에게 내뱉고 상담자에게 받아들여져 정리된 감정이 내담자에게 다시 전해짐으로써 내담자는 자신을 통찰하고 문제를 해결하기 위해 스스로 내딛기 시작한다. 상담자는 내담자의 감정을 있는 그대로 무조건적으로 받아들이지 않으면 그것을 내담자에게 다시 되돌려줄 수 없다.

상담자는 내담자의 감정을 있는 그대로 무조건적으로 받아들이고 그것을 내담자에게 다시 전달하는 것이 사명이며 지시를 할 필요는 없다.

4) 내담자의 자가 치유력을 신뢰하는 마음

상담을 진행해가는 것은 내담자 자신의 힘이지 상담자가 아니다. 내담자의 문제를 해결하고 성장해가는 힘을 믿기 때문에 상담자는 내담자 감정의 거울 기능을 하는 것이 최선이다.

로저스는 '인간은 자신의 자기개념을, 자신의 전체 경험과 한층 더 일치시키도록 재구성하여 그에 따라 심리적 부적응 상태에서 벗어나 심리적 적응 상태로 진행시키는 능력을 가지며, 또 언제나 그 방향으로 진행하는 경향이 있다'며 내담자의 **자가 치유력**을 설명하였다.

상담의 관계는 이솝우화 '북풍과 태양'으로 예를 들 수 있다. 북풍과 태양이 눈앞을 지나가는 여행자의 외투를 먼저 벗기려고 경쟁하는 이야기이다. 북풍은 여행객에게 힘껏 바람을 불어 외투를 벗기려 하지만, 그럴수록 여행자는 고집스럽게 외투를 여미어 실패하였다. 그에 비해 태양은 여행자에게 직접 아무 것도 하지 않고 자신의 특성을 발휘해서 주위를 따뜻하게 하였다. 그러자 여행자는 '아! 더워'하며 스스로 외투를 벗어 태양이 승리한 이야기이다. 여기서 북풍과 태양이 상담자의 유형, 여행자가 내담자, 외투는 해결해야 하는 문제로 비유할 수 있다.

또 상담자의 친절한 행위에는 내담자에 대한 '당신 혼자서 못할 것 같으니 내가 도와주겠다'고 하는 불신감이 잠재한다는 사실을 깨달아야 한다. '고민, 낙담, 자신감 상실의 내담자야말로 스스로 해결해서 극복할 힘이 있다'며 자가 치유력을 믿고 **지켜볼** 필요가 있다. 친절한 마음에는 '약한 당신을 내가 도와줄게'하는 생색이 숨어 있다고도 할 수 있다.

거울 기능을 하겠다는 마음가짐과 자가 치유력을 믿는 마음을 통해 상담자는 비로소 내담자 마음의 움직임을 지켜보며 기다릴 수 있다.

상담의 관계

5) 현재의 감정을 그대로 수용하는 마음

인간의 이성과 감성이 반드시 일치한다고는 할 수 없다. '깨끗하고 올바르며 아름답게'는 인간이 가져야 할 모습으로서 문제는 없지만, 결코 이렇게 살 수 없는 것이 인간이다. 이 있는 그대로의 인간을 그대로 받아들이고 듣는 것이 상담이다.

행동은 그렇게 안 되지만, 감정은 무엇이든 무조건적으로 수용할 수 있다. 예를 들어 상담에서는 '죽고 싶다'는 말을 종종 듣는다. '죽는다'는 행동은 수용할 수 없지만, '죽고 싶다'는 감정은 무조건적으로 받아들일 수 있다. 내담자의 감정에 초점을 맞추어 그것을 이해하고 있는 그대로를 무조건적으로 수용해서 종합하여 다시 내담자에게 전달하는 것이 상담이다. 상담자는 자칫하면 감정을 소홀히 여기고 행동이나 도리에만 주목하기 쉽다는 사실을 자각해야 한다.

6) 이해하려는 마음

상담자는 내담자의 감정을 이해하고 수용하는 것이 임무이지만, 내담자의 마음 모두를 이해하지는 못한다. 자신의 마음조차 잘 모르면서 종종 '알았다'며 내담자의 기분을 이해한 것처럼 느끼기 쉽다. 모두를 이해할 리가 없는데 다 이해한 듯 여기는 자신을 자각할 필요가 있다. 한 사람의 인간을 이해하는 일은 간단하지 않으며 항상 '과연 그럴까?'하는 마음으로 되물어보면서 종합적으로 이해해야 한다.

그렇다고 해서 내담자가 알아주기 바란다며 호소하는 감정을 이해하고 수용해야지 캐물어서는 안 된다. 이해해야 한다는 부담감이 내담자의 마음에 흙 묻은 발로 성큼 들어가게 만들지도 모른다. 경우에 따라서는 모르는 편이 좋을 때도 있다. 내담자는 '그 일은 지금 말하고 싶지 않다. 그냥 내버려두면 좋겠다'는 기분일지도 모른다는 사실에 유의해야 한다. 내담자를 '이해하는' 것이 아니라 **이해하려고 하는** 심리적 거리감이 필요하다.

7) 최소한의 제한을 소중히 여기는 마음

일상성을 최대한 배제하고 내담자의 감정표출을 촉진하는 데에 상담의 의의가 있다. 일상생활에서는 불가능한 감정표출을 안심하고 할 수 있도록 만들려면 상담에서는 내담자에게 제한을 줄일 필요가 있다. 모든 감정을 어떻게 표출하든 괜찮다고 내담자를 이해시키는 것이 바람직하다. 그러기 위해서는 상담자는 앞에서 설명한 비밀유지의무를 반드시 지켜야 한다.

또 상담은 감정표출의 장소이지 사회에 적응하기 위한 행동 훈련의 장소가 아니기 때문에 사회적 제한이나 분별이 최대한 적어야 거리낌 없이 감정을 표현할 수 있다. 상담에서 표현해서는 안 되는 감정이란 일체 없다. 하지만 행동 상으로는 약속시간이나 장소를 지키거나 감정이 아무리 격해져도 그에 따른 폭력행위는 허락되지 않는다고 하는 **제한**은 필요하다. 상담에서는 물리적 제한은 필요 최소한으로 하는 것이 바람직하다.

상담은 **전이**(transference)에 의해 진행된다고도 한다. 전이란 내담자가 일상생활에서 관계하는 사람에 대한 감정을 상담자에게 향하는 것을 말한다. 예를 들어 연인에게 받고 싶은 연애 감정을 상담자에게 향하는 경우 등이다. 전이를 통해 상담자에게 감정표출을 함으로써 내담자의 통찰은 깊어진다. 전이에 의한 감정표출 가능성을 상담자는 알아차려야 하며, 그 감정에 휘둘려서는 안 된다. 따라서 상담에는 약속(계약)한 시간과 장소를 지키는 제한이 필요하다.

또 상담 원칙에 **관계의 다중성** 배제가 있다. 예를 들어 자신의 가족은 상담할 수 없다. 가족으로서의 관계와 상담에서의 관계라는 이중의 관계가 형성되기 때문이다. 일상성을 배제하기 위해서는 상담자와 내담자는 일상생활에 접점이 없는 것이 바람직하다. 일상성을 최대한 배제하여 내담자가 감정을 표출할 수 있도록 배려해야 한다.

8) 고뇌의 의미를 음미하는 마음

고뇌를 환영하는 사람은 없다. 만일 문제가 발생하면 한시라도 빨리 그 문제를 해결하려고 하며, 해결은 그 사람이 기대하는 대로 사실이 획득되는 것을 의미한다. 하지만 그것이 실제의 해결이라고는 볼 수 없다. '생각대로 살 수 없는 인생을 생각대로 살려고 하는 자신에게 어떠한 물음도 갖지 않고 지냈다'고 깨닫는 계기가 고뇌이다. 그 사실을 내담자가 깨닫게 하는 것이 상담의 중요한 의의이다.

고뇌가 없으면 인간은 잘못된 생각대로 계속 살아가야 할지도 모른다. 생각대로 되지 않는 고뇌가 있기 때문에 자신의 삶에 숨어 있던 문제성을 깨닫는 것이다. 예를 들어 우리가 길을 헤맬 때 길을 잘못 들었다는 사실을 깨닫는 것은 길을 잘못 든 순간이 아니다. 표적으로 삼았던 것을 찾지 못해 짐작에서 벗어난 상황에 직면함으로써 비로소 '이상한데?'하고 깨닫는다. 또 감기에 걸렸다고 깨닫는 것은 감기 바이러스가 몸 안에 들어온 직후가 아니라 감기 증상이 나타났을 때이다. 감기를 알아차리고 치료하려면 자각증상이 필요한 것이다.

또한, 감기 증상이 나타났다고 해서 증상만 제거하는 의사는 없다. 감기 자체를 치료한다. 잘못된 문제나 고뇌는 감기로 비유한다면 증상이다. 예를 들어 자녀의 등교거부에 대응할 때 등교거부는 증상이다. 등교거부라는 증상을 나타내는 근원적인 문제나 호소에 상담자는 주목해야 한다. '아버지, 어머니, 선생님, 제 실제 문제를 알아차리고 도와주세요' 하는 외침이 등교거부라는 문제행동에 내재되어 있다. '이 문제행동에 내재된 외침은 무엇일까?'하고 마음에 물어서 지원에 임해야 한다.

9) 내담자의 속도를 존중하는 마음

상담은 내담자와 상담자의 공동 작업이지만, 그 속도의 주도권은 내담자에게 있다. 내담자 마음의 움직임에 맞추어 상담자는 듣고 그 감정을 수용한다. 하지만 상담자가 내담자에게 몰두하면 할수록 '빨리 해결되면 좋겠다. 회복되면 좋겠다'는 기대가 생기기 쉽다. 실제로 상담자의 기대대로 내담자의 문제해결이 진행되는 일은 거의 없다. 상담자가 **내담자의 속도**에 맞추는 여유를 갖지 않으면 내담자의 마음을 보지 못하게 된다는 사실을 자각해야 한다.

또 내담자의 호소를 들어도 상담자는 공감하는 것이 아니라 '충분히 말하고 나면 내 말을 들려주자'며 이른바 **김 빼기** 발상에 빠지기 쉽다는 사실도 자각해야 한다. 김 빼기는 듣는 척하다가 기회를 보고 내담자에게 자신의 생각이나 사상을 밀어붙이는 것일 뿐이라고 상담자는 깨달아야 한다.

침묵에도 유의할 필요가 있다. 상담의 침묵에는 여러 가지 의미를 생각할 수 있다. 내담자에게는 필요한 침묵이라고 깨달아야 한다. 상담 중의 침묵은 상담자에게 매우 길게 느껴질 수 있다. 그 중압감에 못 이겨 안일하게 발언하기 쉽다는 사실을 자각해야 하며, 상담의 키잡이는 내담자에게 있음을 잊어서는 안 된다.

3 상담의 이론과 기법

1. 내담자 중심 상담의 이론

로저스(Rogers)는 「치료를 통해 성격 변화가 일어나는 필요충분조건(1957)」에서 '상담의 6가지 조건'이라는 상담의 성공 조건을 제시하였다. 이 가운데 ③~⑤는 상담자에 관한 조건으로 '상담자의 3가지 조건'이라고 한다.

① 두 사람 사이에 심리적인 접촉을 가질 것

심리적 접촉이란 상담자는 상담을 받아들일 마음이 있고 내담자는 이 상담자에게 상담하려는 의지가 있는 것을 의미한다. 이는 두 사람 사이에 개인적 접촉 없이 처음 만난 경우라도 성립한다. 병원을 찾을 때 의사와 첫 대면이더라도 병원 의사라는 사실에 환자와의 신뢰관계가 생겨난다. 이처럼 첫 대면이라도 심리적 접촉은 성립한다.

② 내담자는 불일치 상태에 있어 상처받기 쉽고 불안한 상태에 있을 것

내담자는 앞에서 설명한 자기이론의 불일치 상태에 있어야 한다. 예를 들어 '나는 완벽해야 한다'는 자기개념을 가진 학생이 수업 중 발표에서 실수하여 급우들이 웃었고, 이를 받아들이기 어려운 자기부정을 경험한 후 등교거부를 했다면 이 내담자는 불일치 상태로 상처받기 쉽다. 이 경우의 경험은 사실이야 어떻든 내담자 자신이 자각한 자신의 경험이다. 실제로는 사소한 실수더라도 이 학생에게는 엄청나게 큰 실패로 자각되어 받아들이기 힘든 경험이었을지도 모른다.

다음의 ③~⑤는 **상담자의 3가지 조건**이다.

③ 치료자 및 상담자는 이 관계 속에서 일치하며 통합되어 있을 것

이 조건은 **순수함**이라고도 한다. 상담자는 내담자와 마주하여 순수하게 경청(귀를 기울여 열심히 들음)할 수 있는 상태임을 의미한다. 일상생활 속에서 경청해주는 사람이 없거나 아무에게도 말할 수 없는 고민을 안고 있는 내담자이기 때문에 반드시 열심히 들어주는 상담자이어야 한다. 또 숙달된 경험을 통해 자신의 것으로 만든 상담 이론을 발휘할 수 있는 상담자이어야 한다. 지적인 이해만으로 상담자의 인격과 일체화하지 않은 태도의 상담자는 통합되어 있다고 할 수 없다.

④ 치료자 및 상담자는 내담자에게 무조건적이고 긍정적인 관심을 경험할 것

이 조건은 **따뜻함**이라고도 하며, 내담자 중심 상담의 핵심조건이다. 행동을 무조건적으로 받아들이기는 어렵지만, 감정은 무조건적으로 받아들일 수 있다. 예를 들어 '죽고 싶다'고 호소하는 내담자의 행동을 무조건적으로 수용할 수는 없지만, '죽고 싶을 정도로 힘들군요, 외롭군요, 슬프군요'하며 감정은 무조건적으로 수용할 수 있다. 일상생활은 도리나 행동이 우선되어야 하므로 감정이 항상 받아들여지지는 않는다. 내담자는 일상생활에서 감정이 받아들여지지 않는 경험으로 인해 상처를 받고 불안한 상태에 빠져 있다. 내담자는 상담자를 통해 자신의 감정이 무조건적으로 받아들여지는 경험을 함으로써 자신의 감정과 마주하여 통찰하는 용기를 얻을 수 있다.

⑤ 치료자 및 상담자는 내담자의 입장에서 공감적인 이해를 경험하고 이 경험을 내담자에게 전달하도록 노력할 것

일상생활에서 우리가 노력하고 견디는 원동력에 우승열패나 약육강식의 본능이 있다. '나은 사람은 이기고 못난 사람은 진다'는 가치관에 근거하여 우리는 노력한다. 옛말에 '사람은 위를 보고 살지 말고 아래를 보고 살아라'라는 것이 있다. 이 말은 자신들보다도 혜택 받아 행복하게 사는 사람들과 비교하는 것이 아니라 자신들보다도 혜택 받지 못해 불행한 사람들과 비교하고 살라는 교훈이다. 이 말의 본심에는 우승열패가 있다.

또 불행하게 재해를 입은 사람들의 뉴스를 들으면 자신과 비교해서 행복을 느끼는 것이 인간이다. 이 마음에 바탕한 상담자의 마음은 동정이다. 동정은 '내가 아니라서 다행이다. 당신과 비교해서 나는 행복하다'라는 생각에 바탕하여 듣는 것을 의미한다. 동정의 마음으로 듣는 상담자는 '힘들겠군요'하고 말하면서 우승열패의 마음으로 상담을 진행하기 때문에 내담자가 아닌 상담자가 회복된다. 이것은 상담이 아니다. 동정의 마음이 인간의 본능이라는 사실을 상담자는 깨달아야 한다.

이에 비해 공감은 내담자의 입장에서 감정을 느끼고 받아들이는 것을 의미한다. 하지만 다른 사람의 감정과 완전히 동일한 감정을 느끼는 것이 인간에게는 쉽지 않다. 공감이라고 해도 어디까지나 상담자 자신의 감정에 근거하고 있다. 공감은 자신이 과거에 경험한 감정 중에서 지금 눈앞의 내담자가 느끼고 있다고 생각되는 감정과 가장 유사한 감정을 재체험하여 듣는 것이다. '내가 아니라서 다행이다'가 아니라 상담자 자신도 과거의 감정을 재체험하여 내담자와 유사한 감정을 느끼면서 듣는 것이다. 상담자 자신이 '나는 동정의 마음을 본능적으로 가지고 있다'며 깊이 자각해야 비로소 이 공감의 길은 열린다.

하지만 상담자가 그 당시의 정서에 좌우되어 불안정해지면 내담자를 지원할 수 없다. 항상 안정된 심리상태를 유지하면서 공감할 필요가 있다.

⑥ 치료자 및 상담자의 무조건적이고 긍정적인 관심과 공감적 이해가 내담자에게 조금이라도 전달되게 할 것

상담은 내담자와 상담자의 인간관계에 의해 전개되기 때문에 상담자의 3가지 조건을 상담자가 수행하고 있음이 내담자에게 전달되어야 한다. 상담은 거울로 비유되는데, 거울은 빛이 없으면 쓸모가 없다. 두 사람의 말, 태도, 표정 등의 의사소통이 상담에서는 빛에 해당한다. 따라서 상담자가 상담 마인드를 발휘하여 상담자의 3가지 조건을 충족해서 대응하고 있음을 전달하는 데는 다음과 같은 기법이 있다.

공감적 이해

2. 상담기법

상담기법은 상담자의 3가지 조건과 상담 마인드를 상담자가 수행하고 있음을 내담자에게 전달하는 것을 의미한다. 상담자의 3가지 조건을 충족하여 상담 마인드를 발휘하는 자체에 기법이 존재하는 것은 아니다. 상담자 자신의 자각과 통찰을 통해서만 이것이 달성된다. 이는 발전소와 송전선에 비유하여 설명할 수 있다. 발전소에서 발전되어도 송전선이 없으면 전기는 흐르지 않는다. 하지만 송전선이 완성되어도 발전소에서 발전되지 않으면 또한 전기는 흐르지 않는다. 여기서 **상담기법**은 송전선이고, 상담자의 상담 마인드와 상담자의 3가지 조건 수행은 발전소의 발전이다.

다음의 기법은 어디까지나 상담자의 3가지 조건을 수행하도록 돕는 수단이다.

① 감정수용의 전달(간단한 수용)

내담자가 어떠한 감정이나 행동을 표현해도 내담자의 감정에 공감하여 무조건적으로 수용한다. 차분히 침착하게 '음', '예', '네', '오호', '과연', '그렇지' 등의 맞장구를 섞으며 대답한다. 때로 시선을 맞추고 내담자의 감정에 공감한 표정과 태도로서 경청하고 있음을 전달한다.

② 감정의 반사

내담자가 표현한 감정을 상담자가 파악해서 다시 전달하는 것이다. 내담자는 항상 감정을 잘 표현할 수 있다고는 볼 수 없다. 사실만 담담하게 말하거나 두서없는 내용을 힘들게 말하는 경우도 많다. 그 내담자의 이야기에서 표정이나 태도 등의 비언어적 의사소통도 단서로 하여 감정을 알아채고, 그것을 내담자에게 약간 말을 바꾸어 다시 전달하면 효과적이다.

③ 반복

항상 내담자의 감정을 느끼고 반사할 수 있는 것은 아니다. 잘 모르는 경우에는 내담자의 말을 그대로 반복해서 한층 더 설명을 재촉할 수 있다. '잘 모르겠으니 조금 더 설명해주세요'라기보다는 침착하고 자연스럽게 전달되는 경우가 많다. 또 말을 그대로 반복함으로써 상담자가 적극적으로 경청하여 공감하며 이해하고 있음을 전달하는 의미를 갖기도 한다.

④ 감정의 명확화

내담자는 항상 명확하게 자신의 감정을 표현한다고 볼 수 없으며 뒤엉키거나 막히면서 더듬더듬 말한다. 그것을 상담자가 내담자의 감정을 정리한 후 알기 쉽게 다시 전달함으로써 내담자 자신이 자신의 감정을 재점검할 수 있다. 또 장황하게 계속 말하는 내담자에게는 단락마다 '지금까지의 이야기는 ○○○○○………라는 말이네요'하며 정리하면서 들으면 혼란스러워지는 일은 없다.

감정의 명확화

⑤ 비지시적 주도

'그건 무슨 말이죠?', '그래서요?', '조금 더 이야기해주시겠어요?' 등 내담자가 말한 내용에 대해 상담자가 질문해서 깊이를 더해가야 한다. 상담자가 갑자기 질문하는 것이 아니라 내담자가 말한 내용에 대해 깊이를 더해가는 것이 중요하다.

⑥ 승인

내담자의 노력이 열매를 맺어 소원이 성취되었을 때는 '잘 됐네요', '축하해요', '저도 매우 기쁘네요' 하고, 또 반대로 매우 슬프고 힘들 때는 '힘드시겠어요, 분하겠어요' 하며 내담자와 같은 감정을 상담자가 직접적으로 표현하도록 한다.

⑦ 자기개시

상담자가 얼마나 내담자를 깊고 정확하게 이해했는가를 전달하는 데에 있어 알기 쉬운 예를 이용해서 '당신의 기분은 ○○○일 것 같네요' 등으로 표현하도록 한다. 이로 인해 내담자의 감정을 두 사람이 확인할 수 있고 상담자가 수동적인 자세가 되거나 듣기만 하여 지루한 생각이 드는 것도 해소된다.

⑧ 피드백

자기개시의 일종인데, 내담자의 과거부터 현재까지 마음의 움직임을 종합해서 정리하여 내담자에게 전하도록 한다. 상담의 초점이 애매해지는 것을 막는 의미가 있다.

3. 상담의 실제 문제

① 저항(중단 포함)

내담자가 면접에 소극적이거나 중단하기를 원하거나 면접이 진전되지 않거나 면접에 불안을 느끼는 것을 말한다. 상담자가 문제를 빨리 해결하려고 초조해지거나 내담자가 아직 직면할 수 없는 과제를 밀어붙이거나 몰아넣음으로써 생기는 경우가 많다.

② 전이

내담자가 자신에게 영향력이 강한 실존 인물에게 느끼는 감정을 상담자에게로 옮기는 것을 말한다. 일상생활에서 벗어난 상담이기 때문이야말로 일상생활에서는 실존 인물에게 직접 나타내지 못하는 감정을 상담자에게 표출하여 상담이 깊어질 수 있다. 의존감정, 연애감정, 적의 등 다양한 감정이 상담자에게 표출된다. 상담자는 전이에 의한 감정표출임을 깨달아야 하며, 그 감정은 상담 중에만 받아들여야 한다. 또 반대로 상담자가 자신의 일상생활에 실존하는 인물에 대한 감정을 내담자에게로 옮기는 경우를 역전이라고 한다. 이 역전이가 생긴 경우에는 상담자는 반드시 그 사실을 자각하고 상담 진행에 진중해져야 한다.

③ 침묵

일상생활의 대화와 상담의 큰 차이는 이 침묵의 활용이라고 할 수 있다. 침묵은 상담자에게 특히 길게 느껴지는데, 그때마다 침묵의 의미를 생각하여 적절하게 대응할 필요가 있다. 침묵을 견디고 활용하는 요령이 필요한데, 침묵의 의미를 히로세(Hirose, 1966)는 다음과 같이 들었다.

㉠ 면접 초기 상황을 잘 몰라서 생기는 침묵
㉡ 자신의 생각이나 감정을 정리하기 위한 침묵
㉢ 상담자의 대답을 기다릴 때의 침묵
㉣ 자신을 표현하는 것에 저항하는 침묵
㉤ 화제가 떨어져 생기는 침묵
㉥ 지루할 때의 침묵
㉦ 모든 공백의 침묵, 내담자의 혼란에 의한 침묵
㉧ 두 사람이 그대로의 감정을 서로 체험할 때의 침묵

침묵

4. 내담자 중심 상담의 요약

상담에서 상담자가 순수한 마음으로 내담자의 감정을 공감적으로 이해하고 무조건적으로 받아들이는 태도로 이야기를 들음으로써 내담자는 자기개념을 유동적으로 변화시켜 의식하지 못했던 사실과 경험도 받아들여 자기개념과 경험을 일치시킬 수 있게 된다. 일상생활에서는 주위의 기대에 부응하지 않으면 받아들여지지 않고 인정받지 못하며 스스로도 자기개념에 일치하는 사실을 경험하지 못해 자기부정을 하던 내담자가 고뇌를 계기로 있는 그대로의 자신을 받아들여 주는 상담자를 만나는 것이다. 고뇌가 발생하기 이전처럼 자기개념에 일치하는 사실과 경험만을 추구하는 삶이 아니라 상담자가 거울 기능을 다해 무조건적으로 감정을 받아들임으로써 내담자는 있는 그대로의 사실을 수용하는 자아상을 재구축할 수 있다.

Chapter 14
심리학의 응용분야

학습목표

심리학의 지식은 일상생활의 다양한 상황에서 응용된다. 13가지의 주요 응용분야를 간단히 들어 해설한다.

이 장의 학습목표는 다음과 같다.

① 심리학에는 어떠한 응용분야가 있는지를 이해한다.
② 각 응용분야에서 연구가 이루어지는 주제를 이해한다.
③ 인간이 살아가는 데 있어 심리학의 사회적 역할을 생각한다.

심리학은 '마음이란 무엇인가를 묻고 마음의 기능을 밝히는 학문영역'이다. 그러기 위해서는 '인간이 외부로부터 정보를 받아들이고 이해하며 최종적으로 적절한 행동을 하기에 이르는 과정을 현상적으로, 기능적으로 또 그것을 지지하는 뇌의 기능까지 거슬러 올라가 명확히 하는 것을 목적'으로 한다.

교양으로서 심리학을 배우는 학생이 획득해야 하는 기본적인 소양으로 다음의 4가지가 있다.

① 마음의 기능은 무엇인가를 실증에 근거해서 이해한다.

② 인간에게 공통하는 심적 작용이나 행동 패턴에서 마음과 행동의 보편성을 이해한다.

③ 마음과 행동의 다양성과 가소성을 이해한다.

④ 심리학의 사회적 역할을 이해한다.

인간이 생활하는 다양한 상황을 생각할 때 인간의 '마음'을 빼고는 언급할 수 없다. 심리학이 실제 생활상황에서 어떻게 도움 되고 있는지를 생각해보자.

심리학의 응용분야로서 다룰 영역은 교육, 학교, 운동, 건강, 범죄, 사법, 장애, 복지, 환경, 재해, 산업 · 조직, 행동경제, 예술의 13개 분야이다.

1 교육심리학

1. 교육심리학의 정의

교육(education)이란 '인간이 삶을 영위하는 데 필요한 모든 행위를 가르치고 배우는 과정이며 수단을 가리키는 교육학용어'이다. 이 정의에서 보면 학교뿐만 아니라 가정, 직장에서의 교육, 평생교육도 '교육'에 포함된다.

교육심리학(educational psychology)이란 교육 과정에서 일어나는 여러 문제를 심리학적 측면에서 연구하여 원리를 정립하고 방법을 제시함으로써 교육 효과를 극대화하는 교육학의 한 분야이다. 즉, 학교나 가정 등의 교육 장면에서 교육 받는 사람 및 교육 하는 사람의 마음 작용을 심리학적으로 연구하고 교육활동을 효과적으로 행하기 위해 도움 되는 지식과 기술을 제공하기 위한 학문이라고 할 수 있다.

2. 교육심리학의 대표적인 연구주제

교육심리학의 대표적인 연구주제를 교육심리학의 역사에서 살펴보면 20세기 전반에는 손다이크(Thorndike)가 읽기나 산수 등의 기능에 관한 기초연구를 하였고, 터만(Terman)이 지능의 개인차를 진단하기 위한 검사를 개발하는 등 이 시기는 주로 '교육측정(educational measurement)' 영역에 대해 연구가 이루어졌다.

1950년대에 주의, 언어, 사고, 추론, 의사결정과 같은 인지 과정을 설명하는 인지심리학(cognitive psychology)이 발전함에 따라 교육심리학의 연구과제는 학습지도나 교육측정의 문제뿐만 아니라 광범위한 학교교육 문제로 확대되었다.

1980년대에는 학습의 사회면을 중시하는 **사회구성주의**(social constructionism)의 대두로 교육심리학의 대상은 학교교육뿐만 아니라 가정교육, 고등교육, 기업 내 교육, 평생교육까지 확대되었다. 그리고 1990년대 이후에는 교원 구성이나 커리큘럼 개발, 교육개혁 등 기존에는 교육학의 범위였던 과제도 교육심리학의 대상에 포함되었다.

학습의 효율성과 관련된 문제, 학습의 준비를 위한 흥미와 태도, 정신건강과 사회적 적응, 측정과 평가 등의 4가지가 가장 대표적인 교육심리학의 연구주제라 할 수 있다(표 14-1).

손다이크(Thorndike Edward Lee)

오늘날 교육심리학의 기초를 닦았다. 교육측정 운동의 아버지라고도 한다.

터만(Terman Lewis Madison)

프랑스의 '비네-시몬 지능검사'를 개정하여 '스탠포드-비네 개정판 지능검사'를 작성하였다.

사회구성주의(social constructionism)

인간은 사회적 존재라고 하는 입장을 말한다.

표 14-1 교육심리학에서 다루는 영역

영역	내용
발달	영유아의 심리, 아동심리, 청소년심리, 성인 · 고령자의 심리, 생애발달 등
인격	성격이론, 성격측정, 자기 · 자아, 정체성, 기질, 인지능력, 사회성 · 도덕성, 동기, 적응 등
사회	학교조직, 학급집단, 교사, 가족관계, 친구관계, 사회적 스킬 등
교수 · 학습 · 인지	학습이론, 학습의 인지과정, 수업이론, 교과학습, 교육공학 등

표 14-1 교육심리학에서 다루는 영역 (계속)

측정 · 평가 · 연구법	교육평가, 심리척도, 교육통계, 데이터분석법 등
임상	교육상담, 학교임상, 등교거부, 비행 · 문제행동 등
특별지원교육	발달장애, 평가, 자문, 교육지원 등
학교심리학	학습지원, 학교상담, 심리교육적 지원서비스, 학교교육상담 등

2 학교심리학

1. 학교심리학의 정의

학교교육 현장의 문제를 검토해가는 것이 학교심리학(school psychology)이다. 교육심리학의 연구주제와 중복하는 부분도 많지만, 학교심리학은 학교교육에 초점을 맞추어 학교교육을 지원하며 문제를 해결하는 지원을 위한 더 실천적인 분야이다. '학교교육에서 한 사람 한 사람의 아이가 학습 측면, 심리 · 사회 측면, 진로 측면, 건강 측면의 과제 대처 과정에서 만나는 문제 상황의 해결을 지원하여 아이의 성장을 촉진하는 **심리교육적 지원 서비스**의 이론과 실천을 지탱하는 학문체계'라고 할 수 있다.

심리교육적 지원 서비스는 ①학습 측면, 심리 · 사회 측면, 진로 측면, 건강 측면 등 아이의 학교생활을 종합적으로 다루고, ②교사나 학교 상담자가 보호자와 연계하며, ③모든 아이를 대상으로 하는 활동부터 특별한 지원이 필요한 아이를 대상으로 하는 활동까지 포함된다. 이러한 심리교육적 지원 서비스의 전문가로서 **학교심리사**의 자격검정이 시행되고 있다.

2. 학교심리학의 대표적인 연구주제

오늘날 학교교육이 대처해야 하는 과제는 학력 문제나 등교거부, 따돌림과 같은 아이 자신에 대한 문제뿐만 아니라 가정을 둘러싼 과제, 교사의 경력 발달이나 번아웃과 같은 교사를 둘러싼 과제, 학급붕괴나 위기관리와 같은 학급 · 학교를 둘러싼 과제 등 다방면에 걸친다. 또 교육제도나 사회상황의 변화와 함께 새로운 과제도 증가하고 있다.

3 스포츠심리학

1. 스포츠심리학의 정의

스포츠심리학(sports psychology)은 스포츠를 심리학적으로 연구하는 것을 목적으로 하며, '운동과 심리학 분야 간의 지식을 동원하여 스포츠나 운동 상황 내 인간 및 인간의 행위에 관해 과학적으로 탐구하고 그 지식을 현장에 적용할 수 있도록 하는 학문'이다. 스포츠에는 경기로서의 운동 외에 심신의 건강을 위한 운동, 놀이나 즐거움으로서의 운동이 있다. 이들 다양한 스포츠행동과 사람의 마음 기능과의 관계를 밝혀가는 것이 스포츠심리학이다.

2. 스포츠심리학이 다루는 연구주제

스포츠의 기술 향상법이나 시합에서의 중압감 극복을 지원하는 **심리훈련**(mental training), 또 스포츠가 신체적 건강과 함께 마음의 건강에 어떻게 도움이 되는지 등 스포츠심리학이 다루는 연구주제는 폭넓다.

경기 스포츠의 숙달을 위해서는 운동 기술의 향상과 함께 **심리적 기술**의 향상이 중요하다. 경기에서 실력을 발휘하려면 긴장이나 흥분을 누그러뜨리는 이완(relaxation)과 긴장도를 높여 활성화하는 사이킹 업(psyching up; 정신적인 긴장이나 흥분 수준을 높여 투지를 일깨우는 것)을 균형 있게 도입할 필요가 있다. 그 밖에 심리적 작전을 세우고, 실적에 좋은 이미지를 가지고 자신감을 유지하며, 적절한 목표를 설정하여 달성하고, 또 축구나 야구 등에서 주목을 끌고 있는 루틴을 만드는 등 다양한 심리적 기술이 있다. 많은 사람이 경험하는 슬럼프도 피로나 상처, 자세 수정, 새로운 도구 등의 요인 외에 지도법, 팀 분위기, 팀 내 포지션 등의 변화에 동반하는 자신감 저하가 요인이 된다. 운동선수뿐만 아니라 코치의 의사소통 기술이나 리더십 등도 중요하며, 심리학 시점에서의 연구가 많이 도움 된다.

스포츠가 심신의 건강에 미치는 심리적 효과에 대해 건강심리학(health psychology)과 관련하여 많은 연구와 실천이 있다. 신체활동이나 운동이 불안이나 우울을 감소시키고 **스트레스 대처**로서 효과적이라고 알려졌다. 또 폭스와 코빈(Fox, Corbin, 1989)은 스포츠를 함으로써 자기 자신을 '스포츠 유능감'(운동신경이 좋다 등), '컨디션 관리'(운동을 계속하는 덕분에 건강하다 등), '매력적인 신체'(단단한 신체로 스타일이 좋다 등), '신체적 강함'(근육이 붙어 있어 믿음직스럽다 등)과 같은 측면에서 지각하여 신체에 대해 양호한 자기의식을 가짐으로써 이것이 **자존감**(self-esteem)의 긍정적인 변화를 가져온다고 보았다. 나는 '좋은 사람이다'나 '가치 있는 사람이다'고 생각하는 자존감은 마음의 건강을 지지하는 중요한 요인 중 하나이다.

자존감(self-esteem)

얼마만큼 자신을 긍정적으로 파악하는가 하는 자신의 가치기준에 비춘 자기평가를 말한다.

4 건강심리학

1. 건강심리학의 정의

건강심리학(health psychology)은 심리학적인 입장에서 심신의 건강을 높이는 것을 목적으로 한다. 한국건강심리학회는 '건강심리학은 건강하고 행복한 삶이 질병이나 고통이 없는 수동적 상태가 아니라 신체 · 심리 · 사회적으로 안녕(well-being)한 상태를 유지하는 능동적 과정이라는 시대정신을 반영하고 있다는 점에서 차별성을 가진다. 따라서 인간의 적응 문제를 다루더라도 해결책과 더불어 문제가 발생하기 전에 이를 예방할 수 있는 길을 찾고, 건강할 때 이를 유지하고 증진시키는 방법에 초점을 맞추고 있다. 건강심리학은 심리적인 기초 및 임상연구뿐만 아니라 관련 영역인 의료, 간호, 보건, 공중위생, 교육, 체육, 운동, 영양, 사회복지, 생명윤리 등 관련 영역과의 협동연구를 추진한다'고 설명하였다.

2. 건강심리학이 다루는 연구주제

건강심리학이 다루는 연구주제는 스트레스와 건강, 건강과 성격, **건강행동**(health behavior)과 생활습관의 형성, 생활습관병 예방 등이다. 건강과 성격에 관련해서는 **유형** A와 **유형** C의 성격이 심장 · 뇌혈관장애나 암을 유발한다고 알려졌다.

우리는 비만이나 생활습관병 등에 걸리지 않고 건강을 유지하고 싶고, 무엇보다 건강이 중요하다고 생각한다. 건강유지에는 운동과 영양, 식생활을 중심으로 하는 질병 예방을 위한 건강행동이 중요한데, 필요성은 알고 있지만 좀처럼 실행이 동반되지 않는 어려움이 있다. 운동을 싫어하는 사람이 운동을 계속하기는 어려우며, 오랜 기간 동안 형성된 식습관은 간단하게 바뀌지 않는다. **영양교육**(nutrition education) 영역에서는 식욕을 조절하고 식습관을 개선하기 위해 **상담**이나 **행동치료**를 응용한 접근법이 효과적이라고 보고 시행되고 있다. 예를 들어 **단순성 비만** 치료에서 식사와 다른 행동을 분리하고(TV를 보면서 먹지 않는 등), 음식을 보이지 않는 곳에 넣어 두는 **자극통제**를 하며, 천천히 먹는 방법으로 수정하여 그것을 자신이 기록(자기관찰)함으로써 체중감소나 상태 개선과 같은 결과를 확인시키는 방법(강화) 등이 이루어진다.

TV나 잡지 또는 인터넷 상에서 '이 음식은 몸에 좋다. ㅇㅇ에 효과가 있다'는 기사가 다뤄지면 그 식품이 순식간에 매진되는 현상이 일어난다. 식품첨가물이나 '열량'은 좋지 않다고 간주되고 무첨가의 자연 지향이나 유기농이 존중된다. 다이어트 특집은 인기를 끌어 높은 시청률과 매상이 기대된다. 이처럼 건강 지향이나 날씬해지고 싶은 마음이 사회현상이 되는 한편에서는 라면이나 케이크 등 고열량으로 다이어트와는 정반대의 식품 유행이 계속해서 일어나고 있다. 유행을 쫓는 맛집 정보는 인기를 모으고 '맛있는 것'을 먹고 싶어 하는 욕구는 끝이 없다. 우리의 식생활은 이러한 건강 지향과 맛집 지향의 모순에 영향을 받는데, 이 둘의 균형을 잘 유지하는 것도 건강행동이라고 할 수 있다.

건강행동(health behavior)

심신의 건강을 유지 및 증진하고 또 질병 예방이나 질병 회복을 위해 하는 행동 전반을 말한다. 건강한 식사나 운동, 수면 등 질병을 예방하는 행동, 상처나 심신 부조화에 대해 치료를 구하는 행동, 복약이나 휴식 등 질병 회복을 위해 하는 행동이 포함된다.

유형 A

경쟁적 성격이라고도 한다. 과도한 흥분상태나 분노, 적의, 공격성 등의 경향이 강하고 감정표출이 과도하며 기분을 억제하지 않는 등의 특징이 있다.

유형 C

유형 A와는 정반대로, 분노나 불안 등의 감정을 억제하는 경향이 지속되며 조용하고 온순한 태도를 나타낸다. 대인관계의 실패 등에 의한 스트레스나 갈등, 긴장상태에 잘 대응하지 못해 침울해지기 쉬운 등의 특징이 있다.

영양교육(nutrition education)

평생에 걸친 건강의 유지 및 증진이나 질병 예방을 위해 바람직한 음식 선택, 섭취와 식행동을 변화시켜 삶의 질(quality of life, QOL) 향상으로 이어지게 하기 위한 작용을 목적으로 한다. 영양학의 한 분야이다.

단순성 비만

비만의 원인이 되는 질병이 없는 비만을 말한다. 비만의 원인이 기저질환이 있는 경우에는 증후성 비만이다.

5 범죄심리학

1. 범죄심리학의 정의

심리학적 접근법으로 범죄를 분석하는 학문분야를 범죄심리학(criminal psychology)이라고 한다. 발생한 범죄를 사후적으로 심리학 용어를 사용해서 해석할 뿐만 아니라 범죄와 관련된 인간의 행동에 대해 과학적으로 연구한다. 범죄 수사에 관한 연구, 각종 범죄자의 행동패턴에 관한 연구, '법과 심리'와 재판 과정에 관한 연구에서 다양한 연구 대상이 있다.

2. 범죄수사심리학

범죄수사심리학은 사건의 수사와 범인 검거에 심리학 지식을 응용하는 분야이다. 이 분야의 연구에는 **생체기록법**(polygraphy; 거짓말탐지기)이나 프로파일링, 취조나 교섭술이 있다. 이 분야의 연구는 생체기록법을 중심으로 이루어져 왔다(생체기록법의 기전에 대해서는 칼럼 '거짓말탐지기' p.63 참조). 이 분야가 우리나라 경찰에 도입된 시기는 외국과 비교하여 빠르지는 않았다. 하지만 우리나라의 생체기록법 실무와 범인 식별능력 기술은 뛰어나다고 할 수 있다.

프로파일링(profiling)은 범죄 현장의 상황, 범행 수법, 피해자 등에 관한 정보나 자료를 통계 데이터나 심리학적 방법 등을 이용해서 분석 및 평가함으로써 범행의 연속성, 범인의 연령층, 생활양식, 직업, 전력, 주거지 등을 추정하고 다음 범행을 예측하는 것이다. 프로파일링에는 사건의 유형범죄를 분석하고 그것을 범주화함으로써 범인상을 추측하는 FBI식과 통계학적 수법을 이용해서 범죄행동을 분석하고 범인상을 추정하는 리버풀식이 있다.

경찰기관과 피의자가 직접적으로 의사소통하는 대표적인 상황에 취조가 있으며, 그 밖에도 인질교섭이 있다. 인질교섭에서는 경찰의 강행억압보다도 교섭(negotiation)을 통한 범인의 투항으로 해결하는 것이 바람직하다. 또 ①양호한 관계를 쌓아 범인의 정신 상태를 안정시키고, ②범인과의 대화로 정보수집과 시간벌기를 하는 것이 중요하다. 그러기 위해 범인의 이야기를 경청하고 언쟁을 하지 않으며 바로 타협하지 않는 대응법이 요구된다. 또한, 인질이 범인에게 긍정적 감정을 품는 스톡홀름증후군(Stockholm syndrome)이나 범인이 인질에 감화되어 인질에 대한 공격적 태도가 완화되는 리마증후군(Lima syndrome) 등을 고려할 필요가 있다.

3. 각종 범죄자의 행동패턴에 관한 연구

프로파일링 연구가 큰 계기가 되어 죄종별 범인의 행동패턴에 주의를 기울이게 되었다. 살인, 연쇄살인, 대량살인, 성범죄, 테러와 같은 범죄를 중심으로 범인의 행동을 밝히기 위한 연구가 이루어지고 있다. 최근에는 스토킹(stalking), 가정폭력(domestic violence) 등에 대해서도 연구가 활발히 진행되고 있다.

연쇄살인이나 대량살인과 같은 특수 유형의 살인사건이 아닌 우리나라에서 일어나는 살인사건을 범주화하면 남녀 모두 3가지의 유형으로 나눌 수 있다고 한다.

남성 ① 언쟁형 : 아는 사람과 언쟁하다가 제어를 못해 범행에 이른다. 음주를 한 경우가 많고 자택 밖이 현장이 되는 경우가 많다.

남성 ② 가족문제 · 동반자살형 : 간병에 지치거나 경제적 막다른 골목에 다다라 동반자살이나 가족 간 문제가 폭력행사로 발전한 것이다.

남성 ③ 범죄형 : 면식이 없는 상대가 피해자가 되는 경우가 많으며 공범자가 있기도 한다.

여성 ① 부부문제형 : 취침 중에 교살되는 경우가 많다. 가해자는 스스로 자수하는 경우가 많다.

여성 ② 자녀살해 · 동반자살형 : 육아스트레스나 출산은폐를 위해 아이를 살해한다. 아이는 영아인 경우가 많다.

여성 ③ 우정 · 애정 갈등형 : 자택 이외의 옥내외에서 등, 복부를 찌르는 경우가 많다.

스토킹(stalking)

특정한 타인을 집요하게 따라다니는 행위나 악질적으로 괴롭히는 행위를 말한다. 연예인이나 운동선수 등의 유명한 사람을 쫓아다니는 사람을 스타 스토커라고 한다.

가정폭력(domestic violence)

배우자나 동거인 사이에서 일어나는 폭력행동이다. 연인 간에 일어나는 유사 폭력행위는 데이터폭력이라고 한다. 가해자는 긴장형성기, 폭발기, 허니문기를 반복한다고 한다.

6 법심리학

1. 법심리학의 정의

법심리학(psychology and law)이란 심리학의 다양한 분야에서 사용되는 방법, 이론, 연구 결과를 사법적인 맥락이나 문제에 적용하는 분야를 말한다. 즉, 법과 법체계에 심리학이 적용될 수 있는 모든 영역을 일컬으며, 법 안에서의 심리학, 법과 심리학, 법에 대한 심리학 등이 포함된다. 전통적으로 피고인의 형사책임 판단, 형사와 민사에서 특정 행위에 대한 능력 평가, 차별 여부 판단, 범죄자들의 위험성 평가 등의 내용을 다룬다.

2. 목격자 증언

목격자 증언(eyewitness testimony)은 수사나 재판에 강력한 영향력을 가진다. 사건의 목격에는 불안이나 공포와 같은 정서가 환기되기 때문에 주의집중 효과가 일어나거나 시각적으로 중심에 존재한 정보에 주의가 모이게 된다. 흉기가 있는 경우에는 흉기에 집중하여 주변 상황에는 별로 주의를 기울이지 않게 되는 경우도 있다. 또 사후정보 효과의 문제도 있어 기억 재생까지의 시간이 길면 기억의 정확성이 떨어지는 현상이 있다. 대중매체의 정보나 다른 목격자의 증언, 경찰의 말에 따라 '그러고 보니…'하며 상황에 정확성이 떨어지고 유도심문과 같이 증거를 조작한 결과가 되고 만다. 특히 아이의 증언은 피암시성, 즉 다른 사람으로부터 주어진 정보를 받아들이기 쉬운 문제가 있어 증언을 정확하게 파악해내는 능력이 특히 중요하다.

범인의 얼굴에 대해 재생법을 이용해서 기억의 증언을 얻는 방법이 **몽타주**(montage) 작성, 재인법을 이용한 방법이 대질(confrontation)이다. 몽타주는 반드시 범인의 얼굴이라고 볼 수 없어 너무 혼동되지 않도록 할 필요가 있다.

몽타주(montage)

프랑스어의 '구성한다', '조립한다'라는 의미에서 유래되었으며, 주로 범인수사를 위해 작성되는 합성사진을 말한다. 범인의 얼굴을 본 사람의 기억을 윤곽, 머리 형태, 눈썹과 눈, 코, 입 등으로 나누어 조립하고 수정을 반복하여 실제와 비슷한 사진으로 만든다.

7 장애심리학

장애(disability)는 신체장애, 지적장애, 정신장애로 크게 나뉜다(장애의 종류는 제12장 p.188 참조). 임상심리학에서는 장애와 관련하는 문제의 해결방법을 주요 연구주제로 삼지만, 장애심리학에서는 어떠한 심리기능에 장애가 발생하였는지가 주요 연구주제가 된다. 심리기능의 장애를 연구주제로 하는 경우는 **이상심리학**(abnormal psychology)이라고 불린다.

이상심리학에서 정상과 비정상의 판단은 적응적 기준(적응할 수 있는가), 이념적 기준(규범에 합치하는가), 표준적 기준(집단 속에서 표준적인가), 병리적 기준(의학적으로 질병으로 판단할 수 있는가)에 따라 이루어진다.

2001년 5월 세계보건기구(WHO) 총회에서 국제생활기능분류가 채택되었다. 여기서는 생활기능과 장애를 '심신기능 · 신체구조', '활동', '(사회) 참가', '건강상태(질병/변조)', '배경요인(환경요인과 개인요인)'로 구성된다고 보았다. 그 결과 생활기능장애란 건강상태와 환경요인 및 개인요인이 서로 영향을 미쳐 성립하는 것으로 이해하게 되었다(그림 14-1). 심신기능 · 신체구조의 장애는 하나의 개성으로 간주할 수 있으며 그러한 개성을 안고 어떻게 살아가는가가 연구주제가 된다. 이 개념은 환자 **삶의 질**(quality of life, QOL) 중시로 이어져 환자의 권리옹호나 사전동의(informed consent) 활동을 전개시키게 되었다.

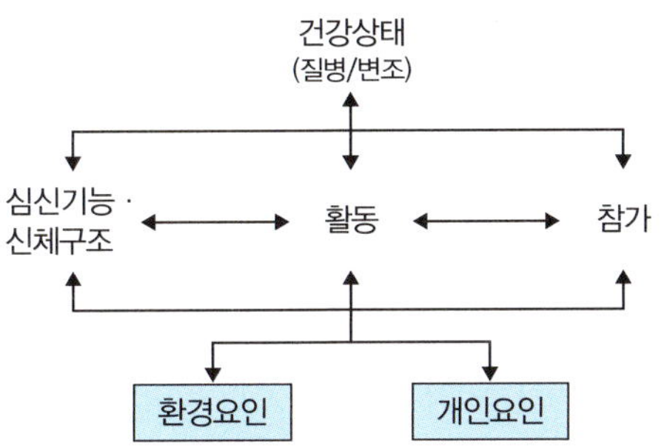

각 요소의 정의
심신기능 : 신체 계통의 생리적 기능(심리적 기능 포함)
신체구조 : 기관, 몸과 그 구성부분 등의 해부학적 부분
활동 : 과제나 행위의 개인에 의한 수행
참가 : 생활 · 인생의 관여
환경요인 : 사람들이 생활하고 인생을 보내는 물적, 사회적, 태도적 환경
개인요인 : 개인의 인생이나 생활의 특별한 배경

그림 14-1 **생활기능장애**

8 복지심리학

복지서비스 이용자의 심리적 이해나 삶의 질(QOL) 유지 및 향상, 마음의 복지 성립조건 해명 및 사람들의 심리적 기전에 따른 환경 변경이나 사회적 상호작용 방법을 활용하여 만족도 높은 효과적인 지원을 행하는 복지를 위한 심리적 영역을 복지심리학이라고 할 수 있다. 아직은 복지심리학이라는 학문의 체계, 정의, 이념, 이론, 대상, 영역 등이 충분히 규정되지 않았고, 발전 과정에 있는 영역이다.

복지심리학에서 필요한 사회복지의 기본적 이념 중에 **노멀라이제이션**(normalization)의 개념이 있다. 노멀라이제이션이란 우리말로 일상화, 보편화, 정상화, 상태화 등으로 번역되지만, 어느 것도 정확한 표현이라고 보기 어려워 노멀라이제이션을 그대로 쓰는 경우가 많다. 원래 장애인 복지서비스에 대한 대등생활의 원칙에 따른 정책을 나타내는 말로, 스웨덴이나 덴마크에서 사용되었으나 지금은 노인 복지서비스도 포함한 복지정책의 새로운 개념으로 널리 사용되고 있다. 즉, 장애인과 건강한 사람이 구별되는 일 없이 공통의 장소에서 동일하게 생활하는 것이 바람직하다고 하는 사상, 또는 그것을 실현하기 위해 이루어지는 운동, 시책을 말한다. 이 노멀라이제이션을 실현시키기 위한 대처로서 제품개발이나 환경정비, 정보전달의 설계 등에 널리 활용되는 개념에 **유니버설 디자인**(universal design)이 있다. 예를 들어 알코올음료 뚜껑에 점자로 술이라고 표시하거나 상업시설 등에서 화장실 위치를 그림으로 나타내는 것이 여기에 해당한다.

교육 현장에서도 노멀라이제이션에 관한 움직임이 활발해져 장애아가 일반학급에 재적하면서 특별한 배려가 필요한 과목은 다른 학급에서 배우는 등 개인의 특성에 맞춘 교육프로그램을 받는 **인테그레이션**(integration; 메인스트리밍이라고도 함)이라는 개념이 생겨났다. 그리고 지금은 그 개념을 더욱 발전시켜 장애 여부나 장애 종별로 아이를 나누는 것이 아니라 요구에 대응하는 교육을 시행하는 **통합교육**(inclusive education)이 이루어지고 있다.

사회복지의 대상이 되는 사회적 약자는 장애인뿐만 아니라 고령자, 영유아, 여성, 저소득자도 포함된다. 고령자의 경우 거동을 못하는 고령자나 치매 고령자의 삶의 질 유지 문제 등이 있다. 아이를 둘러싼 환경에는 모친의 출산이나 육아에 대한 불안이나 일과 양육의 균형 문제, 임신부에 대한 차별, 아동학대와 피학대아의 마음 케어가 있다. 또 저소득자의 경우 기초생활수급자의 사회복귀프로그램과 같은 정책과 함께 심리학 측면에서 다루어야 하는 문제는 많아, 복지 분야에서도 심리학적인 접근법이 요구된다. 표 14-2에 몇 가지 심리치료와 대처법을 소개한다.

표 14-2 복지 분야의 심리치료와 그 대처법

명칭	대상	내용
또래지원 (peer support)	장애인 등	장애를 가진 사람들이 서로 격려하고 공감하며(또래상담) 마음의 부담을 경감하여 자립을 목표로 함
부모훈련 (parent training)	행동에 문제 있는 아이	아이의 행동상 문제에 대해 부모가 적절하게 관여하는 방법을 배우기 위한 그룹훈련
예술치료 (art therapy)	장애인 등	다양한 예술작품을 창조하는 활동에 종사함으로써 심신 건강의 회복을 목적으로 하는 심리적 치료법
회상법 (recall method)	치매 고령자 등	그리운 장면이나 즐거웠던 경험을 회상함으로써 증상 개선을 꾀함
애도작업 (grief work)	가족 간병인	사별에 의해 생긴 비탄이나 상실을 마주하여 자신 속에서 받아들이고 새로운 세계로 적응해나가기 위한 작업
담당자 (contact person)	고령자 · 장애인	친구와 지원자의 두 입장에서 일대일로 지원하는 사람이나 활동
임종간호 (terminal care)	질환 말기 환자	연명을 위한 치료보다 신체적 고통이나 죽음에 대한 공포를 완화하고 그 사람의 의사와 희망을 존중함으로써 삶의 질 향상을 목표로 함
인정요법 (validation therapy)	치매 고령자	감정적인 측면에 초점을 두고 존경과 공감을 가지고 관여함으로써 더 깊고 적절한 의사소통을 꾀하는 것

9 환경심리학

1. 환경심리학의 정의

환경심리학(environmental psychology)이란 '환경과 인간의 상호작용을 다루는 학문영역'으로 정의되며, 넓은 의미에서는 지리학, 건축학, 도시계획, 도시공학, 환경범죄학 등의 영역과도 연구 대상이 중복된다. 환경심리학의 내용은 공간 환경의 인지, 환경의 기호와 평가, 대인적 공간행동, 주거 · 업무 · 학습 등의 시설 환경, 재해와 환경문제, 자연환경의 안전과 관리 등 다방면에 이른다.

2. 환경평가

환경을 평가하는 기본적 차원에 쾌적함 · 즐거움(pleasant)과 각성(arousal)이 있다. 대비의 특성과 각성 모델에서는 환경을 구성하는 요소가 통합되지 않고(부조화), 요소가 풍부하며(복잡성), 지금까지 경험하지 않았고(신기성), 기대와의 차이(놀람)라고 하는 시각적 특성을 대비의 특성이라고 한다. 이 대비의 특성이 일으킨 각성 정도가 환경에 대한 미적 판단에 영향을 미친다고 보며, 너무 높지 않고 너무 낮지 않은 적절한 각성 정도를 일으키는 환경이 가장 아름답다고 평가된다.

3. 개인적 공간

좀머(Sommer, 1969)는 **개인적 공간**(personal space)을 '신체를 둘러싼 눈에 보이지 않는 경계를 가진 타인에게 침입되고 싶지 않은 영역으로, 세력권과는 달리 물리적 조합점을 갖지 않고 개인과 함께 이동한다'고 정의하였다. 개인적 공간의 크기는 다양한 요인에 따라 변화한다. 일반적으로 개인적 공간은 신체의 전방이 다른 방향보다 크고, 아는 사람보다 모르는 사람에 대해 커진다.

4. 주거환경

주거환경의 연구에서는 자녀방, 고층계단, 소음 등 주거환경의 특징이 인간의 발달이나 심리에 미치는 영향을 검토하였다. 일본에서는 1980년대에 현관에서 바로 자기 방으로 들어갈 수 있는 자녀방의 배치가 비행과 은둔형 외톨이의 온상이라는 논의가 있었지만, 실증연구에서는 지지받지 못하였다. 주거를 물리적 환경으로서 다루는 경우에는 하우스(house)라고 부른 데 비해 심리적 환경으로서 다루는 경우에는 홈(home)이라고 부른다. 또 개인이 안심할 수 있고 차분해질 수 있다고 실감하는 장소를 거처라고 한다. 장소에 대한 애착은 사는 사람의 안심감이나 소속감, 고향 느낌 등과 관련한다. 재해 등으로 긍정적인 유대를 느끼는 장소를 잃었을 때의 심리적 영향을 검토하여 장소에 대한 애착을 커뮤니티 재생이나 마을 조성에 활용하는 방법도 향후의 과제로서 주목 받고 있다.

10 재해심리학

1. 재해심리학의 정의

재해(disaster)란 개인이나 사회의 대응능력을 초월하는 불가항력적인 사건이나 상황을 말하며, 개인에게 중대한 손해를 끼치고 사회기능의 붕괴상태를 초래하는 것으로 정의된다. 크게 자연재해와 인위재해로 나뉜다. 우리나라는 자연재해가 많은 국가이며, 대부분 태풍, 홍수, 호우, 해일, 폭설, 지진 등의 비정상적인 기상현상이 원인이 되어 발생한다.

재해심리학은 군집행동, 유언비어, 패닉, 피난행동 등 긴급 시의 행동뿐만 아니라 재해자의 피난소 문제, 봉사활동, 마음의 회복, 커뮤니티 재건 등 연구영역과 연구방법이 점차 확대되고 있다.

인위재해

인간의 부주의로 발생하는 사고성 재해, 고의적으로 자행되는 범죄성 재해, 그리고 산업의 발달에 따라 부수되는 공해 피해 등을 비롯한 여러 가지의 재난을 일컫는다. 공장의 폭발사고, 항공기사고, 철도사고 등이 여기에 포함된다.

패닉(panic)

예기치 못한 사건을 만났을 때에 관찰되며, 돌발적인 공포나 불안감에서 야기되는 심리적인 혼란 상태이다.

2. 피난행동

피난행동은 재해 위협의 크기에 관한 정보, 위협이 다가온다는 인지, 피난행동에 동반하는 비용에 영향을 받는다. 지진해일로 많은 사람이 죽었던 일본의 지역조사에서는 사망한 사람은 바다와 가까운 장소보다도 지진 전 예상된 지진해일 도달 라인 부근에 사는 사람이 많았다. 과거의 지진에서 괜찮았던 경험이나 높은 방파제가 위협을 줄여줄 것이라는 예측이 피난행동을 억제했다고 볼 수 있다. 눈앞에 위험이 닥칠 때까지 이 위험을 인정하지 않으려는 경향을 **정상화 편향**(normalcy bias)이라고 한다. 피난행동을 억제하는 인지경향으로 설명되는데, '피난하지 않았다는 사실'과 '많은 피해가 나왔다는 사실'로 이루어진 결과론이라는 지적도 있다.

3. 재해자의 심리

재해를 겪은 재해자의 심리적 변화과정은 크게 3가지로 나뉜다(그림 14-2). 재해 발생 직후부터 2, 3일간 재해자는 재해의 전모를 파악할 수 없어 대처행동을 취할 수 없다. 이 시기를 '망연자실기'라고 한다. 다음으로 재해 후의 상황에 대처하기 위해 재해자 상호의 도움과 연대감이 높아지는 '허니문기'가 있다. 그 후 계속되는 불편한 생활 속에서 권태감과 무력감이 뒤덮는 '환멸기'가 찾아온다.

대규모 재해에서는 피난생활이 장기화될 뿐만 아니라 생활재건을 위해 지금까지 살아오던 토지를 떠나거나 지역 사람들과 헤어지는 영향도 크다. 환멸기 후의 회복과정은 개인차가 크기 때문에 재해 직후의 집중적인 보도가 줄어들었을 때야말로 더욱 힘든 생활을 하게 되는 재해자의 지원에 눈을 돌릴 필요가 있다.

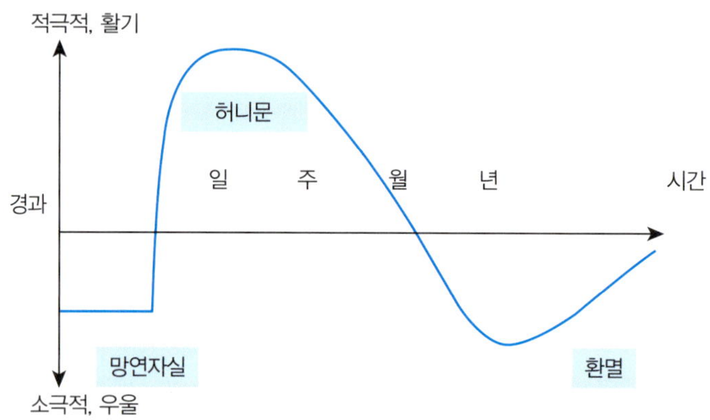

그림 14-2 **재해자의 심리상태 – 3가지 변화**

11 산업 · 조직심리학

20세기 초기 산업심리학의 아버지라고 불리는 뮌스터베르크(Münsterberg)는 최적의 인재선발, 최선의 업무방법, 최고의 효과발휘라는 3가지 기본적인 기준을 바탕으로 경제생활의 제반 문제를 해결하는 데에 심리학의 원리를 응용하고자 하였다. 산업심리학(industrial psychology)은 사람의 적절한 관리나 작업능률의 향상에 주목하고 있었지만, 동료와의 관계가 종업원의 행동이나 생산성에 영향을 미친다는 호손 연구(Hawthorne research)를 계기로 조직 내의 인간관계나 사람의 사회적 욕구, 동기 등의 조직심리학(organizational psychology) 접근법이 탄생하였다. 산업심리학과 조직심리학은 중복되는 영역이 많아 엄밀하게는 구별할 수 없다. 미국심리학회는 1970년에 산업심리학이라는 명칭을 산업 · 조직심리학으로 변경하였고 우리나라에서도 1964년에 심리학회에서 산업심리분과회로 분리된 후 1987년에 한국산업 · 조직심리학회로 명칭이 변경되었다. 산업 · 조직심리학의 연구주제는 인사, 조직행동, 작업, 소비자행동의 4가지 분야로 나눌 수 있다(표 14-3).

호손 연구(Hawthorne research)

1924년부터 8년간 메이요(Mayo) 등에 의해 이루어진 물리적 환경과 작업능률의 관계에 관한 대규모 실험적 연구를 말하며, 실시된 공장의 이름에서 호손 연구라고 한다. 예상과 반대로 종업원의 행동에 미치는 비공식 집단의 영향력 크기를 밝혔다.

표 14-3 **산업 · 조직심리학의 연구 분야**

분야	대표적인 연구주제
인사	채용, 배치, 이동, 인사평가, 목표관리, 경력, 멘토링
조직행동	리더십, 업무에 대한 동기, 직무만족, 조직약속
작업	안전인간공학, 작업환경, 작업피로, 인적 오류, 인간 중심 설계
소비자행동	소비자의 정보처리, 구매동기, 광고, 평판, 상품 지각, 가격 지각

1. 인사

종업원 전형이나 사정에서 그 종업원의 능력이나 태도를 올바르게 예측할 수 있으면 최적한 직무에 배치할 수 있어 조직으로서의 생산성이 높아진다. 입사 면접에서는 모든 지원자에게 완전히 동일한 질문을 동일한 순서로 하는 구조화 면접이 좋다고 한다. 면접 담당자의 감에 의존한 면접보다 구조화 면접에서는 면접 담당자의 기분 영향이나 편견을 줄여 지원자의 능력 예측이 더욱 향상되었다.

평생의 직무 연속, 업무에 관한 개인 경험의 연속을 **경력**(career)이라고 하며 종업원의 경력 발달을 어떻게 지원하는가는 조직으로서 중요한 과제이다. 그림 14-3은 수퍼(Super, 1990)가 제안한 생애진로무지개(life career rainbow)이다. 수퍼는 경력발달을 ①성장(수태~14세), ②탐색(15~24세), ③확립(25~44세), ④유지(45~64세까지), ⑤하강(65세 이후)의 5단계로 이루어진다고 보았다. 인생을 무지개에 비유하여 노동자로서의 역할뿐만 아니라 아이, 학생, 여가 향수자, 시민, 가정인의 역할을 포함하여 경력을 나타내었다.

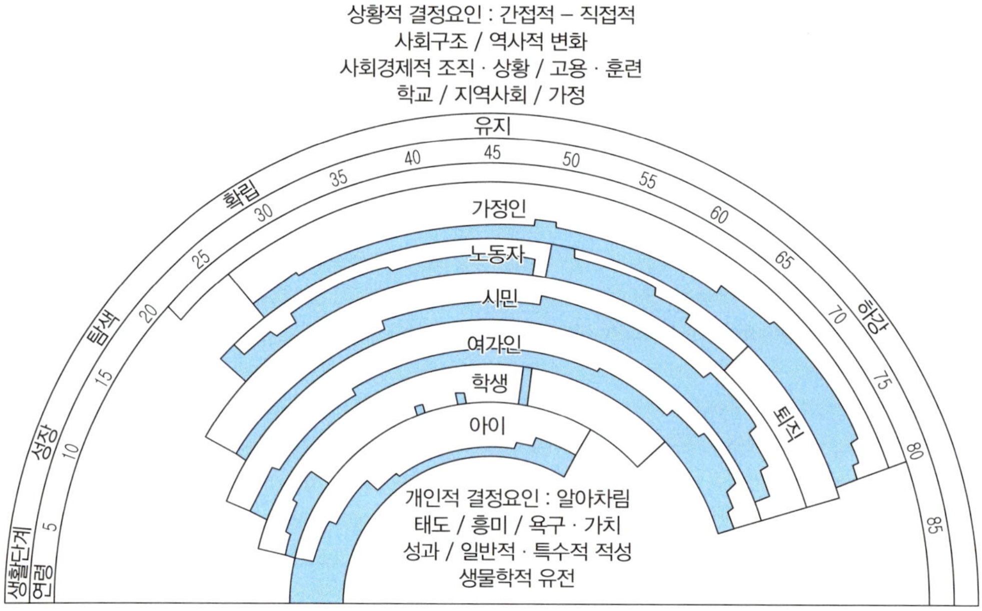

그림 14-3 생애진로무지개

2. 조직행동

조직의 관리자는 종업원의 만족도와 업무의 동기를 높임으로써 생산성 높은 조직으로 변혁할 필요가 있다. 제11장의 리더십 스타일(p.169 참조) 연구는 이 분야의 대표적인 연구이며, 관리직의 리더십 질과 종업원의 만족도와 하고자 하는 마음과 관련이 있다. 종업원의 하고자 하는 마음은 기업의 장래 성공, 수익을 예측할 수 있다고 한다.

3. 작업

일하는 사람들에게 안전하고 쾌적한 노동환경을 어떻게 설계하면 좋을지를 탐구하는 연구 분야이다. 인간의 인지 특성에 맞는 설비나 기계는 누구든 간단히 어려움 없이 사용할 수 있기 때문에 노동자의 사고방지로 이어진다.

산업사고의 발생 원인에는 불안전한 행동과 규칙 위반이 있다. 불안전한 행동은 위험 평가가 낮을 때, 불안전한 행동을 했을 때의 이득이 크고 안전한 행동을 했을 때의 비용이 높을 때 실행되며, 규칙 위반은 규칙을 이해하지 못할 때, 규칙을 받아들이지 못할 때, 지키지 않는 사람이 많을 때에 실행된다. 대형사고가 발생하는 배경에는 수많은 불안전한 상태가 있다는 사실은 하인리히 법칙(Heinrich's Law)으로서 알려져 있다. 경미한 사고의 정보나 대형사고로 이어질 법한 경험의 정보를 사건(incident)이라고 하는데, 사건의 보고를 사고(accident)의 원인 특정이나 작업환경 개선에 도움을 주기 위한 시스템 구축이 추진되고 있다.

하인리히 법칙(Heinrich's Law)

미국의 보험청구 데이터에 근거하여 하인리히(Heinrich, H.W.)는 '1건의 대형사고(accident)가 발생하기 전에 29건의 경미한 사건(incident)이 발생하고, 또 그 전에 300건의 실수(near miss)가 발생한다'고 발표하였다. 1:29:300의 법칙이라고도 불린다.

4. 소비자행동

소비자가 광고를 접하고 그 상품이나 서비스를 구입할 때까지의 과정을 나타낸 AIDMA 모델은 광고의 효과를 파악하기 위해 이용된다(그림 14-4). 주목(attention; 광고에 주의를 기울이다), 관심(interest; 상품에 관심을 가지다), 욕구(desire; 상품이 갖고 싶다), 기억(memory; 갖고 싶은 사실을 기억한다), 구매행동(action; 실제로 구매한다)이라는 과정의 머리글자를 따서 AIDMA라고 한다. 구매하는 점포에서 POP(point of purchase) 광고를 보고 그 자리에서 구입을 결정하는 경우에는 M 단계가 없기 때문에 AIDA가 된다.

최근에는 소비자의 인터넷을 이용한 정보행동을 반영하여 AISAS 모델이 제안되고 있다. 광고에 주목하고 관심을 가진 소비자가 인터넷에서 그 상품이나 서비스의 정보를 검색해서(search) 구입한 후에는 상품이나 서비스의 평가를 인터넷에 게시하여 자신의 의견을 다른 소비자와 공유하는(share) 모델이다. AISAS 모델은 자동차, 가전제품, 호텔, 항공회사 등의 광고 효과를 측정하는 데 적합하다.

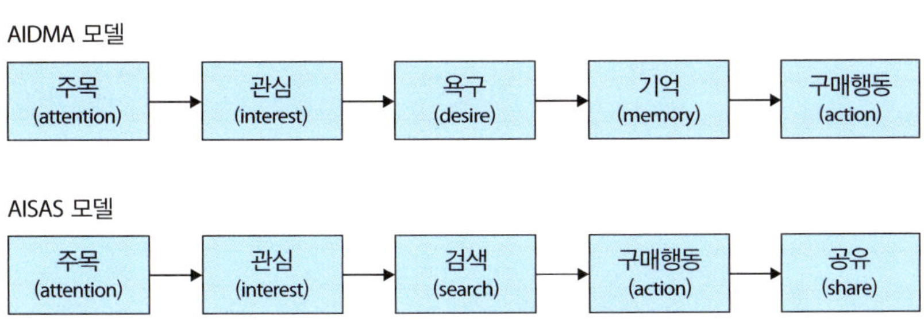

그림 14-4 **광고 효과 모델**

12 경제심리학

1. 경제심리학의 정의

경제심리학(psychology of economic behavior)은 경제활동과 관련된 인간의 생활태도 또는 구체적인 의사결정 과정 등을 심리적으로 연구하는 학문이다. 재화를 생산하거나 구입, 소비하는 경제행위 속에서 인간이 보여주는 여러 생활태도와 의사결정 과정, 만족도 등을 심리적으로 분석 및 연구한다. 심리학과 경제학의 경계에 있는 학문으로 행동경제학(behavioral economic), 행동금융학(behavioral finance), 행동주의경제학, 행동재무학 등 다양한 용어로 불린다.

2. 전망 이론

불확실한 상황의 의사결정을 설명하는 이론에 **전망 이론**(prospect theory)이 있다. 전망 이론은 카너먼(Kahneman)과 트버스키(Tversky)에 의해 제창되었다.

다음 중에서 당신은 무엇을 선택할 것인가?

A. 100,000원을 확실히 받을 수 있다.
B. 동전을 던져서 앞면이면 200,000원, 뒷면이면 0원을 받는다.

많은 사람이 A를 선택할 것이다. 자칫해서 하나도 못 받을 바에야 확실하게 100,000원을 받아두는 것이 좋다고 생각하기 때문이다. 하지만 예를 들어 스마트폰이 고장 나서 고액의 수리비가 필요한 상황이라면 어떨까? 이 경우에는 대부분의 사람이 B를 선택한다. 전망 이론에서는 이처럼 이익이 있는 상황에서는 확실성을 바라고, 손실이 있는 경우에는 도박을 바라며 위험을 추구한다고 설명하고 있다.

다음의 경우는 어떤가?

A. 콘서트 티켓을 100,000원에 구입하였다. 그런데 그 티켓을 잃어버렸음을 깨달았다. 티켓을 다시 살 것인가? 아니면 콘서트를 포기할 것인가?
B. 콘서트 티켓을 100,000원에 구입해서 콘서트장을 갔지만, 도중에 100,000원을 잃어버렸음을 알았다. 콘서트 티켓을 환불할 것인가? 콘서트를 볼 것인가?

이 경우 티켓을 다시 사더라도 어쨌든 100,000원의 손실이 있다. 하지만 A에서는 콘서트를 포기하고 티켓을 다시 사지 않겠다고 대답하는 사람이 많았고, B에서는 콘서트를 본다고 대답하는 사람이 많았다. 이것은 **심리적 지갑**이라는 개념으로 설명된다. 마치 소비자가 여러 개의 다른 지갑을 소유하고 있듯이 행동하여 구입 상품이나 서비스의 종류, 그것을 구입할 때의 상황에 따라 각각 다른 심리적 지갑에서 지불한다는 개념이다.

수업에 사용하는 30,000원의 교재비는 '비싸다'고 느끼는 사람이 많다. 하지만 좋아하는 물건 구입이나 맛있는 식사, 즐거운 데이트에 사용하는 30,000원은 비싸다고 느끼지 않는다.

이 심리적 지갑이라는 시점을 가지는 것은 마케팅에서도 중요한 요소가 된다.

대니얼 카너먼(Daniel Kahneman, 1934~)

이스라엘 출생의 유대인 심리학자로, 2002년 노벨경제학상을 수상하였다.

에이모스 트버스키(Amos Tvershky, 1937~1996)

이스라엘 출생의 심리학자로, 카너먼과 공동으로 연구를 진행하여 인지과학을 발전시켰다.

13 예술심리학

1. 예술심리학의 정의

작품의 감상 및 평가 방법, 제작과정 및 작품 자체가 가진 기능이나 그 이용, 시각이나 청각 등 감각 특성에서의 작품 분석, 감성의 정량화 등 예술에 관련하는 모든 심적 활동을 대상으로 하는 학문을 일컬어 예술심리학(psychology of art)이라고 한다. 예술작품(음악이나 회화, 시, 댄스, 도예작품 등)을 감상한다는 것은 우리의 마음이라는 필터를 통해 그것을 평가하는 행위라고도 할 수 있다. 예술 감상은 심리학, 특히 정보처리나 인지 영역에 크게 관여되는 것이다.

위의 그림을 살펴보자. 그림을 보고 '예술적이다'라고 생각하는 사람이 있으면 '낙서다'라고 생각하는 사람도 있을 것이다. 아이의 작품이므로 부모의 입장에서 보면 틀림없이 '훌륭한 작품'이 된다. 음악도 마찬가지이다. 록을 좋아하는 사람이라면 클래식은 '지루한' 음악일지도 모르고, 클래식을 좋아하는 사람에게는 '치유된다'고 느낄지도 모른다. 이처럼 예술작품에는 감상자의 개인적 특성이나 체험이 반영된다. 심리검사법 가운데 투영법(projection method, p.76 참조)은 이 특성을 이용한 검사이다. 그림을 어떻게 보느냐에 따라 그 개인의 심리나 사물의 인지법이 반영된다는 개념을 바탕으로 개인의 성격이나 심적 상태를 분석하는 검사방법이다.

예술작품이나 아름다움의 기준에서 시대나 사회 고유의 감상법이나 표현법을 찾을 수도 있다. 일본에서 초등학생의 상징으로 여겨지는 책가방 랜드셀은 외국의 샐럽 사이에서는 화려한 아이템이 되어 어른이 들고 다니는 경우도 있다고 한다. 또 우리나라 1980년대 젊은 여성에게서 유행하던 사자 머리도 지금은 예쁜 머리 모양으로 평가되지는 않는다. 이러한 즐거움이나 아름다움의 법칙을 찾는 것은 인간공학이나 환경심리학에 기초적인 자료를 제공함과 동시에 상품개발이나 소비행동에도 응용된다. 사회 고유의 감상법이나 표현법을 알 수 있다면, 그 사회를 이해할 수 있는 효과도 있다.

2. 예술치료

예술작품을 감상하는 것뿐만 아니라 창조하는 경우도 있다. 표현활동이 가져오는 카타르시스 효과는 심적 피로나 질병의 치료법으로서 다양한 예술장르에서 확립되어 있다. 이를 **예술치료**(art therapy)라고 한다. 예술치료는 회화치료(인물화, 풍경화, 가족화 등 특정 주제를 자유롭게), 음악치료

(듣는 것뿐만 아니라 연주나 창작을 함), 시가치료(시조, 시 등의 문학창조), 모형정원치료(모래가 깔린 모형정원에 작은 인형이나 모형 등을 사용해서 창작함), 도예치료(도자기 등의 제작), 콜라주치료(붙이는 그림 등), 무도치료(음악에 맞추어 신체를 움직임) 등이 있으며, 이러한 활동을 통해 심신의 건강 회복을 목표로 한다. 개운치 않은 기분을 노래방에서 노래를 부름으로써 개운하게 만들거나 실연했을 때 발라드를 들으며 감상에 젖는 것도 우리가 무심히 행하는 예술치료라고 볼 수 있다.

심리학 미니실험

유형 A 경향 조사

목적 : 유형 A의 경향을 조사한다.
방법 : 다음 문장을 읽고 지금의 상태를 '늘', '간혹', '아님'의 3개에서 골라 숫자에 ○표 하시오.

	늘	간혹	아님
1. 바쁜 생활이다.	2	1	0
2. 매일의 생활에서 시간에 쫓기는 느낌이 든다.	2	1	0
3. 업무, 기타 무언가에 잘 열중하는 편이다.	2	1	0
4. 무언가에 열중하면 다른 곳으로 기분을 전환하기 어렵다.	2	1	0
5. 하기로 마음먹은 이상 철저하게 하지 않으면 성에 차지 않는 편이다.	4	2	0
6. 자신의 업무나 행동에 자신이 있다.	4	2	0
7. 쉽게 긴장한다.	2	1	0
8. 화가 나거나 쉽게 피곤해진다.	2	1	0
9. 성실하다.	4	2	0
10. 지기 싫어하는 편이다.	2	1	0
11. 성격이 격하다.	2	1	0
12. 업무, 그 밖의 일로 다른 사람과 경쟁한다는 생각을 쉽게 가진다.	2	1	0

결과 정리 : 합계를 산출한다. 합계가 17점 이상이면 '유형 A'이다.
해설 : 유형 A에서 A란 야심(ambition)과 공격성(aggressiveness)이다. 이 '유형 A'인 사람은 심리적, 사회적인 과잉의 스트레스가 대사기능에 영향을 미쳐 허혈성 심장질환을 일으킨다고 보았다. 유형 A인 사람은 다음과 같은 특징이 있다.

① 열정적 활동성 : 업무를 수행하려는 욕구가 강하고 피로나 불안을 잘 느끼지 않는다.
② 시간적 절박감 : 성급하고 행동이 재빠르며 항상 시간에 쫓기는 행동을 취한다.
③ 강한 공격반응 : 다른 사람으로부터 업무를 방해받거나 비판적인 평가를 받으면 심한 적대심을 나타내거나 공격적인 태도를 취한다.
④ 왕성한 경쟁심 : 지기 싫어하는 마음이 강하고 경쟁심이 왕성하며 공동 작업을 좋아하지 않는다.
⑤ 열정적 말투 : 큰 목소리와 빠른 어조, 단정적이며 활력에 차서 말한다.

Chapter 15
심리학의 역사와 연구법

학습목표

심리학은 사람의 행동, 감정, 인지 등을 밝히는 학문이다. 지금의 심리학에 이른 발자취를 이해함으로써 심리학이라는 학문이 밝히고자 하는 것이 무엇인지를 이해할 수 있다. 또 어떠한 방법이 활용되었는지를 파악하는 것도 심리학을 이해하는 데 중요하다.

이 장의 학습목표는 다음과 같다.

❶ 심리학이 밝히려고 하는 것은 무엇인지를 이해한다.
❷ 심리학에서는 어떠한 방법을 사용하는지를 이해한다.
❸ 결과 분석에는 어떠한 방법이 있는지를 이해한다.

1 심리학의 역사

'심리학의 과거는 길지만 역사는 짧다'며 1908년 에빙하우스(Ebbinghaus)가 저서 「심리학 개요」의 머리말에서 언급하였다. 그 짧은 역사를 간단히 살펴보자.

1. 근대 심리학의 탄생

사람의 '마음'에 대한 관심은 인간의 역사와 함께 있었으며 기원전의 그리스 철학자 플라톤(Plato)이나 아리스토텔레스(Aristoteles)로 거슬러 올라갈 수 있다. 17세기에는 데카르트(Descartes)가 '심신 이원론(mindbody dualism)'을 주장하였고, 18세기에는 칸트(Kant)가 정신을 '지, 정, 의'의 3가지로 나누었다.

1879년에 **분트**(Wundt)가 독일 라이프치히대학교에 실험심리학 강좌를 개설하였는데, 이것이 근대 심리학의 출발점이다. 심리학을 독립된 경제과학으로 보고 감각이나 반응시간을 실험하였다. 실험에 참가한 당사자의 의식 내용을 관찰 및 보고하게 하는 내관법을 통해 실험 결과를 파악하였다.

하지만 정신활동을 자연과학적인 방법으로 다루는 데 대한 비판도 있었다. 마음은 이해받아야 하는 것이라는 딜타이(Dilthey, 1833~1911)의 **이해심리학** 개념이다. 그는 개인의 정신활동을 잘 관찰하고 분석하여 다른 것과 비교해서 해석 및 이해하는 것이라고 보았다. 이 개념은 인본주의 심리학(humanistic psychology)의 **매슬로**(Maslow)나 상담의 **로저스**(Rogers)에게 계승되었다.

왓슨(Watson)은 외부에서 관찰할 수 없는 의식을 연구해도 관념적이어서 도움 되지 않으며 의식은 행동으로 나타나야 비로소 관찰할 수 있다고 보았다. 심리학은 외부에서 객관적으로 관찰할 수 있는 행동을 연구 대상으로 삼아야 한다는 **행동주의**(behaviorism) 개념은 1910년대부터 매우 융성하여 톨만(Tolman)이나 헐(Hull), **스키너**(Skinner)에게 계승되었다.

프로이트(Freud)는 인간의 무의식적인 동기를 중시하여 의식을 분석하는 것만으로는 인간의 마음을 깊이 이해할 수 없다고 보았다. 자유연상이나 꿈 분석이라는 방법을 통해 무의식 세계를 탐구하는 **정신분석**(psychoanalysis)을 창시하였다. 그의 영아성욕이나 범성욕 이론에는 비판도 많지만, **융**(Jung)이나 프롬(Fromm), **에릭슨**(Erikson) 등은 프로이트의 생물학적인 개념에 사회적, 심리적 요인을 추가하여 '사람'을 파악하는 개념으로 발전시켰다.

베르트하이머(Wertheimer, 1880~1943)를 대표로 하는 **게슈탈트 심리학**(Gestalt psychology)은 행동

을 이해하기 위해서는 환경을 포함한 하나의 통합으로서 전체를 연구해야 한다고 주장하였다. 하나의 통합을 독일어로는 형태(게슈탈트)라고 한다. 게슈탈트 이론은 지각연구의 법칙 발견에 크게 공헌했을 뿐만 아니라 인간 행동의 설명과 이해에 기여하였다. **레빈**(Lewin)은 '사람의 행동은 사람과 환경의 함수이다'라는 유명한 이론을 전개하였다. B = *f*(P · E)라는 공식을 나타내고 환경의 유인성과 개체의 내적 조건의 관계에서 행동을 구체적으로 이해하려고 하였다(B = 행동, P = 사람, E = 환경).

분트(Wundt W., 1832~1920)

하이델베르크대학교에서 의학과 생리학을 전공하고 감각연구를 통해 점차 심리학이나 인식론 영역으로 빠져들었다. 「생리학적 심리학 요강」이 대표 저서이다.

왓슨(Watson J.B., 1878~1958)

미국 사우스캐롤라이나주 출생이다. 1903년 시카고대학교에서 심리학 박사학위를 취득하고, 1908년부터 존스홉킨스대학교에서 실험 및 비교심리학 교수를 역임하였다. 1920년에 대학을 그만두고 광고업계로 이직하였다.

프로이트(Freud S., 1856~1939)

독일 프라이베르크 출생이다. 1881년에 빈대학교 의학부를 졸업하였다. 1885년 유학지인 파리에서 샤르코(Charcot)에게 히스테리 연구를 배운 후 정신분석학을 탄생시켰다. 1938년 나치 독일의 박해를 피해 영국으로 망명하여 다음해 암으로 서거하였다.

표 15-1 심리학 연표(약력)

연도	주요 사건, 저서 등	연도	주요 사건, 저서 등
1860	페히너 '정신물리학 개론'	1932	톨만 '동물과 인간에서의 목적적 행동'
1873	분트 '생리학적 심리학 요강'	1934	모레노 사회도측정법 연구 머리와 모건 TAT 작성
1879	분트 라이프치히대학교에 실험심리학 강좌 개설	1935	코프카 '게슈탈트 심리학의 원리'
1885	에빙하우스 '기억에 대해'	1936	피아제 '지능의 탄생' 안나 · 프로이트 '자아와 방위기제'
1892	미국심리학회 설립(초대회장 : 홀)	1938	스키너 '생체의 행동'
1900	프로이트 '꿈의 해석'	1942	로저스 '상담과 심리치료'

표 15-1 **심리학 연표(약력) (계속)**

연도	주요 사건, 저서 등	연도	주요 사건, 저서 등
1904	홀 '청년기'(전2권)	1947	프랭클 '밤과 안개' 다나카-비네식 지능검사
1905	비네와 시몬 지능검사에 관한 논문 발표	1951	로저스 '내담자 중심 요법' 애쉬 동조행동의 연구
1912	베르트하이머 '운동시에 관한 실험적 연구'	1954	하이더 인지균형이론
1913	왓슨 '행동주의자가 본 심리학' 손다이크 '교육심리학'(전3권)	1957	페스팅거 '인지적 부조화의 이론'
1917	켈리 '유인원의 지능검사'	1960	아이젠크 '행동치료와 신경증'
1921	융 '심리학적 유형' 로르샤흐 '정신진단학'	1962	매슬로 '완전한 인간-영혼이 지향하는 것'
1923	프로이트 '자아와 Es'	1967	나이사 '인지심리학'
1929	보링 '실험심리학의 역사'	1971	반두라 '모델링 심리학'

2. 심리학의 확장

'마음'이라는 구성 개념을 다루는 심리학은 그 학문 영역의 확장과 함께 다른 학문 영역으로서 교육학, 의학, 공학, 통계학, 사회학, 경영학, 법학 등과 깊은 연관성을 가진다. 세계의 심리학을 이끄는 미국심리학회(American Psychological Association, APA)는 영역이나 과제별 부문제로 구성되며, 산하 54개 부분이 있다. 교육자, 임상의학자, 컨설턴트, 학생 등으로 구성된 13만 7천 명 이상의 연구자가 여기에 속해 있다.

우리나라 심리학의 근간인 한국심리학회(Korean Psychological Association)는 학술정보의 교류와 친목의 장을 제공함으로써 심리학의 발전을 도모하고, 심리학적 전문지식과 응용기술을 사회에 보급하는 역할을 통해 공익에 기여하고자 1946년에 설립된 학회이다. 산하에는 임상심리학회, 상담심리학회, 산업 및 조직심리학회, 사회 및 성격심리학회, 발달심리학회, 인지 및 생물심리학회, 사회문제심리학회, 건강심리학회, 여성심리학회, 소비자광고심리학회, 학교심리학회, 법정심리학회의 총 12개 학회가 있다.

2 심리학 연구법

심리학에서는 연구를 진행하는 데 있어 유의해야 하는 윤리 문제가 적어도 3가지가 있다. 첫째는 **사전동의**(informed consent) 문제이다. 연구에 협력해주는 사람에게 사전에 연구의 의의와 내용에 대해 설명하여 이해와 양해를 구할 필요가 있다. 둘째는 **개인정보보호** 문제이다. 연구 자료로 얻은 데이터에는 개인의 사생활에 관한 정보가 포함되어 있다. 취급에 충분히 주의를 기울일 필요가 있다. 셋째는 **연구 결과의 피드백** 문제이다. 연구 참가자에게는 자신이 참가한 연구 결과를 알 권리가 있다. 연구자에게는 연구 결과를 보고할 의무가 있다. 이러한 연구 윤리를 항상 의식해야 한다.

심리학에서는 다양한 방법으로 데이터를 수집하고 분석한다. 그 방법에는 실험법, 질문지법, 관찰법, 면접법, 심리검사법, 사례연구법 등이 있다.

연구 참가자

연구의 대상이 되는 사람을 예전에는 피험자(subjects)라고 불렀으나 현재는 연구 참가자(participants)라고 부르게 되었다.

1. 실험법

실험법(experimental method)에서는 특정 심리적 현상을 밝혀내기 위해 일정한 조건으로 실험자가 조작을 가해 그 반응(결과)을 측정한다. 이때 조작을 가한 요인을 **독립변수**(independent variable)라고 하며, 그 조작의 결과로서 측정되는 것을 **종속변수**(dependent variable)라고 한다. 실험 효과를 순수하게 살펴보기 위해서는 실험에 포함된 요인 이외의 영향(즉, 독립변수와 종속변수 이외의 변수 영향)을 통제한다. 이때 가장 자주 사용되는 방법이 통제집단법이며 동질한 두 집단을 준비해서 한쪽 집단에 대해서만 독립변수를 조작한다. 이 독립변수를 조작한 그룹을 실험집단이라고 한다. 실험집단과 비교하기 위해 조작을 전혀 하지 않은 집단을 통제집단이라고 한다. 이 두 집단의 종속변수에 차이가 관찰되면 독립변수가 영향을 미쳤다고 본다(그림 15-1). 실험법은 독립변수와 종속변수의 인과관계를 밝히는 방법이라고도 할 수 있다.

그림 15-1 독립변수와 종속변수

2. 질문지법

많은 질문 항목에 대해 조사 참가자에게 기입식으로 답변하게 하는 것이 **질문지법**(questionnaire method)이다. 크게 나누면 사전에 설정된 선택지 안에서 답변하는 형식과 답변란에 자유롭게 써넣는 형식이 있다. 한 번에 많은 사람에게 질문지를 배부하여 데이터를 수집할 수 있는 장점이 있다. 질문지에 적힌 것을 이해할 수 없는 사람들(예를 들어 영유아나 그 질문을 이해할 수 없는 사람)에게는 시행할 수 없다. 또 질문 의도가 잘못 해석될 가능성이 있는 문제점도 있다.

3. 관찰법

연구 대상을 주의 깊게 살피는 것을 관찰이라고 한다. 이 **관찰법**(observation method)에는 일상적으로 일어나는 상황을 있는 그대로 관찰하는 경우(자연적 관찰)와 통제된 조건 하에서 행동을 관찰하는 경우(실험적 관찰)가 있다. 객관적으로 파악하는 것이 관찰의 기본이다. 하지만 관찰은 주관적이기 쉬우므로 관찰의 정밀도를 높이기 위해서 녹음기기, 비디오카메라, 컴퓨터 등을 함께 활용하는 경우가 많다.

4. 면접법

면접법(interview method)에서는 면접 참가자에게 질문하여 구두로 대답하게 한다. 면접자와 서로 주고받기가 가능하기 때문에 질문의 의미를 충분히 이해시킬 수 있고, 답변이 불충분한 경우에는 보충도 가능하다. 구조화면접(structured interview)은 사전에 질문할 내용을 설정해두는 방법이다. 한편, 비구조화면접(unstructured interview)은 어느 정도 듣고 싶은 것만 질문을 설정하는데,

질문 방법은 자유이다. 말을 바꾸어 질문하거나 더 깊이 물어볼 수도 있다. 이 둘의 중간으로서 반구조화면접도 있다.

5. 심리검사법

성격, 지능, 학력 등의 심리학적 특징을 일정한 절차로 측정하는 방법이 **심리검사법**(psychological test)이다. 심리검사법은 표준화된 것이 많으며 성격검사, 지능검사, 발달검사, 적성검사 등이 있다.

6. 사례연구법

하나 또는 소수의 사례에 대해 모든 각도에서 다루어 기술하는 방법이 **사례연구법**(case study method)이다. 임상에서 어떠한 문제를 치료하거나 개선하기 위해 사용되기도 한다.

3 심리학에서 사용하는 통계

심리학에서는 실험이나 조사 등을 통해 데이터를 수집하고 통계적으로 검정함으로써 가설을 검증한다. 통계적 해석에는 기술통계와 추측통계가 있다. **기술통계**(descriptive statistics)는 데이터가 가진 성질을 요약해서 기술하는 것을 목적으로 하며, 그 지표에는 대푯값, 산포도, 상관계수 등이 사용된다. **추측통계**(inductive statistics)는 수집한 데이터를 모집단의 표준으로 보고 그 표준 데이터로부터 모집단을 추측하는 것을 목적으로 한다. 어느 통계량을 사용할지는 얻은 데이터의 종류나 연구 목적에 따라 달라진다(그림 15-2).

1. 평균값

평균값(mean)은 가장 널리 사용되는 대푯값이다. **대푯값**(representative value)이란 어떤 집단의 수량적 분포에서 중심적 위치를 나타내는 수치이다. 평균값(M, $\bar{x}$)은 그림 15-3의 식으로 나타낸다. 그 밖의 대푯값에는 n개의 관측값을 크기순으로 나열했을 때의 중앙에 해당하는 값인 **중앙값**(median), 그 최대 도수를 가진 관측값인 **최빈값**(mode)이 있다.

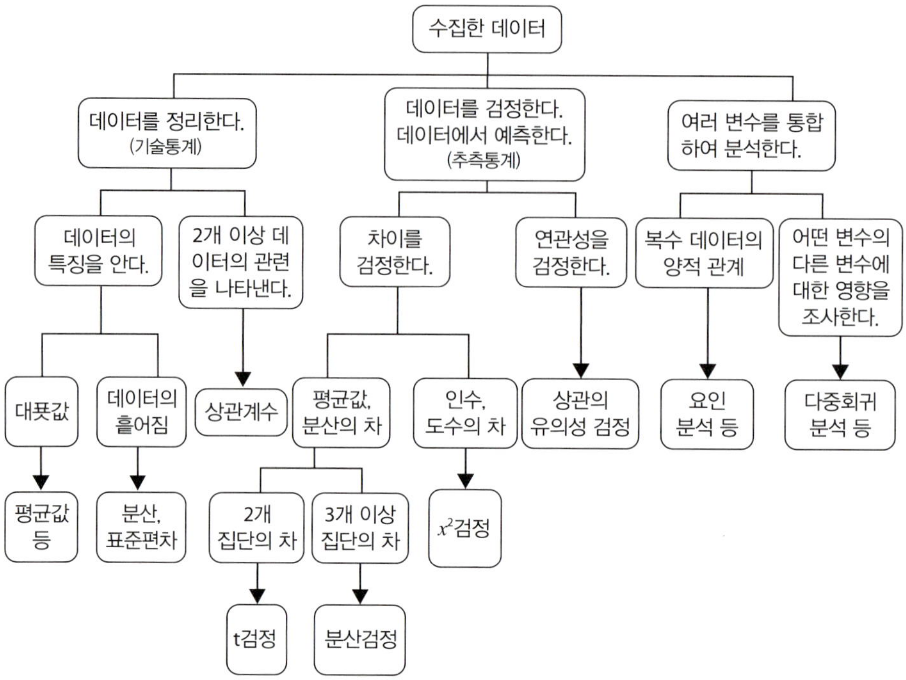

그림 15-2 심리통계의 흐름

평균값 : $\bar{x} = \Sigma x/n$

n : 데이터 수
Σx : 데이터 각 수치의 합계

그림 15-3 평균값 계산식

2. 표준편차

표준편차(standard deviation, SD)는 관측 데이터 분포의 확장 정도를 나타내는 것이다. 표준편차 외에 표준편차의 제곱인 **분산**(variance)도 사용된다(그림 15-4). 이들 값이 클수록 분포가 많이 떨어져 있음을 의미하며 값이 작을수록 분포가 작게 떨어져 있음을 의미한다(그림 15-5).

또 데이터 분포의 중심(평균값) 부근에 많은 데이터가 모이며, 중심에서 벗어날수록 데이터의 수는 줄어 좌우대칭의 산 모양을 나타내는 분포를 **정규분포**(normal distribution)라고 한다.

$$SD = \sqrt{\frac{\Sigma(x-\bar{x})^2}{n}} \left(= \sqrt{\frac{1}{n}\left(\Sigma x^2 - \frac{(\Sigma \bar{x})^2}{n}\right)} = \sqrt{\frac{\Sigma x^2}{n} - \bar{x}^2} \right)$$

n : 데이터 수
x : 데이터 각 수치
Σx : 데이터 각 수치의 합계
Σx^2 : 데이터 각 수치의 제곱합

그림 15-4 **표준편차(SD) 계산식**

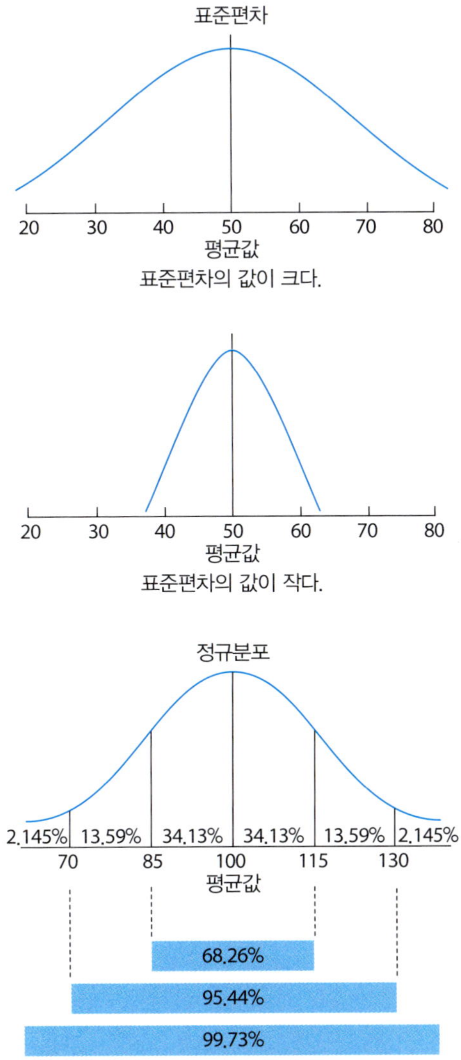

그림 15-5 **SD의 분포도**

3. 평균값의 차이 검정

어떤 집단과 다른 집단의 차이를 조사하는 대표적인 방법은 평균값을 비교하는 것이다. 그 통계적 방법에는 t검정, 분산분석 등이 있다.

t검정(t–test)은 2개 집단의 평균값 차이가 의미 있는 차이인지를 판단하는 검정이다. 예를 들어 시험 결과 A반은 평균점이 72점이고 B반은 평균점이 75점이었다. 이때 75점인 B반이 점수가 높다고 할 수 있는가를 검정하는 것이다.

t검정에서는 우선 두 집단이 같은 모집단에서 추출된 표본이라고 가정한다. 이 평균값에 차이가 없다는 가설을 **영가설**(귀무가설, null hypothesis)이라고 한다. 2개 집단의 평균값에 큰 차이가 있어 영가설을 기각한 경우 다른 모집단에서의 표본이라고 추정한다(그림 15–6).

이러한 통계적 검정에서는 영가설이 올바르더라도 반드시 가설이 채택된다고는 할 수 없다. 실제로는 올바른 영가설을 폐기해버리는 경우도 있다. 이 오류를 **제1종 오류**(type I error)라고 한다. 반대로 영가설이 올바르지 않는데도 영가설을 채택하게 되는 오류도 있으며 이를 **제2종 오류**(type II error)라고 한다(표 15–2).

또 3개 이상 집단 사이의 차이 검정에는 **분산분석**(analysis of variance, ANOVA)을 사용한다. A반과 B반과 C반에서 어느 반의 점수가 높은지를 비교할 때나(일원 분산분석) 성별과 학년별로 키의 평균값에 차이가 있는지를 검정할 때 사용한다(이원 분산분석).

$$t = \frac{\bar{x}_1 - \bar{x}_2}{\sqrt{\frac{n_1SD_1^2 + n_1SD_2^2}{n_1 + n_2 - 2}\left(\frac{1}{n_1} + \frac{1}{n_2}\right)}}$$

(분모수가 같은 경우)

n_1 : x_1의 데이터 수　　n_2 : x_2의 데이터 수　　자유도 : $df = n_1 + n_2 - 2$

$\bar{x}_1$: x_1의 평균값　　$\bar{x}_2$: x_2의 평균값

SD_1 : x_1의 표준편차　　SD_2 : x_2의 표준편차

그림 15–6 t검정 계산식

표 15–2 제1종 오류 및 제2종 오류

	H_0 채택	H_1 채택
H_0 진실	올바른 판단	제1종 오류
H_1 진실	제2종 오류	올바른 판단

4. χ^2(카이제곱) 검정

데이터가 평균값 등의 연속변수가 아니라 카테고리 도수와 같은 이산변수인 경우에는 χ^2 **검정**(카이제곱 검정, chi-squared test)을 한다. 이 방법은 카테고리 간의 도수 차이를 검토할 때 자주 사용된다. 대표적인 것으로서 2×2의 χ^2 검정식을 나타내었다(그림 15-7).

카테고리	x_1	x_2
y_1	a	b
y_2	c	d

$$x^2 = \frac{n \times (ad - bc)^2}{(a+b)(c+d)(a+c)(b+d)}$$

$$df = (2-1) \times (2-1) = 1$$

그림 15-7 χ^2 검정 계산식(2×2)

5. 상관계수

2개의 변수 간 관련 강도를 나타내는 값을 **상관계수**(coefficient of correlation)라고 한다. 피어슨의 적률상관계수(그림 15-8)가 대표적이며, +1에서 −1까지의 값을 취한다. +1에 가까워지면 양의 상관이 있고, −1에 가까워지면 음의 상관이 있다. 상관계수 0은 상관이 없음을 의미한다(그림 15-9). 이 상관계수를 이용하여 모집단에서 상관관계가 관찰되는가를 결론 내리려면 통계적 검정이 필요하다.

$$\text{상관계수}: r = \frac{\frac{1}{n}\Sigma(x-\bar{x})(y-\bar{y})}{\sqrt{\frac{1}{n}\Sigma(x-\bar{x})^2} \cdot \sqrt{\frac{1}{n}\Sigma(y-\bar{y})^2}} \left(= \frac{n\Sigma xy - \Sigma x \cdot \Sigma y}{\sqrt{n\Sigma x^2 - (\Sigma x)^2} \cdot \sqrt{n\Sigma y^2 - (\Sigma y)^2}}\right)$$

n : 데이터 수
$\bar{x}$: x의 평균값 $\bar{y}$: y의 평균값

그림 15-8 상관관계 계산식

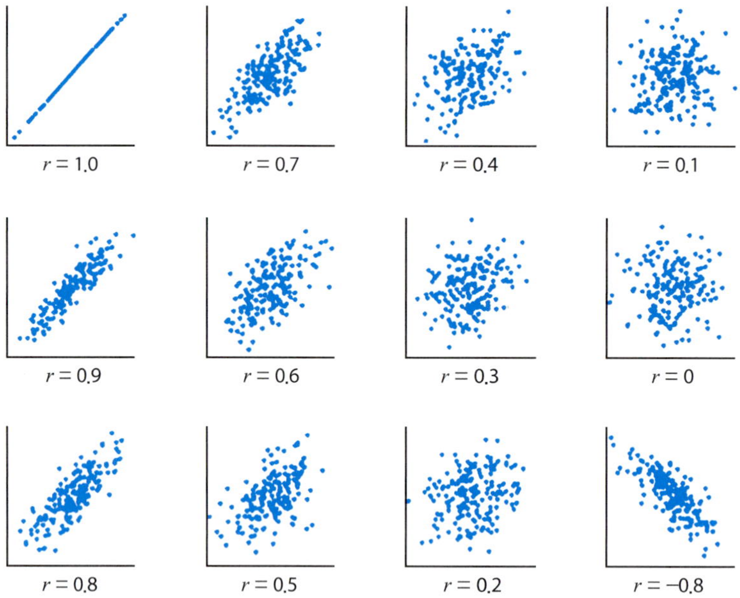

그림 15-9 **산포도와 상관계수**

6. 다변량분석

사람의 행동이나 마음 상태를 검토할 때 하나의 변수로는 파악할 수 없는 경우가 많다. 따라서 심리학에서는 자주 다변량분석이 이용된다. **다변량분석**(multivariate analysis)이란 2개 이상의 변수가 관여하는 데이터를 얻었을 때 이 변수들 간의 상호관계를 분석하는 방법이다. 심리학에서 많이 사용되는 다변량분석에는 요인분석, 다중회귀분석 등이 있다(표 15-3). 어떤 분석을 사용할 것인지는 연구 목적이나 얻은 데이터의 종류에 따라 다르다(그림 15-10). 대표적인 방법에는 크게 2가지가 있다. 하나는 1개의 변수를 다른 여러 변수로 예측하는 방법이다. 다른 하나는 여러 변수 간의 관련을 찾는 방법이다.

요인분석(factor analysis)은 많은 변수의 관계를 찾기 위해 심리학에서 자주 이용되는 분석방법이다. 이 분석에서 다루는 변수는 양적 데이터이며, 이들 다수의 변수 간에 숨어 있는 소수의 잠재요인을 찾아내어 변수를 정리 및 분류한다. 예를 들어 어떤 인물에 대한 이미지를 알고 싶을 때 '밝은–어두운', '즐거운–즐겁지 않은', '다가가기 어려운–다가가기 쉬운', '진중한–경솔한', '친해지기 쉬운–친해지기 어려운', '생기 있는–침울한', '친절한–친절하지 않은', '새로운–낡은', '강한–약한' 등 많은 형용사 쌍으로 측정하는 경우가 있다. 이들 형용사 쌍에는 비슷한 것이 있다. 또 형용사 쌍이 많이 있으면 결국 어떤 이미지를 갖고 있는지 파악하기 어렵다. 요인분석을 함으로써 다수의 형용사 쌍은 몇 개의 소수 요인으로 집약할 수 있고, 그 요인에 대한 이미지를 더 간결하게 표현할 수 있다(그림 15-11).

다중회귀분석(multiple regression analysis)은 어떤 변수에 다른 변수가 어떻게 영향을 미치는지를 조사하는 방법이다. 예를 들어 새롭게 개발한 차의 종합만족도에는 어떠한 요인이 영향을 미칠까? 기능성, 디자인, 가격 등일까? 어떠한 요인이 종합만족도에 가장 영향을 미치는지를 파악할 때 다중회귀분석을 사용한다. 설명하고자 하는 변수(이 경우에는 종합만족도)를 종속변수(subordination variable; 기준변수라고도 함)라고 하고, 종속변수에 영향을 미치는 요인(이 경우는 기능성, 디자인, 가격에 대한 평가)을 독립변수(independent variable; 설명변수라고도 함)라고 한다. 다중회귀분석을 행함으로써 독립변수 전체가 종속변수를 설명하는 정도(중상관계수의 제곱)와 각 독립변수가 종속변수에 미치는 영향의 방향과 크기(표준화 회귀계수)가 결과로서 나타난다. 앞에서 든 예로 말하면 기능성, 디자인, 가격에 대한 각 평가의 3가지 요인 전체에서 종합만족도를 얼마만큼 설명할 수 있는지, 3가지 요인이 종합만족도에 어떻게 영향을 미치는지를 검토할 수 있다.

표 15-3 목적별 주요 다변량분석 방법

<table>
<tr><th colspan="2" rowspan="3">목적</th><th colspan="4">방법 결정을 위한 조건</th><th rowspan="3">다변량분석 방법</th></tr>
<tr><th rowspan="2">종속변수의 데이터
(기준 · 목적변수)</th><th colspan="3">외적 기준</th></tr>
<tr><th>독립변수의 데이터(예측변수)</th><th>변수 수</th><th>유무</th></tr>
<tr><td colspan="2" rowspan="3">예측</td><td>명의척도</td><td>간격척도</td><td>1</td><td rowspan="5">유</td><td>수량화 I류</td></tr>
<tr><td>간격척도</td><td>간격척도</td><td>1</td><td>다중회귀분석</td></tr>
<tr><td>간격척도</td><td>간격척도</td><td>복수</td><td>정준상관분석</td></tr>
<tr><td colspan="2" rowspan="2">판별</td><td>명의척도</td><td>명의척도</td><td>1</td><td>수량화 II류</td></tr>
<tr><td>간격척도</td><td>명의척도</td><td>1</td><td>판별분석</td></tr>
<tr><td rowspan="3">분류</td><td rowspan="2">간접분류</td><td>명의척도</td><td colspan="3" rowspan="5"></td><td>수량화 III류</td></tr>
<tr><td>간격척도</td><td>수량화 IV류</td></tr>
<tr><td>직접분류</td><td>명의 · 간격척도</td><td>클러스터분석</td></tr>
<tr><td colspan="2">변수 합성</td><td>간격척도</td><td>주성분분석</td></tr>
<tr><td colspan="2">잠재요인 발견</td><td>간격척도</td><td>요인분석</td></tr>
</table>

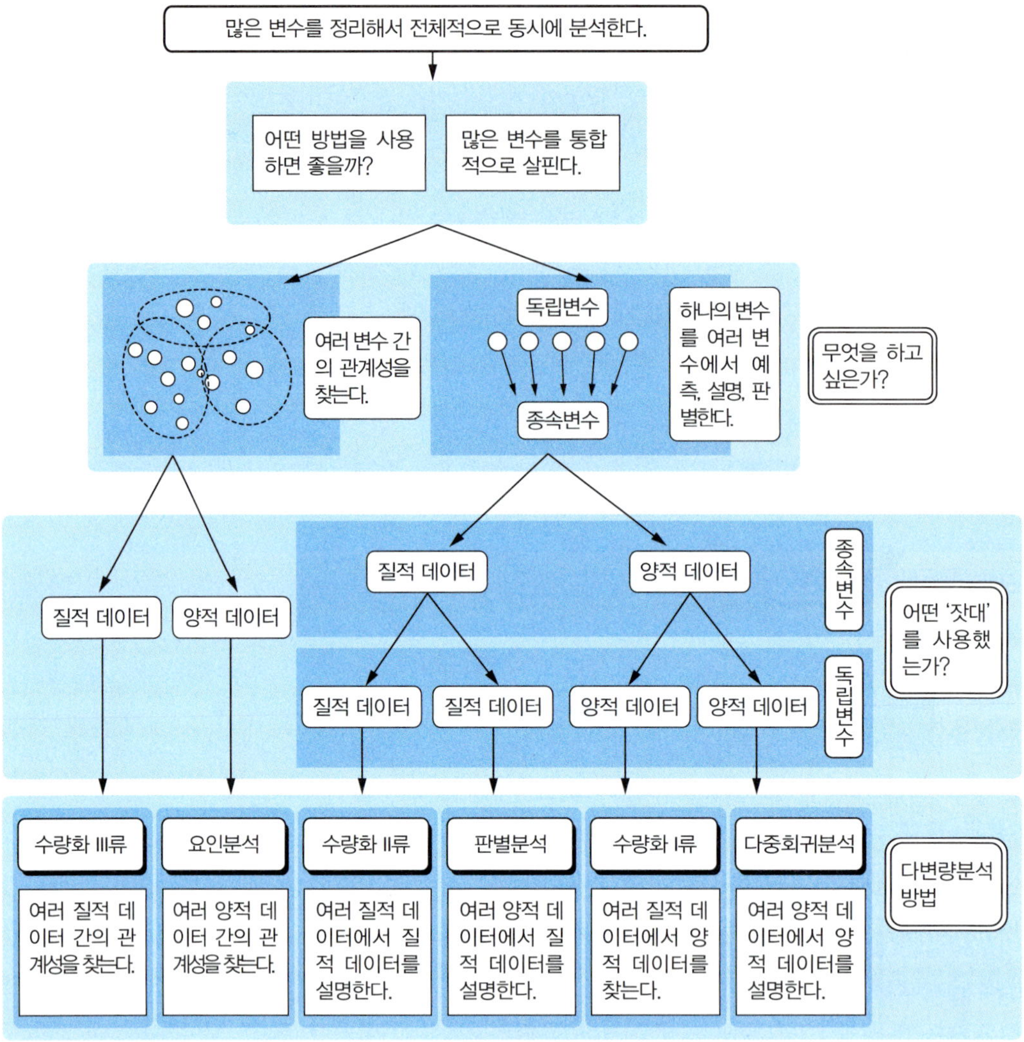

그림 15-10 **다변량분석 차트**

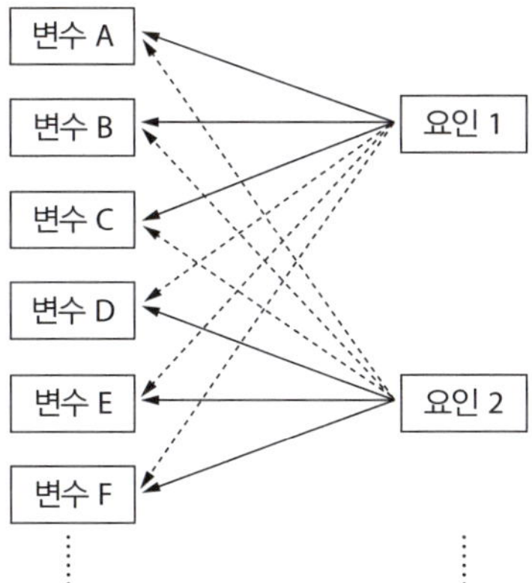

(주) 실선은 요인과 변수의 관계가 강함을, 점선은 약함을 나타낸다.

그림 15-11 요인과 변수의 관계

■ 참고문헌

- 김재환, 오상우, 홍창희, 황순택, 문혜신 저, 〈임상심리검사의 이해 제2판〉, 학지사, 2014
- 방선욱, 이경화, 박천식 공저, 〈심리학의 이해〉, 교육과학사, 2010
- 오윤선 저, 〈인간심리의 이해〉, 양서원, 2020
- 윤가현, 권석만, 김경일, 김신우, 남종호 저, 〈심리학의 이해 5판〉, 학지사, 2019
- 이미형, 김민녀 공저, 〈알기 쉬운 인간심리의 이해〉, 현문사, 2021
- 최정윤 저, 〈심리검사의 이해 제3판〉, 시그마프레스, 2016
- Hisao Osada 저, 김선희, 김해인 등역, 〈간호 · 의료인을 위한 심리학의 이해〉, 대광의학, 2017
- Ciarrochi J., Forgas J.P. & Mayer J.D.(2001), *Emotional intelligence in everyday life: A scientific inquiry*, Philadelphia: Psychology Press
- Ekman P.(1993), Facial Expression and emotion, *American Psychologist*, 48, pp.384-392
- Elder G.H.J.(1998), The life course and human development, In R.M. Lerner(Ed.), *Handbook of Child Psychology*, 5th *edition, Vol.1, The theoretical models of human development*, New York: Wiley, pp.939-991
- Kimble G.A., Garmezy N., & Ziegler E.(1980), *Principle of General Psychology*, 5th ed., New York Wiley
- Lazarus R.S.(1991), *Emotion and Adaptation*, New York: Oxford University Press
- Lewis M.(1993), The emergence of human emotions, In M. Lewis & J.M. Havilland(Eds.), *Handbook of emotions*, New York: Guilfor Press, pp.223-235
- Pultchik R(1980), Emotion: *A psychoevolutionary synthesis*, New York: Harper & Row
- Schaie K.W.(1980), Intelligence and problem solving, In Birren J.E., Sloane R.(Eds.), *Handbook of mental health and aging*, Englewood Cliffs, NJ: Prentice-Hall
- Sternberg R.J.(1985), *Beyond IQ: A triarchic theory of human intelligence*, Cambridge: Cambridge University Press
- Tversky A. & Kahneman D.(1982), Evidential impact of base rates, In D. Kahneman, P. Slovic, & Tversky(Eds.), *Judgment under certainty: Heuristics and biases*, New York Cambridge University Press
- Weiner B., Freize I.H., Kukla A., Reed L., Rest S. & Rosenbaum R.M.(1971), *Perceiving the cause of success and failure*, New York: General Leaning Press
- Wish M., Deutsch M., Kaplan S.J.(1976), Preceived dimensions of interpersonal relations, *Journal of Personality and Social Psychology*, 33, pp.409-420
- Zung W.W.K.(1965), A self-rating depression scale, *Archive of General Psychiatry*, 12

Index
찾아보기

- 한글
- 영어

● 한글

ㅇ

ㅈ

기타

● 영어

M

N

O

P

Q

R

S

T

U

V

W

Y

▶▶ 저자

- **최정석** 교수　목포과학대학교
- **이선미** 교수　진주보건대학교

Psychology
인간이해를 위한 심리학

2022년 3월 5일 초판 인쇄
2022년 3월 10일 초판 발행

저　　자　최정석 · 이선미
발 행 인　최경희 · 배영환
발 행 처　도서출판 의학교육
등록번호　제 2013-114 호
주　　소　서울시 영등포구 영중로 138-1(영등포동 8가 80-2) 드림프라자 B 901호
Tel. 02) 2637-4806, 4863　Fax. 02) 2637-4807
홈페이지　www.medipub.co.kr
E-mail　okpress1208@naver.com
정　　가　23,000 원
I S B N　979-11-6127-094-4 93510

불법복사는 지적재산을 훔치는 범죄행위입니다.

저작권법에 의하여 무단전재와 무단복제를 금합니다.
이를 위반할 시에는 처벌을 받게 됩니다.